부동산 경매 더하기

Real estate plus+
written by kec

부동산경매 더하기+ 개정판

부동산 경매를 더하다!
add knowledge of real estate auction

부동산 경매 더하기

제1판 1쇄 발행 2021년 5월 10일
개정1판 1쇄 발행 2025년 6월 23일

지은이 김용건
펴낸곳 지식거래소
출판사 등록일 2018년 6월 12일
등록번호 제 406-2018-000065호
주소 경기도 파주시 금정5길 6-5
대표전화 031)944-4411
주문상담 010-9609-1212
이메일 mujingihang@naver.com

판매·마케팅 총괄 김정주 | **일러스트** 우경희 | **북디자인** 유동화, 김지수
ISBN 979-11-964137-6-7
가격 22,000원

이 책에 포함된 모든 서식은 저자의 홈페이지(자료실) 및 네이버 블로그에서 자유롭게 다운받아 사용할 수 있습니다.
홈페이지 www.know25.com
네이버 블로그 https://blog.naver.com/mujingihang

잘못 만들어진 책은 구입처 또는 출판사에서 교환해 드립니다.

copyright © 2025, 김용건
이 책은 저작권법에 따른 저작물로 보호되므로 일부 또는 전체를 복사하거나 무단전재하는 행위를 금합니다.

프롤로그 ....

저자의 부동산 투자 역사를 만나다!

오래전에 개인사업을 시작해서 자리 잡을 즈음 금융위기라는 큰 파도를 만나 사업을 중도에 접어야만 했습니다. 불행 중 다행인 것은 사업체를 정리, 남은 돈과 대출로 집을 하나 산 것이 잠깐 사이에 큰 이익을 얻었고 이때부터 부동산과 인연을 맺은 것 같습니다. 이후 경매로 넘어가기 직전인 건물을 헐값에 구입하여 어느 날 갑자기 젊은 나이에 건물주 노릇도 해봤습니다.

부동산 상승기에 쉽게 번 돈으로 아무 생각 없이 집합상가에 투자했다가 폭망. 그리고 부동산 권리분석 오류로 인한 연이은 투자 실패…. 이때부터 부동산 공부를 해야겠다는 결심을 합니다. 소 잃고 외양간 고친다는 말이 이때 적용된다는 것을 처음 알았습니다. ^^;

외양간 수리하면서 필자의 부동산 투자는 합리적으로 진행되어 부동산 투자, 경매, 임대관리에서 부동산 중개 실무에 이르기까지 꽤 오랜 시간이 지나갔네요. 부동산과 관련된 일을 오래 하다 보니 크고 작은 사례들을 자연스럽게 모을 수 있었습니다. 자료를 분석 그에 대한 상식을 토대로 블로그에 어설픈 글을 쓰기 시작, 이 졸필들을 모아 만든 필자의 첫 번째 책이 <부동산 상식 더하기>입니다. 이 책은 과거 20년간의 필자의 성공과 실패의 발자취가 그대로 녹아있습니다.

부동산을 사는 방법은 일반매매, 공매, 경매 등이 있겠지요. 그중에 부동산 경매는 개인이 해결하지 못하는 채무 관계를 법원에서 일정한 절차(민사집행법)

를 통해 매각하고, 그 대금으로 배당하는 절차입니다. 직접 경매를 당하는 분들에게는 안된 일이지만, 반대로 채권을 회수해야만 하는 채권자로서는 아주 효율적 제도지요. 그리고 이를 매수하는 낙찰자는 부동산을 저렴하게 살 수 있는 기회의 장이기도 합니다. 결국, 경매도 민사집행법을 필두로 한 부동산 분야의 한 축이며, 부동산을 사는 하나의 방법일 뿐입니다.

아무것도 없는 빈 땅에 건물, 아파트, 상가 등을 건축하여 비로소 사람이 거주하고, 상업활동을 하는 부동산이 탄생합니다. 물론 토지도 부동산의 범주에 포함되겠지요. 이렇게 생겨난 부동산은 취득, 보유(관리), 양도(처분)라는 3단계로 진행됩니다. 취득하는 단계에서는 사전 상식인 부동산 토지 관련 법, 건축법, 세법, 등기법, 상속, 증여에 관한 넓은 지식이 필요하고, 보유 및 관리하는 과정에는 보유세, 각종 임대차법, 분쟁 처리의 법률 상식 등을 알아야 합니다. 마지막으로 처분하는 단계에서는 양도, 증여, 상속 등에 관한 상식이 필요하겠죠. 물론 이 책의 화두인 '부동산 경매'에는 '민사집행법'이라는 또 하나의 법률이 등장합니다. 결국 부동산경매는 민사집행법을 근간으로 잡다한 부동산 상식이 얽히고설켜 있어 초보자가 단편적인 집행 절차만을 숙지, 실천하기에는 한계가 있습니다.

필자의 두 번째 책인 <부동산 경매 더하기>는 첫 번째 책인 <부동산 상식 더하기>를 보완하기 위해 기획했습니다. 이 책은 민사집행법 속에 여기저기 섞여 있는 관련 법률을 끄집어내어 친절하게 설명함으로써 부동산 경매의 실질적 이해를 도우려 노력했습니다. 항간에 떠도는 경매로 큰돈을 번 신화적인 이야기는 아닙니다. 인터넷에 떠도는 부스러기들만 모아놓은 그저 그런 책도 아니고, 본인 자랑하다 끝나는 책도 아닙니다. 이 책은 경매를 시작하는 분을 위한 필수 상식만을 집약했습니다.

이 책은 구성은 이렇습니다.
  첫째, 초보자를 위해 난해한 법률을 최대한 쉽게 풀어쓰려고 노력했습니다.

둘째, 장황한 내용은 과감히 삭제, 필수적인 요소만을 함축했습니다.

셋째, 가독성을 높이기 위해 많은 이미지를 넣었습니다.

넷째, 실제 사례 중심으로 편집, 활용성을 높였습니다.

다섯째, 전체적 개요와 권리분석을 위한 기초지식, 권리분석 사례, 임차인 분석, 경매 절차, 배당, 명도에 이르기까지 경매의 전 과정을 넣음으로써 이 책 하나로 모두 해결할 수 있도록 편집했습니다.

우리나라에서 부동산은 생각보다 많은 기회를 제공합니다. 반면 무척 위험하기도 합니다. 이런 양면성을 가진 부동산을 그저 운에다 맡기겠습니까? 이 책은 기본을 알려주는 나침판 역할을 기대합니다. 어려운 일이 닥쳤을 때 책꽂이에서 수시로 꺼내 볼 수 있는 그런 책이 되길 바랍니다.

끝으로 이 책이 나오기까지 늘 도와주신 블로그 이웃, 지인, 출판사 여러분께 진심으로 감사드립니다. 그리고 항상 믿고 응원해준 우리 가족에게도 고맙다는 말을 전합니다.

파주에서 김용건 드림

프롤로그 - 저자의 부동산 투자 역사를 만나다! • 5

Part 01 시작을 위한 첫걸음 떼기

01 부동산경매, 도대체 넌 뭐니? • 14
02 방대한 부동산 지식 경매로 완성되다! • 18
03 경매 누구나 부자의 길로? • 20
04 경매와 공매를 구분해보자 • 22
05 경매정보는 어디서? • 25
06 경매는 누구나 참여할 수 있을까? • 29

Part 02 부동산 권리 뽀개기 - 권리분석을 위한 사전 지식

01 부동산과 관련된 권리의 종류를 먼저 알아보자 • 34
02 물권과 채권의 차이점은 뭘까? • 36
03 저당권과 근저당권은 무엇이 다른가? • 40
04 가압류에 대한 상식 • 42
[상식 더하기] '지급명령제도'란 무엇인가? • 44

05 전세권과 일반적인 전세는 완전히 다르다! • 46
06 지상권, 큰 그림으로 그려보자 • 48
07 지역권은 또 뭐야! • 55
08 가등기의 개념을 알아보자 • 58
[상식 더하기] '담보가등기' 이야기 • 61
09 말도 많고, 탈도 많은 유치권! 앤 뭘까? • 64
10 '환매특약등기'란? • 70

Part 03 권리분석은 스스로 할 수 있어야 한다 - 권리분석의 시작

01 권리분석의 이해 • 74
[상식 더하기] 기본 중의 기본 등기사항증명서 보는 법 • 76
02 말소기준이 되는 권리와 소멸, 인수주의 • 81

Part 04 등기부에 나타나는 권리의 분석 - 권리분석 사례

01 경매에서 저당권과 근저당권 • 90
02 전세권 권리분석 • 94
03 지상권, 경매에서 어떻게 될까? • 105
04 가등기 사용설명서 • 114
05 대지권 미등기, 대지권 없음의 의미 • 120
06 토지에 '별도등기'가 있다? • 126

Part 05 등기상의 보전처분인 가압류와 가처분 분석

01 경매에서 가압류는 어떻게 될까? • 134
02 가처분의 이해와 실제 사례 • 136

Part 06 권리분석의 완성 - 임차인분석

01 주택임대차보호법과 임차인의 강력한 무기 대항력! • 148
02 확정일자를 받은 임차인의 우선변제권 • 159
03 제일 앞선 권리, 소액임차인 최우선변제 • 162
04 '임차권등기명령' 이야기 • 166
05 전입세대 확인 방법 • 169
06 상가 임차인을 위한 상가건물 임대차보호법 • 170
07 순식간에 순위가 바뀐다! 대위변제 이야기 • 176
08 임차인 권리분석 실전 사례 • 180

Part 07 부동산 경매 절차의 모든 것

01 부동산 경매 절차 한눈에 보기 • 208
02 경매, 용어만 친숙해도 절반은 성공! • 212
03 경매의 '이해관계인'이란? • 219
04 채권 신고의 최고와 통지 • 221
05 무잉여 경매와 채권자 매수신청 • 224
06 임차인의 우선매수권 인정될까? • 228

07 미등기 부동산, 무허가 건물 경매 절차 가능할까? • 230
08 입찰할 때 준비물, 확인 사항, 그리고 입찰 과정 • 233
09 입찰 무효 사례와 치명적인 입찰 실수 • 240
10 지분경매와 공유자 우선매수권 • 243
11 매각불허가 신청, 즉시 항고, 매각허가결정 취소신청의 이해 • 248
12 차순위매수신고 해야 할까? • 255
13 낙찰받은 부동산 소유권 이전하기 • 257

Part 08 배당의 원리 반드시 알아야 한다!

01 경매는 몰라도 배당은 알아야 한다! • 264
02 경매의 배당에는 일정한 원칙이 있다 • 266
03 배당에는 일정한 순서가 있다 • 271
[상식 더하기] 필요비와 유익비 이게 도대체 뭘까? • 276
04 소액임차인 배당사례 (1) • 281
05 소액임차인 배당사례 (2) • 285
06 낙찰자가 미납한 이유는? • 289

Part 09 낙찰받는 부동산 명도하기

01 명도에 대하여 • 300
02 명도에 효과적인 내용증명 작성 요령 및 사례 • 302
03 명도확인서 작성 및 유의사항 • 309
04 인도명령을 통한 강제집행 이야기 • 311

찾아보기 • 316

Part
01
시작을 위한 첫걸음 떼기

01 부동산 경매, 도대체 넌 뭐니?
02 방대한 부동산 지식 경매로 완성되다!
03 경매! 누구나 부자의 길로?
04 경매와 공매를 구분해보자
05 경매정보는 어디서?
06 경매는 누구나 참여할 수 있을까?

01 부동산 경매, 도대체 넌 뭐니?

　누구나 한 번쯤은 들어봤을 부동산 경매! 부동산을 헐값에 살 수 있다는 막연한 기대와 연세가 좀 있는 분이라면 그리 좋지 않은 기억으로 남아있을 수 있습니다. 필자 또한 어릴 적 우락부락한 사람들이 몰려와 각종 세간살이를 강제로 문밖으로 밀어내고, 쫓겨나는 사람은 필사적으로 이를 막으며 울고 불고 생난리인 현장을 가끔 목격하곤 했습니다. 가까운 이웃이 그랬고, 친한 친구의 집 또한 그랬습니다. 지금은 각종 법과 시스템을 정비해 일반화되었지만, 과거에는 경매로 먹고사는 깡패도 많았고, 평판이 그리 좋지 않았던 것도 사실입니다.

　사람들은 경매를 어떻게 생각할까요? 부동산 경매라는 범주에 수많은 매체와 책이 존재하며 실제 경매로 부자 된 사람들이 대거 등장, 재테크 수단으로써 크게 부각되고 있습니다. 경매는 '쉽게 돈을 버는 이상적인 도구'로 자리매김하고 있는 형국이지요. 그러니 경매를 처음 접하는 사람에 있어서 경매란 막연한 환상일 수도 있겠네요.

부동산이 경매에 나오는 이유는 뭘까?
부동산을 매입할 때 부족한 자금은 대부분 은행에서 차입하는 형태로 거래가 이루어집니다. 일정 기준에 적합한 사람은 부동산을 담보로 은행에서 돈을 빌리고, 은행은 그 대가로 매달 이자를 받으며 동시에 대상 부동산이 담보로 제공됩니다. 물론 등기부에는 저당권(근저당)이 설정되겠지요.

　채무자(돈을 빌린 사람)가 이자 및 원금 지급을 차일피일 미루다 결국 상환 불능상태일 때 은행은 근저당이 설정된 부동산을 경매시장에 넘겨 빌려준 자금을 회수할 수 있습니다. 좀 더 구체적인 예를 들어보겠습니다.

다가구주택을 소유한 사람이 사업에 실패하여 막다른 길에 내몰린 상황이라면 어떤 일이 발생할까요? 다가구주택이니 세입자 또한 다수겠지요. 채무자는 은행의 원금 및 이자 지급 여력이 없어 장기 연체, 제2금융권(캐피탈, 저축은행 등)에 추가 대출, 지인들에게 급전 융통, 카드 대출 및 연체, 사채 등등…. 개인이 할 수 있는 모든 영역에 접근하는 상황이 도래하겠지요. 그리고 결국 무지막지한 채무를 뒤로한 채 조용히 잠적하는 최종 결론에 도달합니다. 일반적인 얘기입니다. 그러면 채무자의 잠수(?) 그 이후에는 어떤 일이 일어날까요?

모든 채권자(돈 받을 권리가 있는 사람)는 연락이 되지 않는 채무자를 막연히 기다리지 않고 각종 법적 조처를 하게 됩니다. 은행을 포함한 제2금융권에서는 근저당에 기한 임의경매를 준비하겠고, 일반 채권자들은 가압류 설정, 카드사에서는 연체 금액에 대한 가압류, 각종 세금 압류 그리고 세입자의 임차권등기 등의 '법적 조처'가 이루어집니다. 물론 이런 권리들은 등기부상에 설정됩니다.

'경매개시결정 등기' 또는 각종 거북한 권리들이 등기사항전부증명서(등기부)에 기록된다면 누가 봐도 복잡할 것입니다. 이런 부동산은 시세보다 당연히 빚이 더 많을 것이고, 만일 일반매매로 거래된다면 위에서 말한 채무자들은 한 치의 양보도 없이 본인 돈만 챙기고자 난리가 날 것은 자명하겠지요. 권리가 복잡한 부동산은 채권을 공평하게 분배하는 원칙이 없으므로 일반매매로 거래되기는 참 어렵습니다. 결국 배당 원칙이 분명한 경매시장에 나올 수밖에 없겠지요.

부동산 경매란 무엇인가?

'부동산경매'란 개인이 해결하지 못하는 채무 관계를 법원에서 일정한 절차(민사집행법)를 통해 매각하고, 그 대금으로 '배당(빚잔치)'하는 강제집행절차 입니다. 직접 경매를 당하는 분들에게는 안된 일이지만, 반대로 채권을 회수해야만 하는 채권자로서는 아주 효율적 제도지요. 그리고 이를 매수하는 낙찰자는 부동산을 저렴하게 살 수 있는 기회의 장이기도 합니다.

경매법정은 늘 투자자로 북적대고, 서점의 부동산 코너에는 '경매 전문' 도서로 넘쳐 사람들의 관심이 참 많습니다. 시세보다 무조건 싸게 살 수 있다는 생각으로 사람들을 법원으로 이끄는 것 같습니다. 하지만 갖가지 함정이 도사리고 있으니 어느 정도의 부동산지식은 꼭 필요합니다.

이쯤에서 우리는 부동산경매 여행을 떠나보기로 합니다. '부동산 상식'이 그렇듯이 용어만 이해해도 편해질 수 있으니 부동산경매에 대한 전체적인 윤곽을 잡아봅니다. 처음 접하는 분들은 당연히 어려울 수도 있겠지요. 하지만 이 책을 끝까지만 정독한다면 자연스럽게 해결될 거라 믿습니다.

부동산경매의 분류(종류)

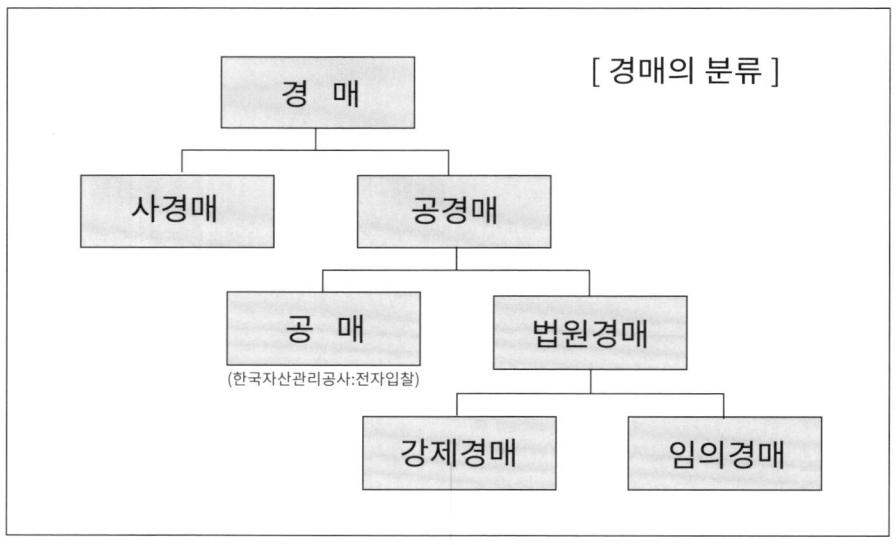

위의 그림은 우리나라 경매의 광의적 표현이고 분류된 종류 중에 우리가 주로 다루고자 하는 내용은 공경매 중 '법원경매'에 관한 내용입니다.

임의경매란 담보물권(근저당권, 저당권 등)과 용익물권(전세권 등)의 권리자가 본인의 피담보채권이나 전세금 등을 변제받기 위해 경매를 진행하는 경우입니다. 강제경매와 달리 집행권원은 필요 없으나, 담보권의 존재를 증명하는 서류 등이 첨부되어야 합니다.

강제경매는 집행권원(채무명의)을 지닌 채권자의 신청으로 채무자 소유의 부동산을 압류, 환가하여 그 매각대금으로 채무를 실현하는 법원의 강제집행 절차를 말합니다.

집행권원(채무명의)이란 무엇인가?

채권자가 채무자에 대하여 금전을 받을 수 있는 권리가 표시되고, 그 청구권을 강제 집행할 수 있는 공적인 문서를 말한다. 다음은 집행권원이 될 수 있는 것을 나열했다.
1. 확정된 이행판결 : 이행의 소송에서 받은 승소 판결문
2. 가집행선고부 판결 : 가집행 할 수 있음을 선고한 판결
3. 확정된 지급명령 : 법원의 지급명령에 대하여 채무자가 의의 없이 확정된 것
4. 각종 조서 : 화해조서, 조정조서, 청구인낙조서 등
5. 공증된 금전채권문서 : 공증된 문서 중 금전 등의 채무이행에 관한 문서. 예컨대, 금전대차 등의 계약 시 '만일 불이행 시에는 즉시 강제집행을 하여도 이의가 없다'라는 뜻을 기재하여 공증을 받으면 집행권원이 되는 것이다.

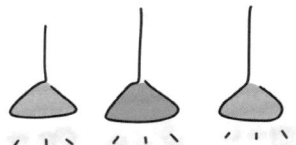

02 방대한 부동산 지식 경매로 완성되다!

　우리가 외국 서적을 읽을 때, 그 나라 말에 익숙하지 않은 사람은 외국어 사전을 이용, 번역하여 그 뜻을 이해합니다. 부동산 지식 또한 다르지 않다고 생각합니다. 처음 부동산 법률을 접하면 평생 사용한 언어인 우리 말로 되어있음에도 불구하고 전혀 이해할 수 없는 경우가 태반입니다. 필자 또한 초보자 시절에 부동산 공부를 목적으로 잔뜩 부동산 책을 사서 읽다가 낭패 본 적이 한 두 번이 아닙니다. 이는 부동산 관련 지식의 특성상 그렇습니다.

　아무것도 없는 빈 땅에 건물, 아파트, 상가 등을 건축하여 비로소 사람이 거주하고, 상업활동을 하는 부동산이 탄생합니다. 물론 토지도 부동산의 범주에 포함되겠지요. 이렇게 생겨난 부동산은 취득, 보유(관리), 양도(처분)라는 3단계로 진행됩니다. 취득하는 단계에서는 사전 상식인 부동산 토지관련 법, 건축법, 세법, 등기법, 상속, 증여에 관한 넓은 지식이 필요하고, 보유 및 관리하는 과정에는 보유세, 각종 임대차법, 분쟁 처리의 법률 상식 등을 알아야 합니다. 마지막으로 처분하는 단계에서는 양도, 증여, 상속 등에 관한 상식이 필요하겠죠. 물론 이 책의 화두인 '부동산 경매'에는 '민사집행법'이라는 또 하나의 법률이 등장합니다.

　이처럼 부동산 지식은 생각보다 많은 분야가 뒤섞여 있습니다. 우리나라의 저명한 부동산학자인 김영진(1987) 님은 "부동산학이란 능률화 원리와 그 응용기술을 개척하는 종합 응용과학"이라고 정의를 내렸습니다. 오죽했으면 '종합'이라는 단어를 사용했을까요. 이는 부동산 상식이 아주 광범위하다는 방증이겠지요. 거창하게 부동산학적인 접근은 아니더라도, 부동산 종합지식은 이해하기 힘든 전문 용어로 가득하여 일반인이 접근하기에 어려움이 있습니다.

부동산경매는 어떨까요? 하나의 부동산이 경매시장에 나오기까지 아주 험난한 과정이 있었겠지요. 채권자와 채무자 간의 대립, 격한 분쟁, 임차인(세입자) 분쟁, 수많은 법률적 요건 등등……. 집주인, 채권자, 세입자 모두 격정적인 인생 이야기가 있었을 겁니다.

경매까지 진행되는 일련의 과정들을 '지식'이란 시각에서 보면, '경매'란 민사집행법을 기본으로 하는 잡다한 부동산 상식이 총망라된 지식의 보고(寶庫) 입니다.

부동산경매는 일반적으로 현장답사(임장) -> 권리분석(관련 법률, 임차인 분석 등) -> 입찰 -> 배당 -> 명도의 순으로 진행됩니다. 이 일련의 과정에서 임장에는 각종 건축법과 토지법이 관여하고, 권리분석에는 민법, 임대차보호법 등의 각종 법률이, 입찰과 명도에는 민사집행법 등이 알게 모르게 부동산 관련 전문지식이 고스란히 녹아있습니다. 이런 이유로 필자는 부동산경매란 '부동산 지식의 온전한 완성'으로 해석합니다.

부동산 경매를 처음 공부하는 사람이라면 위에서 열거한 모든 지식을 깊이 파고들어 갈 것을 권하지 않습니다. 왜냐하면 너무도 많은 시간이 소모되는 힘든 작업이기 때문입니다. 다만 부동산을 종합적으로 알려주는 기본서 정도는 읽고 시작하는 게 좋지 않을까요!

혹자는 "부동산 경매는 아주 쉽다.", "권리분석 아무것도 아니다!!"라는 등 간단하게 묘사하고 있는데요. 물론 유료경매 사이트에서는 프로그램을 이용, 간단히 분석할 수 있습니다. 그러나 극단적이고 복잡하게 얽혀있는 법과 채권·채무 관계를 풀어나가는데 간단히 결론만을 도출하는 것은 문제가 있지 않을까요? 심지어 막강한 임대차보호법으로 무장한 임차인 관계까지 모두 파악하려면 공부 좀 해야겠지요! 그리고 이번 기회에 한 번 알아두면 평생 써먹을 부동산 지식을 완성해 보는 것은 어떨까요?

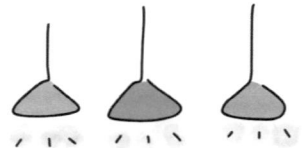

03 경매! 누구나 부자의 길로?

언제부터인가 경매는 최고의 돈벌이 수단으로 자리매김하고 있습니다. 포털카페, 블로그, 유튜브에서도 경매로 성공한 사람들의 일화가 신화처럼 묘사되어 있습니다. '경매 = 돈이다!'라는 공식을 주장하고 있고, 거의 모든 매체는 제목만 봐도 돈이 된다는 매력에 우리 모두는 흥분합니다. 그렇다면 우리는 경매로 '부자'라는 지위를 얻을 수 있을까요?

부동산경매로 부동산을 취득하면 여러 가지 이로운 이유가 있습니다. 시세보다 싸게 부동산을 살 수 있는 것은 누구나 인정하는 경매의 가장 큰 매력입니다. 자본주의에서 이보다 좋은 장점은 없을 겁니다.

또한 경매는 부동산 정보의 입수가 아주 용이합니다. 대법원 경매정보, 신문, 사설 정보지, 각종 민간 업체 등의 정보제공으로 누구나 마음만 먹으면 당장이라도 각종 부동산 정보를 쉽게 접할 수 있습니다.

부동산경매는 국가에서 운영하는 시스템으로 안전합니다. 법원에서 등기부상의 모든 복잡한 권리관계를 낙찰 시 말끔하게 정리해주며, 본인이 몇 가지 주의만 하면 안전하게 부동산을 살 수 있다는 장점이 있습니다.

이런저런 장점을 가진 부동산 경매는 인기가 참 많습니다. 위에서 언급한 '몇 가지 주의할 점'을 위해 우리는 이 자리에 있습니다. 앞으로 부동산 기초지식, 임대차보호법, 민사집행법 등을 근거로 학습이 선행됩니다. 물론 경매전문업체에 의뢰할 수도 있겠지요. 직접 투자 또는 컨설팅에 의존하는 간접투자에서 우리는 모두 부동산경매로 성공할 수 있을까요?

자본을 축적하기 위해 경제 논리가 최선이라면, 흔한 예로 경제학자가 최고

부자여야 합니다. 그러나 실상은 다르지요. 또 음식 맛을 자신하는 요리사가 창업하면 모두 성공해야 하는데 현실을 그렇지 않습니다. 사회적으로 최상위 계층인 변호사, 의사 등의 폐업률 또한 엄청납니다.

　필자의 주위에는 부동산 투자하는 분, 경매하시는 분과 직접 부동산중개업을 하시는 분도 다수 계십니다. 이 분야 또한 마찬가지입니다. 어떤 이는 부동산 투자로 수익이 엄청나고, 어떤 이는 부동산중개업으로 돈을 많이 벌고, 경매로 수많은 부동산을 사들여 부자가 된 사람 등등..... 그러나 이런 분들은 소수에 불과하고, 실패하는 들러리인 경우가 더 많습니다.
　우리나라 모든 분야에서 그렇듯 '치열한 경쟁'이라는 답답한 현실이 발목을 잡네요. 부동산경매도 예외는 아닙니다. '무한 경쟁'이라는 큰 산이 앞에 있습니다.

　부정적인 면만 나열해서 죄송합니다. 필자는 다른 각도에서 부동산경매 분야를 바라봅니다. '과연 내가 이 업종에 소질이 있는가?' 라는 점이 제일 우선시 돼야 한다고 생각합니다. '재능(소질)'이 있는 사람은 좀 더 열정적이고, 순발력이 있으며, 경쟁을 이겨내는 힘이 존재합니다. 어느 정도의 재능이 있고, 양손에 부동산 지식이라는 무기를 장착한다면 이때부터 경쟁력이 생기고 부동산경매로 성공할 수 있다는 것이 개인적인 생각입니다.
　그리고 부동산 지식은 꼭 필요한 것이어야 합니다. 깊이깊이 파헤치면 '관념적 지식'이라는 부정적 오류에 빠져 도전하기 전에 좌절할 수도 있습니다. 부동산 지식은 필수적인 항목만 학습하시고 발로 뛰는 경매, 현장에서 답을 찾는 경매를 시작하셨으면 합니다. 처음 내딛는 발걸음은 모두 같고, 시간은 우리에게 공평하지만, 미래에는 개인적인 차이가 엄청날 수 있습니다. 모두 성공하시기를 진심으로 바랍니다.

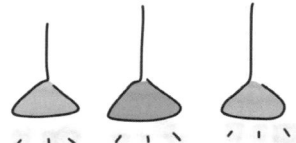

04 경매와 공매를 구분해 보자

경매와 공매는 차이점이 있음에도 일반 사람들이 구분하기 쉽지 않습니다. 일반적인 용어인 '경매'로 통칭, "저 집 경매 나왔어!"라고 말하곤 합니다. 그러나 경매를 공부하는 사람들은 경매와 공매의 차이점을 분명히 알아야 상황에 맞는 대처를 할 수 있겠지요. 경매와 공매를 구분해보겠습니다.

경매/공매 절차는 법과 집행기관이 다르다

경매가 법원에서 직접 입찰하는 방식이지만, 공매는 온비드에서 컴퓨터 온라인 입찰로 진행되므로 법 자체와 집행기관이 다릅니다. 경매는 민사집행법을 근간으로 하는 법원에서, 공매는 국세징수법을 근거로 한국자산관리공사에서 진행합니다. 공매는 주로 체납세금을 회수하기 위해 압류한 재산을 공매로 진행합니다.

입찰 방법의 차이점

부동산 경매는 법원에 직접 참석하여 입찰하는 방식이고, 공매는 '온비드(한국자산관리공사 전자입찰 홈페이지)'에서 전자 입찰하는 방법으로 진행합니다. 공매 입찰 방법은 온라인에서 간단하게 끝낼 수 있고, 입찰보증금 또한 자금 이체하면 완료되니 시간이 없는 분들에게는 큰 메리트가 있습니다. 부동산 경매도 전자입찰 제도로 개선되면 좋겠네요.

부동산의 명도방법에서 차이가 있다

경매는 정당한 권원이 없는 점유자를 간단한 신청 절차로 내보낼 수 있는 '인도명령제도'가 있습니다. ※ '인도명령을 통한 강제집행 이야기' 311쪽을 참조하세요. 하지만 공매의 경우 세금을 징수하기 위한 목적이므로 인도명령 제도가 없습니다. 결국 공매는 점유자와 합의가 이루어지지 않으면 '명도소송'을 통해 확정판결

후 강제집행해야 하기 때문에 명도지연과 상당한 명도비용이 소요될 수 있습니다. 공매의 명도책임은 낙찰자에게 있기 때문에 공매는 점유자가 있는 부동산보다는 명도 걱정이 없는 토지를 선호하는 이유이기도 합니다.

위와 같이 경매와 공매의 개략적인 차이를 알아보았습니다. 제도상의 다른 점은 있지만, 경매나 공매는 공개적인 입찰 경쟁방식을 채택, 가격을 높게 쓰는 사람이 우선순위가 있고, 매각 당일 매수인이 없으면 가격이 저감 되어 시세보다 싼 가격에 부동산을 살 수 있는 큰 장점이 있습니다. 두 제도의 장단점이 있으므로 본인에 맞는 투자 방법을 선택하시기 바랍니다. 이해를 돕기 위해 따로 비교표를 만들었으니 참조하세요.

경매와 공매 비교표

내 용	경 매	공 매
표시 방법	등기사항증명서에 임의경매 / 강제경매로 표기	등기사항증명서에 공매 공고 표기
검 색	법원경매정보 www.courtauction.go.kr	온비드 공매 www.onbid.co.kr
제공 자료	부동산현황조사서 및 점유관계조사서 임대차관계 조사서, 매각물건명세서, 감정평가서 등	감정평가서, 현황조사보고서 등
소액보증금 최우선변제 기준	경매개시결정 등기일 이전에 대항력 (주민등록 전입/사업자등록 + 점유)을 갖추고 배당요구종기일까지 배당신청을 한 자	공매공고일 이전 대항력 갖춘 자라고 하였으나, 2008년 판례는[체납처분에 의한 압류등기] 이전으로 판결, 2012 년 국세징수법 개정으로 공매공고등기 일 이전
매각예정가격 체감원칙	20~30% 체감(법원에 따라 상이함)	10%씩 체감 후 50% 까지 진행
보증금	매수신청보증금 : 최저매각가격의 10%	입찰보증금 : 최저입찰가의 10%
매각 방법	기일입찰(현장 참여)	인터넷 입찰방식

경매와 공매 비교표

내 용	경 매	공 매
대급 납부(기한 전에 납부 가능)	매각허가결정 확정일로부터 1월 내	매각결정일로부터 3,000만 원 미만 : 7일 이내 3,000만 원 이상 : 30일 이내 (2013년 1월 이후 공고된 물건)
공유자우선매수신고	가능	가능
농지취득자격증명서 제출	낙찰허가 결정 전까지	매각허가 결정일 전까지
채권상계	상계 가능	상계 불가
배당요구종기	첫 매각기일 이전	최초 입찰기일 이전
배당 이의	배당이의소송 절차	배분이의제도
집행권원에 의한 배당참여	배당참여 가능	배분참여 가능
가압류 채권자 배당참여	배당참여 가능	배분참여 가능
인도명령 / 명도소송	인도명령 제도로 명도 용이	명도소송(3~6개월) 후 판결문으로 강제집행. 명도 어려움
매각허가결정	매각결정기일 이후 7일 이내	최고 입찰자 결정된 후 매각결정통지서 교부

05 경매정보는 어디서?

경매는 법원에서, 공매는 국세징수법을 근거로 한국자산관리공사에서 진행한다는 것은 우리가 이미 아는 사실입니다. 그러므로 부동산 경매 정보는 법원경매정보 사이트에서 제공되고, 공매 정보는 한국자산관리공사의 온비드 공매 사이트에서 찾아볼 수 있습니다.

예컨대 부동산경매신청이 접수되면 법원은 해당 부동산에 대한 조사를 진행합니다. 법원 직원의 탐방과 감정평가사가 시세를 조사하는 등의 자료를 수집, 그 내용을 법원경매사이트에 입력하는 과정으로 정보가 완성됩니다. 중요한 것은 이들 사이트의 내용이 원천적인 정보라는 것이고, 물론 무료로 열람할 수 있습니다.

기본적인 경매, 공매의 자료를 모아 보기 쉽게 가공 및 첨부하여 유료로 제공하는 민간 경매전문 정보업체도 다수 있습니다. 또한 경매 컨설팅 업체에서 편의를 위해 운영하는 무료경매사이트도 다수 존재합니다. 당연히 이런 업체들은 법원경매정보, 온비드에서 제공하는 자료를 2차 가공 생산한 것입니다.

대법원 경매 정보 사이트 : www.courtauction.go.kr
한국자산관리공사 공매 정보 온비드 : www.onbid.co.kr

법원경매정보와 유료경매사이트의 차이점에 대하여
차이점을 알기 위해 우리나라에 경매정보 매체가 '법원경매정보' 하나만 존재한다고 가정해 봅니다. 법원경매정보에는 기본적으로 매각물건명세서, 현황조사서, 감정평가서만을 제공합니다. 이 자료를 토대로 우리가 경매 입찰을 한다고 했을 때의 과정은 다음과 같습니다.

1. 법원경매정보 사이트 접속 및 검색
- 경매물건에 대한 주소 및 각종 기초자료 입수 및 출력
- 현황조사서 상의 점유관계 및 기본정보 숙지
- 감정평가서의 기본 내용과 시세에 대한 기초정보 입수

2. 부동산의 관련 문서 발급
법원경매정보 홈페이지에서 조사된 부동산이 본인과 부합한 경우 추가 서류를 발급받습니다. 추가서류란 대법원사이트에서 제공되지 않는 해당 부동산에 관련된 등기사항전부증명서(등기부), 건축물대장, 토지대장 등 건물과 토지에 관한 이력이 기재된 문서를 준비합니다.

3. 전입세대에 관한 서류 발급
출력한 경매정보 내용을 주민센터에 제출하면 현재 전입된 사람들을 확인할 수 있는 '전입세대확인서'를 발급받을 수 있습니다.

4. 임장(투자 타당성 활동)
앞서 입수한 기초자료를 토대로 해당 부동산의 위치, 건축물의 상태, 실제 점유자 유무 확인, 주변인을 통한 시세 조사, 투자 타당성 등의 활동을 합니다.

5. 권리분석
현장 활동인 임장까지 끝났습니다. 이제는 법적으로 이상이 없는지 따져봅니다. 등기부와 건축물대장, 임차인 등의 명도 문제 등 모든 권리를 분석하는 단계입니다.

6. 입찰
임장 활동과 서류 분석 등을 통해 해당 부동산에 입찰해야겠다고 결심합니다. 입찰 일자 등을 확인 후 입찰일 당일 해당 법원 출석 및 입찰 참여.

우리나라에 경매정보 매체가 단 하나만 있다는 가정하에 입찰까지의 모든

과정을 개략적으로 나열해봤습니다. 법원경매정보에는 기본적으로 매각물건명세서, 현황조사서, 감정평가서만을 제공합니다. 그러나 유료경매업체 사이트에는 법원에서 제공하지 않는 등기사항증명서, 건축물대장 등의 각종 공적 서류를 제공하고, 기본적인 권리분석, 투자수익률 분석, 배당순위 등의 분석자료를 제공한다는 점이 큰 차이점이라 하겠습니다.

유료경매정보 사이트의 장단점

원천자료에서 가공한 내용이므로 입력과정에서 오류가 있을 수 있고, 적잖은 비용이 든다는 것이 단점입니다. 반면 장점은 다음과 같습니다.

- 법원경매정보 사이트보다 인터페이스가 깔끔하여 검색이 용이하다.
- 각종 첨부 자료의 제공으로 시간과 노력을 줄일 수 있다.
- 기본적인 권리분석, 수익률 분석, 예상 배당순위, 예상 인도 비용, 주변 낙찰사례 등의 주요 자료를 제공한다.

유료경매사이트 반드시 이용해야 하나?

대표적인 유료경매사이트는 옥션원, 지지옥션, 스피드옥션, 부동산태인 등이 있습니다. 업체마다 차별적 내용 구성과 다른 영업전략이 있으나, 비용면에선 상당한 부담 있습니다. 경매초보자들의 가장 궁금 질문 중 하나가 '유료경매사이트를 꼭 이용해야 하나?'에 대한 것인데, 필자의 사견을 써 볼까 합니다.

앞서 피력했듯이 부동산 경매의 원천 데이터는 법원경매정보에서 가져옵니다. 이를 보기 좋게 편집하여 2차로 가공 및 첨부하는 업체가 유료경매사이트입니다. 검색 플랫폼의 불편함과 직접 손품, 발품을 파는 수고를 감수한다면 유료사이트의 이용은 꼭 필요하지는 않다고 봅니다. 단, 전제조건으로 부동산과 경매 상식은 사전에 숙지해야 하겠지요. 또한 경매컨설팅 업체에서 운영하는 무료 경매검색사이트도 유용합니다.

사실 우리나라 법원경매정보 사이트는 검색하기 다소 불편합니다. 경매 전문 카페나 동호회에서 공동구매 형태로 시간별로 나눠서 사용하고, 금액을 지급하는 사례도 있으니 부동산경매를 전문적으로 하실 계획이라면 유료경매사이트를 이용하시는 것이 여러모로 편리하겠지요.

결론

경매정보는 인터넷상에서 흔하게 볼 수 있고, 이를 가공하여 특화 한 경매정보 매체 또한 다수 존재합니다. 그러나 정보를 받아, 분석하고, 현장활동에서 몸으로 부딪치는 일은 온전히 입찰자의 영역입니다. 또한 정보 매체는 사람이 입력하는 일이라 정보 오류 가능성은 늘 존재합니다. 본인에 맞는 검색수단을 이용하는 것은 자유이며 현장에 많은 비중을 두어 확인하고, 또 확인하는 과정이 꼭 필요하다고 생각합니다.

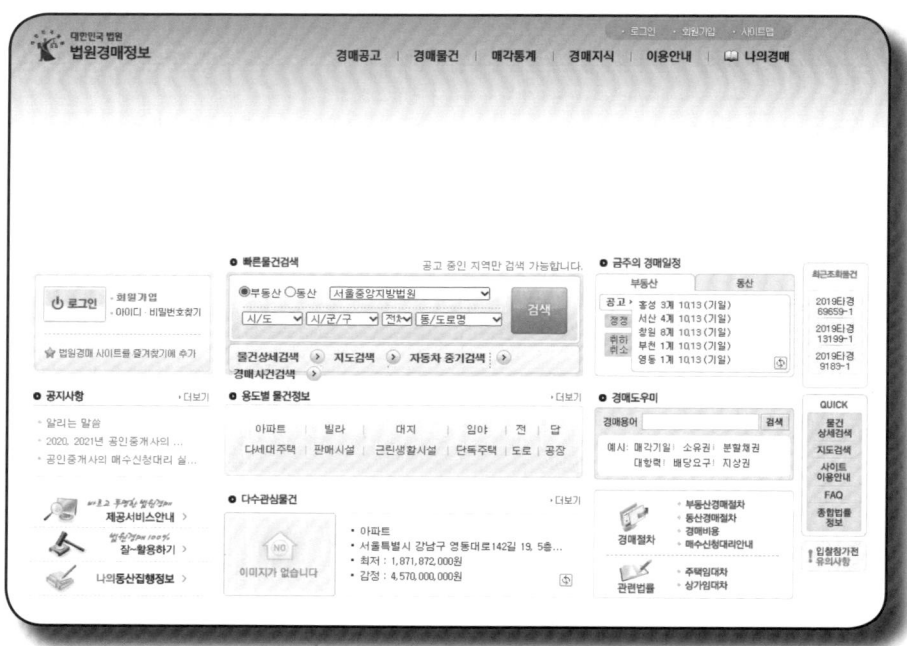

06 경매는 누구나 참여할 수 있을까?

부동산 경매에서 입찰 자격은 법과 규칙으로 정한 몇 가지 경우를 제외하고 누구나 참여할 수 있습니다. 다음은 그 예외에 해당하는 법조문입니다.

민사집행규칙 제59조(채무자 등의 매수 신청금지)

민사집행규칙 제59조(채무자 등의 매수신청금지) 다음 각호의 사람은 매수신청을 할 수 없다.

1. 채무자
2. 매각절차에 관여한 집행관
3. 매각 부동산을 평가한 감정인(감정평가법인이 감정인인 때에는 그 감정평가법인 또는 소속 감정평가사)

민사민사집행법 제108조 (매각장소의 질서유지)

집행관은 다음 각호 가운데 어느 하나에 해당한다고 인정되는 사람에 대하여 매각장소에 들어오지 못하도록 하거나 매각장소에서 내보내거나 매수의 신청을 하지 못하도록 할 수 있다.

1. 다른 사람의 매수신청을 방해한 사람

2. 부당하게 다른 사람과 담합하거나 그 밖에 매각의 적정한 실시를 방해한 사람

3. 제1호 또는 제2호의 행위를 교사(敎唆)한 사람

4. 민사집행절차에서의 매각에 관하여 형법 공무집행방해, 부동산강제집행효용침해, 경매입찰방해 등으로 유죄판결을 받고 그 판결확정일부터 2년이 지나지 아니한 사람

위의 표는 민사집행법과 규칙에서 입찰에 참여할 수 없는 경우를 법으로

정해 놓은 것입니다. 민사집행법 외의 다른 규정과 종합적으로 정리해 보면 다음과 같습니다.

입찰에 참여할 수 없는 자
- 민법상 행위능력 없는 미성년자, 심신이 박약한 한정치산자, 금치산자는 법정 대리인을 통하지 않으면 경매 입찰 자격이 없다.

- 대리인 매수신청 시 대리권 증명서류(위임장, 인감증명 등) 미제출 시.

- 재경매 절차에서 종전 낙찰자.

- 채무자는 해당 부동산의 입찰에 참여할 수 없다. 다만 채무자가 아닌 소유자는 입찰 가능.

- 경매 절차에 관여한 집행관.

- 경매부동산을 평가한 감정평가사, 감정평가 법인은 입찰 불가.

- 다른 사람의 매수신청을 방해한 사람.

- 부당하게 다른 사람과 담합한 자.

- 그 밖에 매각의 적정한 실시를 방해한 사람.

- 위의 경매 방해 행위를 교사한 자.

- 민사집행 절차에서 매각에 관하여 형법 공무집행방해, 공무상 비밀표시무효, 부동산강제집행 효용침해, 경매입찰방해 등으로 유죄판결을 받고 그 판결 확정일부터 2년이 지나지 아니한 사람.

입찰 자격에 대해서 알아봤습니다. 구구절절 다 순리에 맞는 말이니 한번 읽고 쓱 지나가시면 됩니다. 다만 위의 내용 중 '채무자는 매수신청을 할 수 없다. 다만 채무자가 아닌 소유자는 입찰 가능.'이라는 조항이 있는데, 헷갈릴까 봐 노파심에 적어봅니다.

예컨대 큰형 소유의 아파트를 막냇동생이 사업 자금 용도로 은행에서 대출, 근저당 설정했다면 막냇동생은 돈을 갚아야 할 '채무자'가 되고, 큰형은 '물상보증인'이 되겠지요. 그러면 큰형은 소유자이면서 채무자가 아닌 사례로 입찰할 수 있는 자격이 됩니다. ※물상보증인 : 다른 사람의 채무를 담보하기 위하여 자기의 재산에 질권이나 저당권을 설정해 준 사람.

Part
02

부동산 권리 뽀개기
「 권리분석을 위한 사전 지식 」

01 부동산과 관련된 권리의 종류 먼저 알기
02 물권과 채권의 차이점은 뭘까?
03 저당권과 근저당권, 무엇이 다를까?
04 가압류에 대한 상식 ㅣ '지급명령제도'란 무엇인가?
05 전세권과 일반적인 전세는 완전히 다르다!
06 지상권, 큰 그림으로 그려보자
07 지역권은 또 뭐야?
08 가등기를 알아보자 ㅣ '담보가등기' 이야기
09 말도 많고, 탈도 많은 유치권, 앤 뭘까?
10 환매특약등기란?

01 부동산과 관련된 권리의 종류를 먼저 알아보자

토지에서부터 건물에 이르기까지 모든 부동산은 권리로 뭉쳐있다 해도 과언이 아닙니다. 우리가 흔히 접하는 소유권을 비롯하여 근저당권, 전세권, 임차권 등.... 물권에서 채권에 이르기까지 수많은 권리가 존재합니다.

우리나라 권리의 종류는 아래 그림과 같은데요. 특히 경매는 채권, 채무의 이해관계가 일반적인 부동산 보다 더욱 복잡할 수 있습니다. 처음 접하시는 분들에게는 많이 어려울 거라 생각합니다. 그래서 이번 장의 주제는 부동산과 관련된 권리의 개념을 순차적으로 파악하고, 부동산 권리분석의 기초자료로 삼기 위해 전체 권리와 주변 상식을 나열하는 식으로 접근합니다.

우리나라 권리의 종류

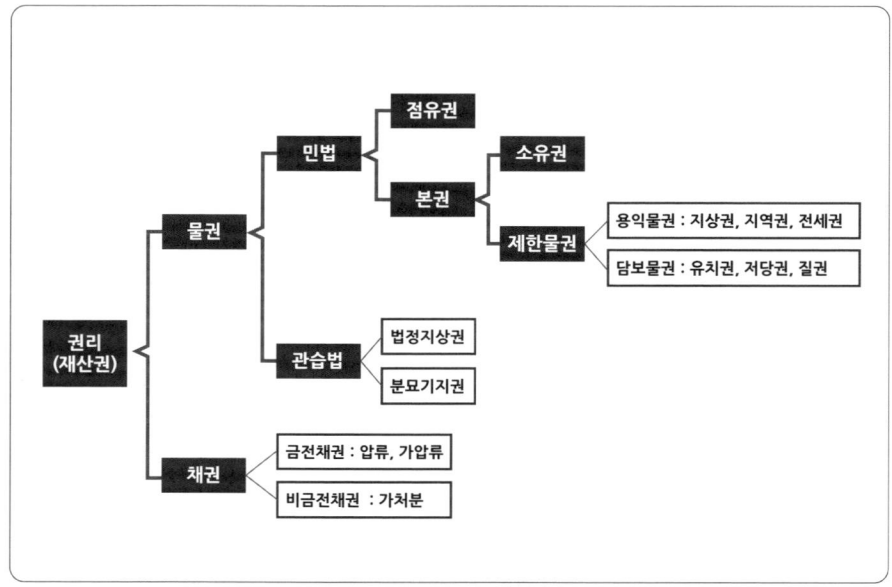

우리나라 '권리'의 종류를 보기 편하게 이해도를 만들었습니다. 어디선가 본 것도 있고, 생전 처음인 것도 있을 겁니다. 각각의 내용은 필자의 저서인 '부동산 상식 더하기'의 내용 중 일부를 가져와 편집했고, 항상 그렇듯 커다란 틀을 먼저 보고, 개별적으로 하나씩 풀어가는 방법으로 여러분과 함께 길을 떠나보겠습니다.

권리는 자본주의 기본 이념인 '재산'이라는 개념에서 출발합니다. 재산권에는 '특정한 물건을 직접 지배하여 이익을 얻는 배타적 권리'라는 물권과 '채무자에게 일정한 행위를 청구할 수 있는 권리'인 채권이라는 큰 줄기로 나뉩니다. 또한 물권에는 우리나라 민법에서 정한 점유권과 본권(소유권, 제한물권)으로 구분하는데요. 소유권은 부동산을 소유할 권리를 의미하며, 제한물권은 용익물권과 담보물권으로 나뉘는데 타인에게 빌려준 전세권과 담보를 근거로 한 저당권이 대표적입니다.

이런 각각의 권리에 파생된 각종 법률을 하나하나 알아가는 과정이 부동산 상식을 습득하는 과정이고, 알아낸 지식으로 여기저기 얽혀 있는 문제점과 위험을 간파, 응용하여 풀어나가는 과정이 권리분석이라 필자는 생각합니다. 이런 지식을 깊이 파헤치면 법률전문가의 길로 갈 것이고, 부동산 일반 법률과 관련된 지식을 응용하면 부동산전문가가 될 것이며, 민사집행법과 결합하여 순발력과 재능이 있는 분이라면 경매전문가가 되겠지요.

숲을 봤으니 이제 각각의 나무를 볼 차례입니다. 길어지면 지루하니 그림의 내용은 다음 지면에서 하나씩 풀어가겠습니다.

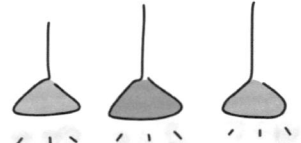

02 물권과 채권의 차이점은 뭘까?

부동산경매에서 자주 나오는 물권과 채권에 대해서 알아보겠습니다. 앞서 말씀드렸듯이 이곳은 법을 처음 접하는 초보자를 위한 공간으로 꾸몄습니다.

물권이란 무엇인가?
'특정한 물건을 직접 지배하여 이익을 얻는 배타적 권리'라고 요약됩니다. 직접 지배에 대한 물권을 갖고 있으면, 이 권리를 침해하지 못한다는 의미입니다. 예를 들어 부동산을 취득하여 등기를 마친다면, 소유권이라는 '물권'을 취득한 것이고, 이 권리는 배타적으로 귀하의 소유이므로 누구도 이를 침해하지 못한다는 말입니다.

대표적인 물권의 종류는 우리에게 익숙한 소유권, 전세권, 저당권이 있고, 조금 생소한 유치권, 질권, 지상권, 지역권, 점유권, 기타 특별법 및 관습법이 인정하는 물권이 있습니다. 이러한 물권은 법으로 정해지게 되며, 물권의 권리를 가진 사람은 해당 물건을 사용, 수익, 처분의 배타적 권리가 부여됩니다.

※ 물권에서 '전세권'이란 우리 주변의 일반적인 '전세'가 아닌 등기부에 등기된 전세권을 의미합니다. 등기된 전세권은 물권의 한 종류로 그 권리(배타적 사용)가 보호되고, 반면 일반 전세는 채권적 전세이므로 '주택임대차보호법'이라는 특별법으로 관리됩니다.

채권이란?
채권이란 '채무자에게 일정한 행위를 청구할 수 있는 권리'입니다. '채무자에게 돈을 받을 권리'와 '금전이 아닌 특정 권리'도 채권의 대상이 될 수 있습니다. 채권은 채권자와 채무자 간의 약정 계약에 의해 성립되며 대부분 채권자와 채무자 사이의 금전 관계로 요약됩니다.

경매에서 물권과 채권의 차이점

앞서 물권과 채권에 대해서 간략하게 알아보았습니다. 이 두 권리는 아주 특별한 원칙을 가지고 있는데, 이는 '물권'이 '채권'보다 우선한다는 '물권 우선주의'와 채권은 상호 평등하다는 '채권자 평등의 원칙'이 바로 그것입니다.

이 원칙들은 부동산경매의 배당에서 중요한 역할을 합니다. 경매에서 물권은 설정 순서로 배당되고, 채권은 공평하게 안분 배당되는 원칙을 가집니다.

※ 물권인 '등기된 전세권'과 달리 임차권인 '전세'는 원칙적으로 채권의 범주에 속합니다. 하지만 특별법인 임대차보호법의 대항요건과 전입+확정일자(우선변제) 대상이므로 물권 우선주의의 예외입니다. 즉 특별법이 우선한다는 원칙이죠. 이를 '물권화되었다.' 표현하고, '준물권'이라고도 말합니다.

사례를 들어 물권과 채권을 알아보겠습니다. 두 가지 사례가 다소 앞뒤가 안 맞더라도 이해하시기 바랍니다. 이런 일이 우리 주변에 종종 있습니다.

[사례 1 : 채권의 사례]

> A는 이자를 많이 줄 테니 2억 원만 빌려달라는 B의 제의를 받습니다. B 소유의 부동산이 시가 10억이 넘는 것을 알고 있던 A는 "에이 설마…"라는 생각으로 차용증을 받고 흔쾌히 돈을 건네줍니다. 그 후 이자는 꼬박 받았는데, 원금 상환이 다가오자 B는 연락도 안 되고 행방이 묘연합니다. 잠수탄 사례입니다. ㅠㅠ

{사례 1}에서 앞으로 예상되는 결과는?
시나리오 ① : B는 그가 소유한 부동산을 급매로 매도 후 잠적. A의 자금 회수 매우 어려운 상황 도래.

시나리오 ② : B의 사업 실패 소식을 접한 A는 그 즉시 B의 부동산을 가압류한 후 지급명령, 소송 등을 통해 집행권원을 확보한 뒤 '강제경매'를 신청함.
한편 B는 사업이 어려워지자 시중은행, 저축은행 등 제2금융권, 사채까지 끌어다 썼고, 그의 부동산에는 물권인 (근)저당권 등이 무수히 설정된 상태.

우선변제권을 가진 근저당권자와 저당권자가 낙찰대금에서 우선 배당되어 결국 A는 2억 원의 채권 회수 불능. 그 후 A와 B는 철전지원수 사이가 되어 지인 관계 청산. 내 이야기 절대 아님. ㅠㅠ

[사례 2 : 물권의 사례]

> A는 이자를 많이 줄 테니 2억 원만 빌려달라는 B의 제의를 받습니다. 이에 A는 채권 회수에 대한 방안으로, 시가 10억 원 상당의 B의 부동산에 채권최고액 120%인 2억4천(이자까지 감안)에 대한 근저당권을 설정, B에게 2억 원을 건네줍니다.
>
> 돈을 빌려주기 전에 A가 등기부에서 확인한바 그 당시 A보다 앞선 근저당은 OO 은행의 3억2천만 원의 선순위 근저당이 존재하고 있는 상태. 시세 대비 본인의 채권 회수 가능성을 확인한 후 거래가 이루어짐.
>
> 이후 원금 상환일이 다가오자 B는 연락도 안 되고 행방이 묘연합니다. A가 등기사항증명서를 열람해보니 A의 근저당권 설정 이후에 후순위 저당권, 가압류, 압류 등이 빼곡하게 등록되어 있고, B가 사업 부진으로 파산 상태라는 사실을 알게 됩니다.

{사례 2}에서 앞으로 예상되는 결과는?
선순위 근저당권자인 OO 은행에서 '임의경매'를 신청하여 OOO에게 낙찰됨. OO 은행에서 먼저 챙겨가고, 두 번째 근저당권자인 A는 다른 채권자보다 우선하여 매각대금에서 배당, 빌려준 돈과 이자까지 회수함. "끝"

은행에서 부동산을 담보로 돈을 빌리고 근저당권이 설정되었을 때, 원금이나 이자를 연체하면 담당자가 시도 때도 없이 채무 독촉을 하고, 여의치 않으면 법원에 경매를 신청합니다. 이때 근저당권은 물권이기 때문에 다른 절차 필요 없이 바로 임의경매신청이 가능합니다.

앞서 본 [사례 1]과 [사례 2]에서 다소 극단적인 예를 들었는데요. 결국 같은 금액을 빌려준 사안인데도 결론은 아주 다르게 나타납니다. 물권인 저당권을 소유한 A는 다른 후순위 채권자보다 우선하여 배당받고, 남에게 침해되지 않는 배타적 권리를 가집니다. 경매의 권리분석에 항상 따라다니는 물권과 채권의 개념을 잘 이해하시면 복 받으실 겁니다. ^^

03 저당권과 근저당권 무엇이 다를까?

권리분석의 준비단계인 권리에 대한 상식으로 이어갑니다. 이번에는 저당권과 근저당권의 차이점을 알아봅니다. 우리 민법에서 저당권을 이렇게 정의합니다.

"저당권은 채무자 또는 제3자가 점유를 이전하지 아니하고, 채무의 담보로 제공한 부동산에 대하여 다른 채권보다 자기 채권의 우선변제를 받을 권리가 있다."

좀 쉽게 표현하면 저당권이란 어떤 사람에게 돈을 빌려주고 그 자금을 안전하게 회수하기 위해 채무자의 부동산 등에 담보를 설정, 그 부동산은 채권자에게 인도하지 않고 채무자가 계속 사용하는 경우를 말합니다. 한마디로 집 담보로 돈을 빌린 것이지요!

근저당권도 저당권의 한 종류입니다. 거의 모든 은행에서 대출을 실행할 때 근저당권을 설정합니다. 근저당권은 저당권과 비슷하면서 조금 다릅니다. 은행의 대출거래는 상환기간 동안에 불특정 채권(정해지지 않은 채권)을 담보하기 위한 설정이므로 저당권 설정보다 은행이나 고객이 여러모로 편리하기 때문에 주로 근저당권을 설정합니다.

근저당권의 개념은 대출 상환 기간 중간에 일부의 원금과 이자를 갚더라도 채무가 확정되기 이전이므로 현재의 저당권에 영향을 주지 않습니다. 그러므로 원금의 일부를 갚을 수 있어서 실제 채무는 근저당설정액보다 적을 수도 있으며, 이론상 채권최고액을 정해 놓은 상태에서 늘리거나 줄일 수 있습니다.

채권최고액의 결정은 금융권마다 차이가 있는데, 이자 연체 등을 대비하여 주로 120%를 한도로 책정하는 것 같습니다. 예를 들어 근저당권 채권최고액이 1억2천만 원이라면, 120,000,000원을 120%로 나누면 100,000,000입니다. 실제 채무액은 1억 원이라 추정할 수 있습니다. 대출실행 기간에 일부 원금을 상환했으면 이보다 금액이 적을 것이고, 이자 등을 연체했다면 미납액만큼 실제 채무액이 늘었을 수도 있으니 항상 실제 채권액보다 채권최고액을 기준으로 판단해야 합니다.

근저당권의 개념을 주로 알아봤는데요, 그럼 저당권은 바로 이해됩니다. 위에서 언급한 '불특정 채권'을 제외한 원금 금액만큼만 담보 설정하는 것이 저당권입니다.

그러면 '불특정 채권'이란 뭘까요? 예컨대 은행에서 돈을 1억 빌리고 저당권을 설정한 상태라 가정합니다. 개인의 사정으로 이자를 연체하면 저당권 금액이 늘어나게 되고, 반대로 여윳돈이 있어 일부를 상환한다면 저당권설정 금액보다 줄어들겠지요. 연장계약을 할 때 변동된 금액으로 다시 저당권을 설정하거나 변경합니다. 은행의 입장에서 보면 여간 불편한 게 아닙니다. 그래서 근저당을 설정하면 여러모로 은행이 편하다는 논리입니다. 다음은 등기사항증명서에서 근저당설정의 예입니다. 참고하세요.

[을　　　구] (소유권 이외의 권리에 관한 사항)				
순위	등기목적	접수	등기원인	권리자 및 기타사항
1	근저당권	20 년 월 일	20 년 월 일 설정계약	채권최고액 금364,000,000원 채무자 OOO 　　서울시 마포구 OO동 141 　　현대아파트 104-1004호 근저당권자 OO은행 11003-176523 서울 OO구 OO동 (마포 지점)

04 가압류에 대한 상식

채권자가 채무자에게 금전을 빌려줬는데 그 회수가 곤란할 때 지급명령제도를 우선 활용하고, 여의치 않으면 민사소송 절차를 통하여 승소한 권원으로 채무자 소유 부동산을 강제집행(경매) 후 채권을 회수하게 됩니다. 그러나 이러한 절차는 일정한 시간이 소요되고, 이 기간에 채무자가 소유한 재산을 숨기거나 처분한다면 채권자는 채권을 회수할 방법이 없습니다. 이때 필요한 절차가 가압류입니다. ※ 지급명령제도 : 44쪽을 참조하세요.

'부동산 가압류'란 채권자가 금전 회수를 위한 소송을 하기 전 단계에 채무자가 그의 재산을 빼돌리지 못하도록 하는 임시 보전조치를 말합니다. '가압류'란 금전채권에 관하여 소송이 완결될 때까지 채무자 소유의 부동산을 현 상태로 보전하는 처분으로, 법원은 채무자에게 변론 기회 없이 서류 형식만을 확인 후 신속하게 부동산등기부에 가압류를 설정합니다.

채권자 관점에서 사건을 순서대로 열거하면
① 금전을 빌려주고 입증을 위해 차용증 등 채권·채무 관계 서류 작성 및 보관.
② 채권 회수가 곤란한 상황 발생 : 이자 및 원금 반환 지연 등의 사유 발생.
③ 가압류 : 본안소송(대여금반환청구소송) 전에 채무자 소유의 부동산에 가압류 신청.
④ 대여금반환청구 소송에서 승소하면 집행권원(판결문서)이 부여됩니다. 채권자는 이 집행권원으로 채무자 소유 부동산을 강제경매 신청, 대여금을 강제로 회수하는 절차를 최종적으로 진행합니다.

'가압류신청서 서식'과 등기사항증명서 [갑구]에 등기된 사례를 차례로 보겠습니다.

부동산가압류신청서

채 권 자 (이름)   (주민등록번호   -   )   수입인지
          (주소)   원
          (연락처)
채 무 자 (이름)   (주민등록번호   -   )
          (주소)

신 청 취 지

채무자 소유의 별지 목록 기재 부동산을 가압류한다는 결정을 구함

청구채권(피보전권리)의 내용
청구금액 금   원

신 청 이 유

소 명 방 법

1. 부동산등기부등본   통
2.

20 .   .   .
채권자   (날인 또는 서명)

지방법원 귀중

◇ 유의사항 ◇
1. 청구채권(피보전권리)의 내용란에는 채권의 발생일자와 발생원인 등을 기재한다.(예시) 2003. 1. 1.자 대여금
2. 신청인은 연락처란에 언제든지 연락 가능한 전화번호나 휴대전화번호(팩스번호, 이메일 주소 등도 포함)를 기재하기 바랍니다.
3. 이 신청서를 접수할 때에는 당사자 1인당 3회분의 송달료를 송달료수납은행에 예납하여야 합니다.

[갑 구] (소유권에 관한 사항)					
순위번호	등기목적	접 수	등 기 원 인	권리자 및 기타사항
1	소유권이전	2023년 4월 3일 제132호	2023년 3월 10일 매매	소유자 OOO 경기 고양 OOO OO번지
2	가압류	2025년 3월 10일 제 12345호	2025년 3월 24일 의정부지방법원 가압류결정(2025카단463)	청구금액 금17,000,000원 채권자 OOO 서울 OO구 OO로 12길 23

[상식 더하기] '지급명령제도'란 무엇일까?

    채권자가 채무자에게 돈을 빌려준 후 자금 회수가 곤란한 상황이라면 채권자는 어떻게 해야 할까요? 배 째란 식으로 나오면 폭력을 행사할까요? 그러기에는 우리는 너무 착합니다. 이때 일반적인 채권자라면 소송을 생각할 겁니다. 채권·채무에 관련된 사안은 민사사건에 속하므로 채권자는 돈을 받기 위해 소송을 걸고, 정상적 채권 거래라면 소송에서 당연히 이깁니다.

    소송에 승소하면 법원은 채권자에게 집행권원(판결문)을 부여하고, 채권자는 이 권원으로 채무자의 부동산이나 기타 재산을 조회 및 압류한 후 처분 절차(경매)를 진행합니다. 이 절차가 강제경매라 하는 것은 앞서 언급했습니다.

    그러나 이런 일련의 절차들은 많은 시간이 소모되므로 이 기간에 채무자가 본인의 재산을 은닉하거나 처분할 수도 있겠지요. 이를 방지하기 위해 가장 먼저 '가압류'라는 임시 보전조치를 취합니다.

※ '가압류에 대한 상식' 42쪽 참조.

'지급명령' 제도는 무엇인가?

지급명령은 법원의 조정 및 소송과 함께 민사분쟁을 해결하기 위한 절차 중의 하나입니다. '독촉절차'라고도 하는데, 지급명령서는 상대방의 이의신청이 없는 한 확정판결(집행권원)과 동일한 효력을 가집니다.

    채권자가 법원에 제출한 서류로만 심사하므로 당사자는 법원에 출석할 필요가 없어 시간 절약과 비용 절감에 탁월합니다. 결과적으로 소송이라는 지루한 절차가 생략되는 것이지요. 그러나 채무자가 2주 안에 '이의신청'을 한다면 정식 소송절차로 진행됩니다.

    이런 이유로 '지급명령 제도'는 확실한 채권 채무 관계에 유효합니다. 예를 들어 A가 B에게 돈을 빌려준 뒤 차용증, 예금계좌 이체 명세 등 금전을 대여한 증거가 확실하여 B가 이를 부정할 수 없을 것으로 예상한다면, '지급명령'을 신청함으로써 간편하게 집행권원을 확보할 수 있는 것입니다.

지급명령의 장단점

서류의 심리만으로 지급명령서가 발송되므로 간편하게 확정판결의 효력을 획득, 신속한 강제집행이 가능합니다. 또한 소송보다 저렴한 비용이 소요되는 것은 큰 장점으로 볼 수 있겠네요.

지급명령서를 수령한 후 채무자가 고의로 이의신청을 한다면 결국 소송절차를 진행해야 하는 단점도 있으니 채무자가 이의신청할 가능성이 크면 독촉절차보다는 오히려 소송이 바람직합니다.

지급명령에 대한 이의신청

채무자는 지급명령 정본을 받은 후 2주일이 경과하기 전에는 지급명령에 대해 이의신청을 할 수 있습니다. 이의신청으로 독촉 명령은 효력을 잃고 통상의 소송절차로 진행됩니다.

참고로 3,000만 원 이하는 소액사건, 3,000만 원 초과 5억 원 이하는 단독사건, 5억 원을 초과하면 합의사건으로 민사소송을 진행합니다.

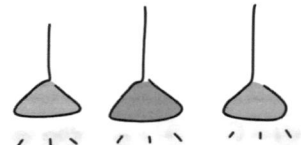

05 전세권과 일반적인 전세는 완전히 다르다!

경매가 생전 처음인 분들을 위해 권리분석에 필요한 사전지식을 필요한 순서대로 하나씩 정리하고 있습니다. 다소 지루한 과정인데요. 평소에 부동산 관련 상식이 좀 있는 분이라면 쉽게 지나갈 수 있을 겁니다.

'전세권'에 대해 알아봅니다. 전세권은 우리 민법 조문 제6장에서 출발하며 아주 단순합니다.

> **민법 : 제6장 전세권**
> 제303조(전세권의 내용) ① 전세권자는 전세금을 지급하고 타인의 부동산을 점유하여 그 부동산의 용도에 좇아 사용·수익하며, 그 부동산 전부에 대하여 후순위권리자 기타 채권자보다 전세금의 우선변제를 받을 권리가 있다. <개정 1984.4.10.>
> ② 농경지는 전세권의 목적으로 하지 못한다.

민법에서 말하는 전세권의 조건은 "전세금을 지급, 부동산 등기부에 전세권 설정등기를 하면 성립된다."라는 것이고, 전세 계약 후 전세금을 지급, 등기하지 않으면 우리가 흔히 알고 있는 '채권적 전세(임대차)'라는 것입니다.

전세권은 일종의 물권으로 등기사항증명서에 설정된 순위에 의해 전세금이 보장됩니다. 반면 일반 전세나 월세 등의 임대차는 '임대차 보호법'에 의해 보호되며, 그 전제조건은 전입신고와 확정일자입니다. 그러므로 일반 전세나 월세는 '전세권'과는 완전히 다릅니다.

전세권이 설정된 등기부의 일부를 가져왔습니다.

전세권 설정의 사례

순위번호	등기목적	접 수	등기원인	권리자 및 기타사항
1				생략
2				생략
3	전세권설정	2024년 12월 5일 제 14567호	2024년 12월 5일 설정계약	전 세 금 금300,000,000원 범 위 주거용 2층 202호 전부 존속기간 2026년 12월 4일 전세권자 OOO 650607 - ******* 서울시 OO구 OO길 4-6(OO동)

[을   구] (소유권에 이외의 권리에 관한 사항)

등기사항증명서의 전세권 사례는 아파트 등의 집합건물에 설정된 것이며, 전유부분 2층 전체에 전세권을 설정했습니다. 임대인이 보증금을 반환하지 않으면 임차인은 전세권을 근거로 본 부동산을 임의경매 신청을 할 수 있습니다.

그러나 단독 다가구주택 등의 일부에 전세권이 설정된 경우에는 바로 경매를 신청할 수 없는데, 집합건물과 달리 단독주택은 등기상 분리되지 않기 때문에 그 일부만을 경매로 매각할 수 없기 때문입니다. 그러므로 건물 일부에 전세권이 설정된 임차인은 보증금반환청구 소송을 통해 판결 받은 권원으로 강제경매를 신청할 수 있습니다.

※ 아파트 같은 집합건물은 몇 층 제 OOO 호로 특정되어 있으므로 주거 부분 전체의 전세권 설정 가능합니다. 그러나 다가구주택과 같은 일반주택은 전체 주택 중 일부(예 : 2층 좌측 60㎡)에 전세권을 설정하므로 건물 전체에 대해서 경매를 진행할 수 없습니다. 물론 단독주택 전체를 전세권으로 설정했다면 다른 결과가 나오겠죠.

06 지상권, 큰 그림으로 그려보자!

'지상권'이라는 말은 한 번쯤은 들어봤을 겁니다. 물론 전문적으로 공부하신 분은 다 아시겠지요. 일반 부동산 거래에서는 좀 드문 일이겠고, 부동산 경매 분야에서는 특수물건(법정지상권)으로 자주 등장합니다.

지상권은 '남의 땅에 건물, 기타 공작물, 수목을 소유하기 위하여 그 토지를 사용할 수 있는 권리'라고 정의되며 근거 조항은 민법에서 볼 수 있습니다. 주요 부분만 꺼내옵니다.

> [민법 제2편 물권 제4장 : 지상권]
>
> 제279조(지상권의 내용) 지상권자는 타인의 토지에 건물 기타 공작물이나 수목을 소유하기 위하여 그 토지를 사용하는 권리가 있다.
>
> 제280조(존속기간을 약정한 지상권) ①계약으로 지상권의 존속기간을 정하는 경우에는 그 기간은 다음 연한보다 단축하지 못한다.
>
> 1. 석조, 석회조, 연와조 또는 이와 유사한 견고한 건물이나 수목의 소유를 목적으로 하는 때에는 30년
> 2. 전호이외의 건물의 소유를 목적으로 하는 때에는 15년
> 3. 건물이외의 공작물의 소유를 목적으로 하는 때에는 5년
> ②전항의 기간보다 단축한 기간을 정한 때에는 전항의 기간까지 연장한다.
>
> 제282조(지상권의 양도, 임대) 지상권자는 타인에게 그 권리를 양도하거나 그 권리의 존속기간 내에서 그 토지를 임대할 수 있다.
>
> 제283조(지상권자의 갱신청구권, 매수청구권) ①지상권이 소멸한 경우에 건물 기타 공작물이나 수목이 현존한 때에는 지상권자는 계약의 갱신을 청구할 수 있다.
> ②지상권설정자가 계약의 갱신을 원하지 아니하는 때에는 지상권자는 상당한 가액으로 전항의 공작물이나 수목의 매수를 청구할 수 있다

> 제284조(갱신과 존속기간) 당사자가 계약을 갱신하는 경우에는 지상권의 존속기간은 갱신한 날로부터 제280조의 최단존속기간보다 단축하지 못한다. 그러나 당사자는 이보다 장기의 기간을 정할 수 있다.
>
> 제285조(수거의무, 매수청구권) ①지상권이 소멸한 때에는 지상권자는 건물 기타 공작물이나 수목을 수거하여 토지를 원상에 회복하여야 한다.
>
> ②전항의 경우에 지상권설정자가 상당한 가액을 제공하여 그 공작물이나 수목의 매수를 청구한 때에는 지상권자는 정당한 이유없이 이를 거절하지 못한다.
>
> 제287조(지상권소멸청구권) 지상권자가 2년 이상의 지료를 지급하지 아니한 때에는 지상권설정자는 지상권의 소멸을 청구할 수 있다.

좀 길고, 복잡하게 표현되어 특정하여 요약합니다. 지상권은 주로 건물에 관한 것이지요.

지상권이란?

- 지상권은 타인의 토지 위에 건물을 소유하기 위해 그 토지를 사용하는 권리로 물권의 한 종류입니다. 토지 주인은 대가로 지료를 받습니다.

- 견고한 건물의 존속기간은 30년까지 약정할 수 있습니다.

- 지상권은 물권이므로 당연히 등기할 수 있으며, 이를 사고팔 수 있습니다.

- 약정한 기간이 소멸하고, 건물이 존재하면 지상권자는 계약 갱신을 요구할 수 있으며, 만일 지상권설정자(토지 주인)가 이를 거부하면 지상권자는 건물 매수를 청구할 수 있습니다.

- 2년 이상의 지료를 내지 않으면 지상권의 소멸을 청구할 수 있습니다.

지상권에 대한 일반적인 개념을 알아봤습니다. 여기서 끝나면 간단하고 좋

은데 지상권 이야기는 여기서부터 시작됩니다. ㅠㅠ

'우리가 지금 어디쯤 가고 있나?'를 알기 위해 이쯤에서 권리 전체 종류를 다시 한번 꺼내 봅니다. 우리는 지금 제한물권 중 '용익물권 지상권'과 '관습법상 법정지상권'에 대한 개념을 이야기 하고 있습니다. ^^;;

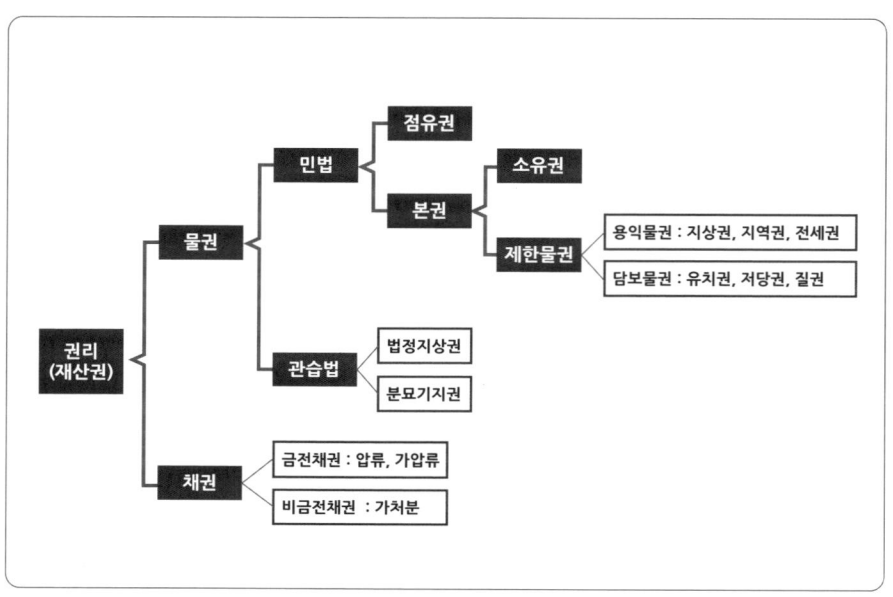

지상권의 근본 개념은 타인의 땅에 본인 건물이 존재하므로 현재 토지 주인과 건물 주인이 다르다는 원칙에서 출발합니다. 그런데 여기에다 '법정지상권' 개념과 '관습법상의 법정지상권'이 또 등장하네요. 별거는 아닌데 용어가 좀 생소해서 어렵게 느껴집니다.

법정지상권이란 무엇인가?
앞서 언급한 지상권이 당사자 간의 약정(지상권설정 계약 및 등기)으로 성립되는 반면 '법정지상권'은 당사자 간 계약, 약정, 등기가 없어도 법률에서 정한 일정한 조건에 충족하면 성립되는 권리입니다. (민법 366조)

> **민법 제366조(법정지상권)**
>
> 저당물의 경매로 인하여 토지와 그 지상건물이 다른 소유자에 속한 경우에는 토지소유자는 건물 소유자에 대하여 지상권을 설정한 것으로 본다. 그러나 지료는 당사자의 청구에 의하여 법원이 이를 정한다.

일단 법정지상권이 성립되면 그 권리는 지상권의 내용과 동일합니다. 견고한 건물 30년 보장, 토지 소유자는 지료를 청구할 수 있고, 등등….

법정지상권 성립 요건

법정지상권은 '저당물의 경매'가 주요 원인입니다. 즉 저당권에 기인한 것이지요. 그래서 부동산 경매에서 자주 등장합니다. 그러면 민법 366조의 '저당물의 경매로 인하여 토지와 지상 건물이 다른 소유자에게 속한 경우'는 모두 법정지상권이 성립될까요? 물론 아니지요! 법정지상권을 인정하는데 몇 가지 원칙이 있습니다. 법정지상권은 민법 법조문을 토대로 시작, 그간의 판례를 통해 결정된 원칙이 주로 인용됩니다. 나열하면 이렇습니다.

(1) 토지에 저당권 설정 당시 건물이 존재해야 한다. (대법원 2011.1.13. 2010다 67159) 그 건물이 등기, 미등기, 무허가 건물을 불문한다. 반대로 토지에 저당권이 설정된 후에 건물이 신축되었다면 법정지상권이 성립하지 않는다.
-> 저당권 설정 당시에 건물이 존재해야 하는데, 당시 건물이 있었는지를 확인은 등기사항증명서 (구 등기 포함), 건축물대장, 건축 허가, 재산세 과세 대장, 기타 조사 등을 통한다.

(2) 저당권 설정 당시 토지와 건물 소유자가 같아야 한다.(대법원 2012다 73158)

(3) 토지와 건물 한쪽 또는 양쪽에 저당권이 설정되어 있어야 한다.

(4) 저당물의 경매로 인하여 토지와 지상 건물의 소유자가 달라져야 한다.
-> 저당권에 의한 경매는 임의경매를 의미한다. 그러므로 다른 원인인 공매, 강제경매, 일반 매매 등으로 소유자가 다르게 변동되었으면 민법 366조의 법정지상권이 성립하지 않는다. 이때는 '관습상의 법정지상권'의 법리를 따져봐야 한다.

관습법상의 법정지상권?
'관습법상의 법정지상권'이란 토지와 건물의 소유자가 같은 사람이었는데, 매매 기타 원인으로 처분 당시 토지와 건물 소유자가 다른 사람으로 분리된 경우. 이때 건물을 철거한다는 등의 특약이 없는 한 건물 소유자는 등기 없이도 당연히 취득하는 지상권을 말합니다.

다시 말해 '법정지상권'이 경매(저당권 실행으로 인한 임의경매)에 의해 건물과 토지의 소유자가 달라진 반면 '관습법상의 법정지상권'은 임의경매 외의 기타 원인(매매, 강제경매, 공매, 증여, 상속 등)으로 처분할 때 각 소유자가 달라진 것을 판례로써 다양하게 인정한 것을 말합니다.

관습법상의 법정지상권에서 '처분할 때'라는 의미는
1) 매매 : 매매 대금을 납부할 때.
2) 강제경매 : 강제경매개시 결정으로 압류의 효력이 발행한 때 또는 가압류의 효력이 발생한 때.

결론
지상권, 법정지상권, 관습법상 지상권, 구분지상권...., 이해하기 어려운 용어지요! ㅠㅠ 지상권은 여러 종류가 있습니다. 오늘은 그중 일반적인 지상권, 저당권에 기인한 경매(민법 366조)에서의 법정지상권 그리고 관습법상 법정지상권의 기본적인 원칙에 관해 이야기했습니다. 법정지상권은 판례에 의해 다양하게 인정되고 있는 현실입니다. 그러므로 지상권에 대한 개념 정립이 우선이겠지요. 그리고 전문적인 경매 분야에 접목하려면 다양한 판례를 좀 더 연구해야 합니다.

다시 한번 지상권에 대한 개념을 정의해보면 이렇습니다. 지상권이란 타인의 토지에 본인의 건물을 이용할 수 있는 권리로 다음과 같은 용어로 구분됩니다.

첫째, 지상권은 당사자 간의 약정으로 계약 및 등기되는 '지상권'이 있겠고.

둘째, 당사자 간의 약정, 계약, 등기가 없어도 법률에서 정한 일정한 요건이 충족되면 성립하는 '법정지상권'이 있습니다. 법정지상권은 저당권에 기인한 임의경매로 건물과 토지 주인이 분리된 것으로 구분합니다.

셋째, '관습법상 법정지상권'은 임의경매가 아닌 강제경매, 매매, 상속, 증여 등의 기타 원인으로 소유권이 분리된 것을 말합니다.

마지막으로 하나만 더 언급하면 '담보물 강화 목적의 지상권'이 있습니다. 이는 은행이 토지를 담보로 저당권을 실행하면서 담보물 가치 하락을 방지하기 위해 지상권을 설정하는 경우 입니다. 토지에 지상권이 설정된 사례지요.
왜 은행은 빈 토지에 근저당권 외에 지상권도 함께 설정했을까요? 토지에 근저당권을 설정한 후 다른 사람이 그 토지 위에 건물을 신축한다면 토지 담보가치가 하락하는 문제가 생길 수 있기 때문이지요. 우리나라의 부동산은 토지와 건물로 각각 분리됩니다. 이런 논리로 토지에만 설정된 근저당권은 건물에 효력이 없습니다. 연체 등의 상황으로 은행에서 토지에 대한 경매를 진행할 때 정체불명의 건물이 있으면 누가 토지를 낙찰받으려 할까요? 결국 아주 싸게 낙찰될 가능성이 큽니다. 이런 이유로 은행에서 토지를 담보로 근저당을 설정할 때 담보가치 하락을 방지하기 위해 지상권도 같이 설정하는 것이지요.

지상권에 대해 원론적인 내용을 알아봤습니다. 좀 어렵지요? 지상권의 원칙은 앞서 기술한 바와 같지만, 실무에서는 지상권설정 없이 남의 땅에 건물만 있는 상태로 사고파는 집들도 있습니다. 물론 이럴 때는 관습법상의 지상권을 판례로 꼼꼼히 따져봐야겠지만, 땅 주인의 철거 소송 등으로 인한 거래의 위험성 또한 동시에 존재합니다. 경매 등의 일을 전문적으로 진행하시는 분들은 수익을 내기 위해 좀 더 깊이 파고들어야겠지요. 판례로 인정되는 사례가 많으니 관련 판례에 대한 이해가 필요합니다.

[참조 : 법정지상권에 대한 판례]
대법원 2014. 9. 4. 선고 2011다13463 판결
대법원 2011.1.13. 선고 2010다67159 판결
대법원 1997.1.21 선고 96다40080 판결
대법원 2010.1.14. 선고 2009다66150 판결
대법원 2003.12.18. 선고 98다43601 판결
대법원 2014.12.24. 선고 2012다73158 판결
대법원 2012.10.18. 선고 2010다52140 판결
대법원 2008. 3. 13. 선고 2005다15048 판결
대법원 2003. 9. 5. 선고 2003다26051 판결
대법원 2001. 3. 13. 선고 1999다17142 판결
대법원 1995. 5. 23. 선고 1993다47318 판결

07 지역권은 또 뭐야?

지역권은 앞서 권리의 체계인 전체 그림에 나타나듯, 용익물권인 제한물권 중 하나입니다. 남의 토지를 이용한다는 측면에서 지상권과 비슷한 개념이지만, 내용은 명확하게 구분됩니다. 경매에서는 아주 가끔 등장해서 그냥 쓱 넘어가려 했지만, 성격상 못 지나가겠네요. 지역권은 민법에서 그 조문(민법 제291조 ~ 302조)을 찾을 수 있는데 다음과 같습니다. 민법 조항을 전부 꺼내면 많이 복잡해지므로 부분적으로 쏙 빼 옵니다.

"지역권자는 일정한 목적을 위하여 타인의 토지를 자기토지의 편익에 이용하는 권리가 있다." - 민법 제291조(지역권의 내용)

아주 일반적인 예를 들어 다음과 같은 땅이 있다고 가정합니다.

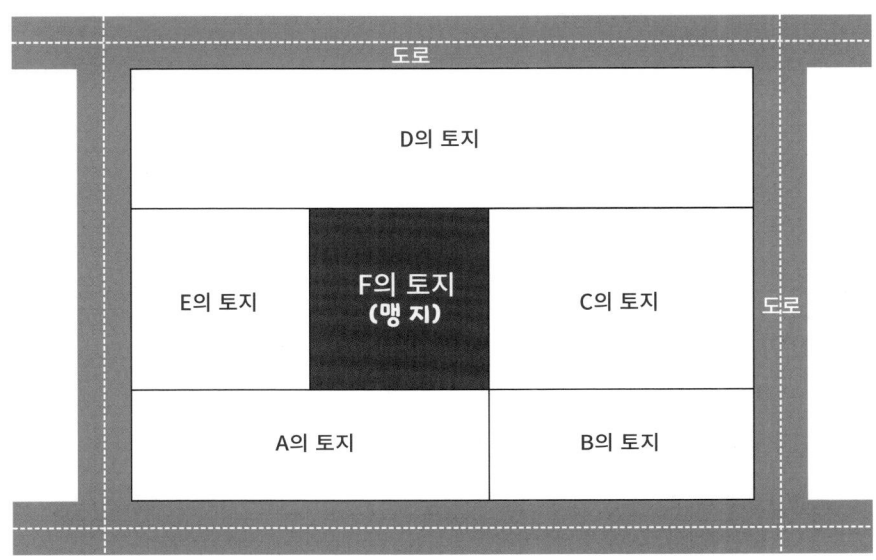

사례의 그림처럼 도로에 접하지 않는 땅을 '맹지'라고 합니다. 맹지는 남의 토지를 통하지 않고 통행할 수 없고, 우리나라 건축법상 건축 또한 불가능한 가치가 떨어지는 땅이겠지요.

그러나 맹지의 장애를 극복하는 방법이 두 가지 존재합니다. 첫째는 A 토지 주와 합의, '토지사용승낙서'를 받으면 건축과 통행 가능한 땅이 되고, 둘째는 맹지인 F 토지를 요역지(요구하는 토지)로 하고, A 토지를 승역지(승낙하는 토지)로 하는 지역권을 등기한다면 당연히 F 토지는 맹지를 탈출할 수 있습니다.

전자의 '토지사용승낙서'로 F는 집을 짓고 살다가 다른 사람(G)에게 팔게 되면 문제가 발생하는데요. A는 F에게 땅 사용을 승낙해 주었지 다른 사람에게는 승낙해준 게 아닙니다. 이런 이유로 G는 다시 A로부터 '토지사용승낙'을 다시 받아야 하는 상황이 발생하는데, A가 이를 응하지 않으면 다시 맹지로 원점이 됩니다.

반면 후자의 '지역권'은 물권이므로 F는 배타적인 권리를 갖게 됩니다. G에게 팔아도 그 권리는 G가 승계하니 아무런 문제 없지요. 지역권을 설정한 후의 그림을 다시 그려봤습니다.

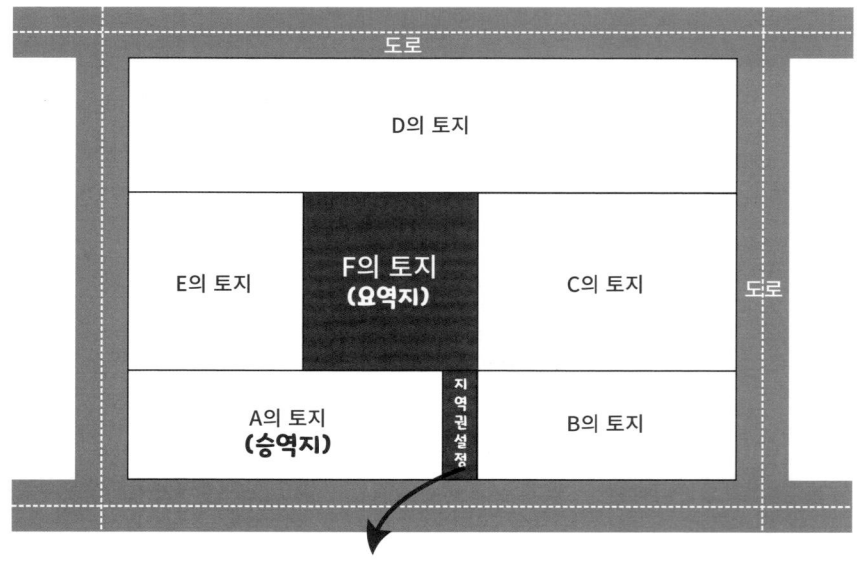

- 지역권자 : F토지 소유자 (요역지 : 요구하는 토지)
- 지역권 설정자 : A토지 소유자 (승역지 : 승낙하는 토지)

지역권 요약
- 지역권은 자기 토지의 편익을 위해 타인의 토지를 이용하는 것이 목적인 물권으로 건물은 지역권 설정 대상이 아니다.

- 맹지 소유자가 통행을 위해 타인의 토지(도로)를 이용하는 경우와 이를 토대로 건축 허가를 득하는 것이 대표적인 사례이다.

- 편익을 얻는 토지를 '요역지', 편익을 제공하는 토지를 '승역지'라 하며 승역지의 일부에 지역권을 설정할 수 있다. 그러나 요역지 일부를 위한 지역권 설정은 할 수 없고, 요역지는 반드시 1필(전부)의 토지여야 한다.

- 지역권은 요역지의 처분에 따른다.

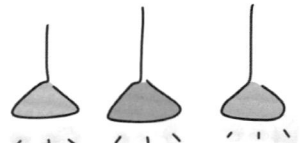

08 가등기를 알아보자

가등기란 앞으로 등기될 본등기의 순위를 보전하기 위해 임시로 하는 등기를 말합니다. 가등기의 종류는 많지만, 우리가 흔히 알고 있는 부동산에 관련된 가등기는 '소유권이전청구권 가등기(이하 소유권가등기)' 입니다.

소유권 가등기는 소유권에 영향을 주므로 등기사항증명서 갑구에 기록됩니다. 다음 사례와 같이 표시되며 가등기 된 부동산을 거래한다면 조심해야 합니다.

등기사항증명서 갑구 : 가등기 설정의 예

순위번호	등 기 목 적	접 수	등기원인	권리자 및 기타사항
1	소유권이전	2020년 4월3일 제133호	2020년3월10일 매매	소유자 A 경기 고양 OOO OO번지
2	소유권이전 청구권가등기	2024년2월2일 제6501호	2024년2월1일 매매예약	가등기권자 B 서울 서대문구 OO동 145-1
2-1	소유권이전	2025년5월2일 제OOO호	2025년4월30일 매매	소유자 B 서울 서대문구 OO동 145-1

※ 등기 원인일 : 계약서 작성한 날 / 접수 : 권리는 접수일을 기준으로 함.

가등기에 의해 본등기가 진행되어 2025년 5월 2일 소유권이 확정적으로 B에게 귀속되었습니다. 이때 소유권 취득 일자는 본등기 일자가 아닌 가등기 시점인 2024년 2월 2일로 소급되므로 가등기는 순위 보존의 효력이 있습니다.

소유권 순위를 보존하는 '소유권이전청구권 가등기'를 하는 이유는?
① 부동산 매매계약 후 잔금까지의 '기간 위험'을 방지하기 위해서
② 매매대금을 모두 완납했으나, 사정으로 소유권이전등기를 나중으로 미루는 경우
③ 재산 탕진을 방지할 목적으로 임의로 가등기를 설정 - 몰래 팔아버릴까 봐
④ 채권자가 돈을 빌려주고 저당권 대신 가등기를 설정하는 경우 - 담보가등기

가등기 설정에는 위와 같이 여러 가지 사유가 존재합니다. 대표적 사례를 들어 정리해보겠습니다.

[부동산 이중 매매사례]

✓ A는 B에게 2024년 2월 1일 본 부동산의 매매계약을 체결함.
✓ B는 사정상 본 계약의 잔금 지급일을 계약일로부터 약 6개월 후로 길게 약정하였으나, 불안한 마음에 2024년 2월 2일 '소유권이전청구권 가등기'를 설정함.
✓ A는 본 부동산을 2024년 3월 23일 C에게 이중으로 매도계약을 체결함.
  A는 C로부터 잔금을 받고 소유권을 C로 이전해준 뒤 잠적. 현재 본 부동산의 소유권자는 C이며, 소유권 이전 등기일은 2024년 4월 20일이다.

위의 사례를 시간의 순서대로 나타내 보면 다음과 같습니다. 그러면 최초에 계약한 가등기권자 B는 어떻게 될까요?

[갑 구] (소유권에 관한 사항)				
순위	등 기 목 적	접 수	등기원인	권리자 및 기타사항
1	소유권이전	2020년 4월 3일	2020년 3월 10일	소유자 A
2	소유권이전 청구권가등기	2024년 2월 2일	2024년 2월 1일 매매예약	가등기권자 B
3	소유권이전	2024년 4월 20일	2024년 3월 23일 매매	소유자 C

[사례 해설]
최초의 소유자 A가 B의 가등기 후에 본 부동산을 C에게 이중으로 매도, 현재의 소유권자가 C로 변동되었더라도 가등기권자인 B가 본등기를 한다면 가등기 시점인 2024년 2월 2일 자로 소유권이 소급됩니다. 그러므로 C는 소유권을 잃게 되겠지요. 만일 거래하려는 부동산에 가등기가 설정되어 있다면 이와 같은 이유로 조심해야 합니다. 참고로 '소유권가등기'는 두 가지 종류가 있으니 참고하세요.

소유권 가등기의 종류		
명 칭	소유권이전청구권 가등기	소유권이전청구권 가등기 (담보가등기)
관련법률	등기법	가등기담보 등에 관한 법률
목적 및 효력	본등기의 순위보전	채권에 대한 담보강화 목적
실행	가등기에 의한 본등기 실행	경매신청 또는 청산금 지급 후 본등기
공통사항	등기사항증명서에는 이 두 종류의 권리가 구분 없이 '소유권이전청구권 가등기'로 표기됨.	

※ 모든 등기는 가등기의 대상이 되므로 가등기의 종류는 많습니다. 각종 권리 뒤에 가등기란 명칭만 붙이면 가등기 대상입니다.
 (예) 소유권이전청구권 가등기, 근저당설정 가등기, 전세권설정 가등기, 각종 말소등기청구권 가등기 등등 많습니다. 그러나 실무에서 가등기란 명칭은 주로 '소유권 가등기'를 의미합니다.

　소유권 가등기에는 공식적으로 위의 두 종류가 있으나, 등기사항증명서의 두 권리 모두 '소유권이전청구권 가등기'로 표시되어 어떤 종류의 가등기인지 애매한 경우가 있으니 잘 따져봐야 합니다. 그러나 해당 부동산이 경매 진행 중이라면 현재의 가등기 권리 내용에 대해 법원에 신고해야 하므로 경매 참가자는 그 가등기의 종류를 알 수 있습니다.
　왜 이렇게 난해한 용어를 만들었을까요? 그러면 '담보가등기'는 어떻게 생겨났는가에 대해 알아보겠습니다.

[상식 더하기] '담보가등기' 이야기

옛날에 대부업자(사채업자)가 채무자에게 돈을 빌려주고 부동산에 저당권을 설정하여 빚을 갚지 않으면 강제경매로 채권을 회수했습니다. 그러나 이 과정이 좀 번거롭고 시간이 오래 걸린다는 단점이 있어 다른 방법을 모색한 것이 '저당권' 대신 '소유권이전청구권 가등기'를 설정하는 것이었습니다. 빚을 제때 갚지 않으면 채무자 부동산 소유권을 강제로 명의 이전해 버렸죠. '소유권 가등기'는 채권 회수의 편의성과 고의로 부동산을 강탈할 목적으로 주로 악용되었습니다.

세월이 흘러, 채권자가 소유권가등기를 이용하여 채무자의 부동산을 빼앗는 피해 사례가 많아지자 정부에서는 대책을 세웁니다. 선량한 채무자 보호를 위하여 가등기담보 등에 관한 법률(이하 가담법)을 제정하였습니다.

가담법에서 '담보가등기'는 등기사항증명서에 '소유권이전청구권 가등기'로 표기됩니다. 등기부의 기록사항이 두 권리 모두 똑같더라도 법적으로는 담보가등기로 구분됩니다. 앞서 말씀드린 담보가등기와 소유권가등기를 구분할 수 없다는 것은 가담법이라는 새로운 법이 탄생했기 때문이죠.

가담법에서 채무자가 빚을 갚지 않으면 담보가등기 권리자는 청산금을 채무자에게 지급한 후 본등기 할 수 있고, 해당 부동산을 경매신청 할 수도 있습니다. 경매를 신청한다면 담보가등기 권리는 저당권으로 간주합니다.

> **참조 : 가등기담보에 관한 법률 제12조(경매의 청구)**
>
> ① 담보가등기권리자는 그 선택에 따라 제3조에 따른 담보권을 실행하거나 담보목적부동산의 경매를 청구할 수 있다. 이 경우 경매에 관하여는 담보가등기권리를 저당권으로 본다.
> ② 후순위권리자는 청산기간에 한정하여 그 피담보채권의 변제기 도래 전이라도 담보목적 부동산의 경매를 청구할 수 있다. [전문개정 2008.3.21.]

소유권가등기와 담보가등기를 구분하는 것이 참 모호합니다. 이런 내용을 법원도 인식했는지 담보가등기의 등기사항증명서의 표기 방법이 변화됐습니다. 즉 등기부에 소유권보존가등기는 '소유권이전청구권 가등기'로, 담보가등기는 '소유권이전담보 가등기'로 표시하여 혼란을 예방하고 있으며, 등기원인에 '대물반환예약'이라는 내용을 함께 기록함으로써 누구나 확인하기 쉬워졌습니다. 그러나 과거에 생성된 등기부에는 아직 반영되지 않은 경우도 있으니 참고로 알아두시면 좋겠습니다.

실제 사례로 경매사건 자료를 가져왔습니다. 담보가등기권자가 임의경매를 신청한 사건입니다. 아래는 등기사항증명서 '갑구'의 내용이고, 우측은 법원의 매각물건명세서입니다.

【 갑 구 】 (소유권에 관한 사항)				
순위번호	등 기 목 적	접 수	등 기 원 인	권리자 및 기타사항
1	소유권보존	2016년1월20일 제7690호		소유자 프레모아주택건설주식회사 200111-0329685 제주특별자치도 제주시 우평로 174(도평동)
2	소유권이전	2016년1월27일 제11095호	2016년1월19일 매매	소유자 김)329-******* 대구광역시 달서구 계대동문로 99, 201동702호(이곡동, 보성화성타운) 거래가액 금330,000,000원
3	소유권이전담보가등기	2016년7월8일 제77876호	2016년7월8일 대물반환예약	가등기권자 신)106-******* 대구광역시 북구 옥산로 103, 동 호(칠성동2가, 침산1차푸르지오아파트)
4	임의경매개시결정	2019년1월28일 제8835호	2019년1월28일 제주지방법원의 임의경매개시결	채권자 신 06- 대구 북구 옥산로 103, 동 호 (칠성동2가, 침산1차푸르지오아파트)

등기 목적 : 소유권이전 담보가등기
등기원인 : 대물반환예약

제주지방법원
매각물건명세서

소유권이전담보 가등기 ←

2019타경649

사건	2019타경649 부동산임의경매	매각물건번호	1	작성일자	2020.08.31	담임법관(사법보좌관)	김
부동산 및 감정평가액 최저매각가격의 표시	별지기재와 같음	최선순위 설정		2016.7.8.소유권이전담보가등기		배당요구종기	2019.04.29

부동산의 점유자와 점유의 권원, 점유할 수 있는 기간, 차임 또는 보증금에 관한 관계인의 진술 및 임차인이 있는 경우 배당요구 여부와 그 일자, 전입신고일자 또는 사업자등록신청일자와 확정일자의 유무와 그 일자

점유자 성명	점유 부분	정보출처 구분	점유의 권원	임대차기간 (점유기간)	보증금	차임	전입신고일자, 사업자등록 신청일자	확정일자	배당 요구여부 (배당요구일자)
박	본건 전부	현황조사	주거 임차인	2016년 1월 26일부터	이억칠천만원		2016.01.26	2016.01.26	

<비고>
박영주:임차인 ,주는 배당요구신청은 하지 않았으나, 대항력있는 임차인으로 파악됨.

※ 최선순위 설정일자보다 대항요건을 먼저 갖춘 주택·상가건물 임차인의 임차보증금은 매수인에게 인수되는 경우가 발생 할 수 있고, 대항력과 우선변제권이 있는 주택·상가건물 임차인이 배당요구를 하였으나 보증금 전액에 관하여 배당을 받지 아니한 경우에는 배당받지 못한 잔액이 매수인에게 인수되게 됨을 주의하시기 바랍니다.

등기된 부동산에 관한 권리 또는 가처분으로 매각으로 그 효력이 소멸되지 아니하는 것
해당사항 없음
매각에 따라 설정된 것으로 보는 지상권의 개요
해당사항 없음
비고란

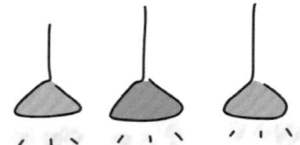

09 말도 많고, 탈도 많은 유치권! 앤 뭘까?

부동산 경매에서 유치권은 '특수물건'으로 불리며 경매 강사분들의 단골 강의로 등장하곤 합니다. 또한 '유치권을 이용한 고수익 비법'은 요즘 경쟁이 심한 부동산 경매의 틈새를 공략하는 트렌드이기도 합니다.

이번 주제는 '유치권이란 무엇인가?'에 대한 원론적인 첫 번째 단추이고요. 근원이 되는 법 조항을 법제처로부터 가져옵니다. 여기서부터 시작입니다.

> **민법 제320조(유치권의 내용)**
>
> ① 타인의 물건 또는 유가증권을 점유한 자는 그 물건이나 유가증권에 관하여 생긴 채권이 변제기에 있는 경우에는 변제를 받을 때까지 그 물건 또는 유가증권 을 유치할 권리가 있다.
>
> ② 전항의 규정은 그 점유가 불법행위로 인한 경우에 적용하지 아니한다.

유치권이란?
유치권을 설명할 때 제일 많이 등장하는 사례는 시계 수리점 이야기입니다. A라는 사람이 어느 날 시계가 고장 났고, 수리점 주인인 B에게 시계를 맡기면서 시작됩니다.

시계 고장을 수리했다면 A는 당연히 '수리비'라는 비용을 지급해야 시계를 찾을 수 있겠지요. 또한 B는 수리비를 받아야 하는 주체입니다. 그런데 A는 당장 돈이 없습니다. 이때 수리비를 받을 때까지 B가 시계를 보관합니다. 이때 B가 가진 권리가 유치권(돈 받을 때까지 시계를 돌려주지 않은 권리)입니다. 너무도 당연한 얘기입니다.

'시계 수리비'라는 항목을 '부동산 공사비용'으로 슬쩍 바꿔봅니다. 공사를 수행한 사람은 공사비를 받을 때까지 이 부동산을 돌려주지 않을 권리가 생깁니다. 부동산도 물건이니까요. 시계와 같은 작은 물건은 서랍이나 금고에 보관해도 되는데, 부동산은 움직이지 않는 물건이므로 직접 그 장소에 가서 (점유) 돈 받을 때(변제)까지 본인의 권리인 유치권을 행사하는 겁니다.

유치권은 물권이다!
유치권도 물권의 한 종류입니다. 물권이란 '특정한 물건을 직접 지배하여 이익을 얻는 배타적 권리'라고 요약됩니다. 물권의 내용은 '물권과 채권의 차이점을 알아보자'를 참조하시고, 이쯤에서 자주 써먹는 그림을 마지막으로 가져옵니다. ^^;;

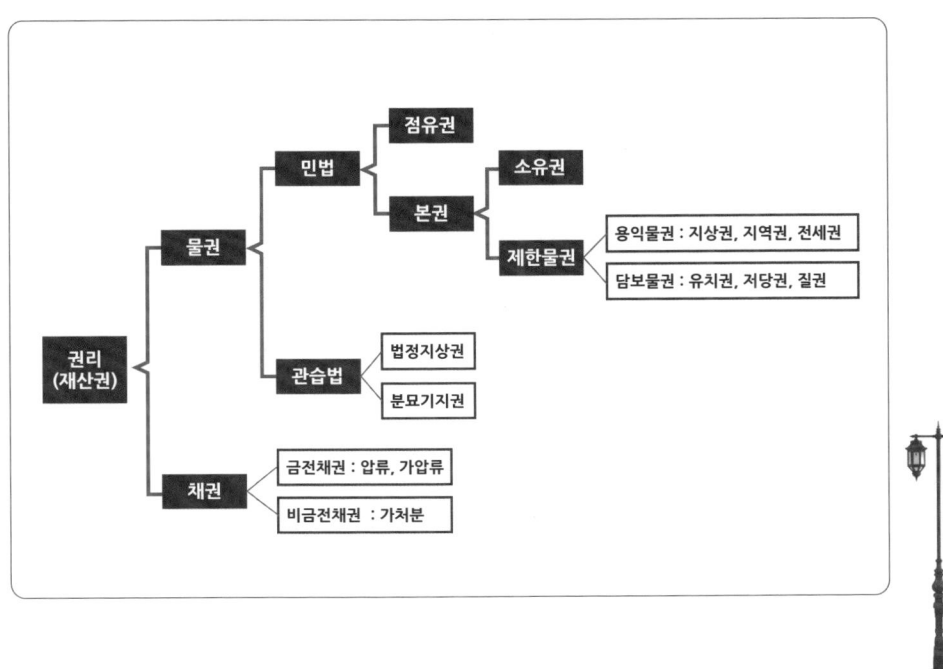

유치권은 그림과 같이 물권 중 제한물권(담보물권)에 속합니다. 물권인 저당권 등이 '등기'라는 공시 방법을 이용하는 반면 유치권은 '점유'를 기본 조건으로 합니다.

유치권은 경매에서 등기된 여타 물권과 달리 시간의 순서대로 배당받지 못합니다. 그러나 물건의 인도를 거부함으로써 실제로 우선변제와 같습니다. 즉 시계 수리비를 받을 때까지, 부동산 공사비를 받을 때까지, 필요비와 유익비를 받을 때까지 계속 버틸 수 있지요.

등기가 필요하지 않고, 신고도 의무사항이 아닌 이유로 유치권은 짜고 치는 가짜도 많습니다. 뭔 일 있으면 제일 먼저 현수막부터 걸지요. ㅠㅠ

법률상의 유치권 성립요건
유치권의 법률적 성립요건은 우리 민법과 각종 판례에서 판단하고 있는데요. 그 내용은 다음과 같습니다.

① 대상 물건에 관하여 생긴 채권이 변제기에 있어야 한다.
② 채권자가 경매 부동산을 점유하고 있어야 한다.
③ 그 점유가 불법행위로 인한 경우에 적용하지 아니한다.

④ 경매 기입등기 전에 점유해야 한다.
  (대법원 2005. 8. 19. 선고 2005다22688 판결)
⑤ 공사 계약서, 임대차 계약서 내용에 유치권 배제 특약이 없어야 한다.
⑥ 유치권은 점유의 상실로 인하여 소멸한다.

유치권의 일관된 내용은 타인의 물건으로부터 발생한 채권이어야 하고, 점유를 기본 요건으로 하네요. 물론 점유를 상실하면 소멸하겠지요.

'점유'를 어떻게 구분하면 될까?
'유치권에서의 점유'란 유치권에서 중요한 판단 요소입니다. 일반적인 부동산 유치물의 점유 방법은 채권자의 직접점유, 간접점유(경비업체 등의 위탁), 자물쇠 등의 장치로 출입을 완벽히 통제 등 사실상으로 점유 후 유치권을 알리는 현수막이나 기타 방법으로 공시합니다.
유치권은 온갖 이권이 존재하므로 '점유'에 관련된 판례도 많습니다. 모두 정리할 수 없어 참고 자료로 남깁니다. 엄청 많지요. 하나씩, 천천히 찾아보시기 바랍니다.

점유에 대한 판례 모음

대법원 1996. 8. 23. 선고 95다8713 판결 / 대법원 2012.1.27. 선고 2011다74949 판결 / 대법원 11.5.13. 자 2010마1544 결정 / 2012.03.29. 선고 2010다2459 판결 / 대법원 2013.10.24. 선고 2011다44788 판결 / 대법원 2011.2.10. 선고 2010다94700 판결 / 대법원 1993.3.26. 선고 91다14116 판결 / 대법원 2011.10.13. 선고 2011다55214 판결 / 대법원 2005.8.19. 선고 2005다22688 판결 / 대법원 2009.9.24. 선고 2009다39530 판결 / 서울중앙지방법원 2009. 9. 4. 선고 2009가합49365 판결 / 서울고등법원 2011.6.3. 선고 2010나88684 판결 / 서울중앙지법 2009.9.4. 선고 2009가합49365 판결 / 서울고등법원 2008.6.25. 선고 2008나42036 판결 / 대법원 2011.2.10. 선고 2010다 94700 / 대법원 2011.12.13. 선고 2009다5162 판결 / 대법원 2012.2.9. 선고 2011다72189

부동산경매에서 유치권 행사, 어떤 일이 일어날까?

첫째, 유치권은 등기를 요하지 않고, 신고 여부도 따지지 않아 일단 위험한 물건으로 판단됩니다. 또한 유치권이 유효하게 성립하고 있는지는 일반인이 판단하기 어려우며, 경매 절차 진행 중 현장 조사 또는 그 이후에 비로소 그 존재가 알려지는 경우도 많습니다. 이런 이유로 매각 물건은 유찰이 거듭되어 아주 낮은 가격을 형성하겠지요. - 교환가치 하락

둘째, 유치권을 해결할 수 있는 능력을 갖춘 전문가는 큰 수익의 기회가 되겠지요.

셋째, 금액이 크게 부풀려진 허위 유치권이 성공한다면 이익을 보는 사람도 있겠네요. 또한 유치권자와 제3자(주변 지인 등)가 공모한 유치권도 남발하겠지요. 고의로 낙찰가를 떨어뜨려 제3자 명의로 낙찰받은 사례도 많습니다.

넷째, 유치권은 경매 절차를 지연시키는 데 악용되고, 또한 선량한 채권자의 몫이 현저히 줄어들거나, 채권을 회수하지 못할 수 있습니다.

다섯째, 경매 절차의 지연으로 건물을 사용, 수익할 수 없는 사회적 손실도 예상됩니다.

여섯째, 알려지지 않은 유치권이 매각 절차 후 갑자기 등장, 낙찰자가 큰 손해를 감수하기도 합니다.

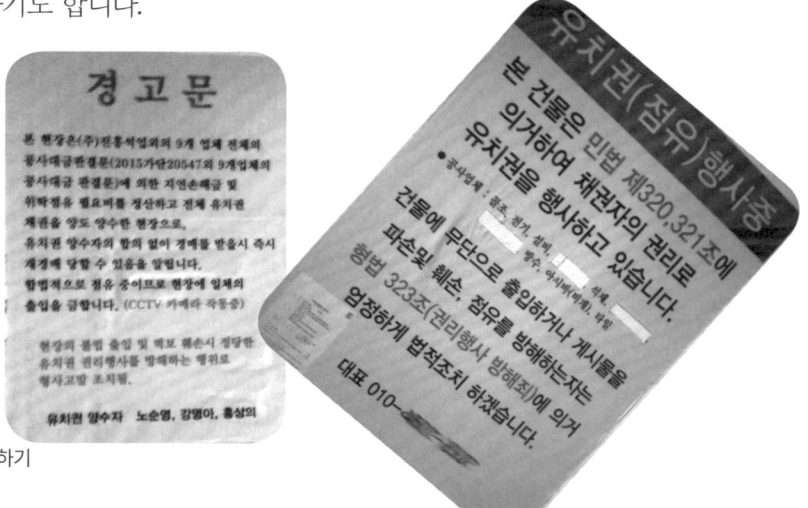

부동산 경매란 개인이 해결 못 하는 각종 채무 관계를 법원에서 강제매각 절차를 통해 채권을 회수하는 가장 효율적인 제도입니다. 하지만 허위 유치권의 남발 등으로 본질이 훼손되어 그 기능이 다 하지 못하는 사례도 꽤 많습니다. 심지어 큰 금액의 유치권에서는 조직(?)에 계시는 분들도 등장, 공포감을 조성하기도 합니다.

이런 폐단으로 민법에 대한 유치권 개정 논의가 있었고, 2013년 7월 17일 유치권에 관한 개정안을 국회에 제출했습니다. 이는 유치권 폐지와 아울러 대안으로 유치권 점유 요건을 저당권 설정등기로 대체하는 등의 내용이 골자였으나, 제19대 국회 만료(2016.3.29.)로 유치권 개정안은 폐기되었습니다. 2025년 현재까지 논의만 있을 뿐입니다. 장점보다 단점이 많은 유치권은 언젠가 수정되겠지요.

마치면서...

부동산 유치권은 민법에서 규정한 강력한 효력을 가진 '물권'입니다. 다만 등기가 아닌 '점유'라는 공시 방법을 사용하는 점이 다른 물권과 현저히 다릅니다. 부동산등기부를 통해서는 전혀 그 내용을 알 수 없고, 다른 담보물권보다 나중에 성립되었어도 경매로 소멸하지 않습니다.

유치권자와 제3자가 짜고 만든 허위 유치권도 많고, 유치권자가 채권 금액을 왕창 부풀린 사례도 많은 편입니다. 암암리에 이루어지는 내용이므로 웬만해서 일반 개인은 접근하기 어렵고, 유치권을 해결(?)할 수 있는 법률전문가만이 큰 이익을 얻을 수 있는 구조입니다. 유치권의 내용을 꿰고 있는 사람이 실제 현장에서 이를 해결한다면 큰 수익이 보장되겠지요.

유치권은 큰 이권이 첨예하게 대립, 유치권을 지키려는 자와 깨려는 자 사이에서 끊임없는 전투가 일어나는 곳입니다. 유치권의 존재 여부를 가리는 싸움(유치권 부존재 소송)이 늘 치열합니다. 유치 금액의 적정성 또한 명도소송 과정에서 밝혀야겠지요.

앞으로 유치권은 수정, 폐지 및 보완될 가능성도 있으나 아직 현존하고 있습니다. 유치권의 기본과 사례들을 이해하는 것이 우선 중요하며 현장에서 부딪혀 이를 해결해 가는 과정을 통해 조심스럽게 도전해 보시는 것도 좋을 듯합니다.

10 환매특약 등기란?

　'환매특약 등기'란 매도인과 매수인이 부동산 매매계약을 체결하면서 매매한 부동산을 장래 일정한 기간 내에 다시 '되사는 것'을 약정한 등기를 말합니다. 예를 들어 매도인은 매매 부동산에 남다른 애착이 있습니다. 지금은 돈이 급해 지인에게 부동산을 넘기지만, 몇 년 후에는 반드시 다시 찾아오겠다는 의지로 '환매특약부 매매'를 하는 것이죠.

　환매특약등기는 소유권이전등기와 동시에 부기등기하는 형식이며, 환매권자가 환매권을 행사할 수 있는 기간은 부동산 5년, 동산은 3년을 초과할 수 없습니다. 매도인의 환매권은 제3자에게 대항할 수 있습니다. '대항할 수 있다.'라는 말은 특약으로 정한 환매 기간 내에 본 부동산을 제3자에게 팔더라도 환매권자는 제3자를 상대로 환매권(되사는 것)을 행사할 수 있다는 의미입니다.

※ 환매 관련 법조문 민법 제590~594조.

[환매특약부 매매 등기설정의 예]

【 갑　　구 】			(소유권에 관한 사항)	
순위번호	등 기 목 적	접 수	등기원인	권리자 및 기타사항
1	소유권이전	2003년4월3일 제132호	2003년3월10일 매 매	소유자 홍 길 동 경기 고양시 OOO OO번지
2	소유권이전	2025년2월2일 제6503호	2025년2월2일 환매특약부 매매	소유자 임 꺽 정 서울 서대문구 OO동 145-1
2-1	환매특약	2025년2월2일 제6503호	2025년2월2일 특 약	환매대금 금 430,000,000원 환매기간 2025년 2월 2일~2029년 2월 1일 환매권자 홍 길 동

환매특약 등기의 특징은
① 환매특약등기는 매매로 인한 소유권이전등기와 동시에 신청합니다.

② 매도인이 등기권리자, 매수인이 등기의무자가 되어 공동 신청합니다.

③ 등기부등본에는 소유권이전등기의 부기등기 형식으로 표기(2-1) 됩니다. 동일한 접수번호 부여됨.

④ 부동산 등기부의 주된 내용은 환매대금, 환매 기간, 환매권자 등이 표시됩니다.

⑤ 환매권을 행사하면 환매특약등기 이후의 모든 권리는 효력을 상실합니다.

⑥ 환매 기간은 부동산이면 5년을 초과할 수 없습니다. 서로 5년을 초과하여 약정하였더라도 5년으로 단축됩니다. 강행규정으로 환매 기간이 끝나면 환매권 행사가 불가합니다.

⑦ 환매특약등기의 말소 사유(해제, 무효, 취소, 기간의 경과, 환매권 포기)에 해당하는 경우에는 매수인과 매도인이 등기의무자로서 공동으로 환매특약 등기 말소를 신청합니다.

⑧ 환매권을 행사하여 환매권자에게 소유권이전등기가 경료된 경우 등기관은 직권으로 환매특약등기를 말소합니다.

Part
03

권리분석은
스스로 할 수 있어야 한다!
「 권리분석의 시작 」

01 권리분석의 이해
02 기본 중의 기본 등기사항증명서 보는 법
03 말소기준권리와 소멸주의, 인수주의

01 권리분석의 이해

　부동산에 경매에서 권리분석은 중요한 범주에 속하며 경매뿐만 아니라 일반 부동산거래에서 또한 무척 중요한 일입니다. 부동산 권리분석이란 한마디로 '부동산을 거래하면서 권리의 하자가 없는지를 분석하는 것'으로 정의합니다.

　사회 초년생이 직장 생활 편의를 위해 작은 원룸을 임차하는 것부터 신혼부부의 새로운 시작과 첫 내 집 마련, 조물주 다음이라는 건물주가 되기 위해 고가의 건물 구입에 이르기까지 우리는 일상에서 규모가 크든, 작든 간에 부동산 거래를 하고 있습니다. 부동산 경매 또한 시세보다 좀 더 싸게 사자는 의미의 부동산 거래의 한 방법이라고 할 수 있습니다.

　우리는 부동산 거래계약에 앞서 '보증금을 떼이지는 않을까?', '온전한 내 소유가 되는 데 뭔 문제가 없는가?', '또 내가 모르는 하자는 없을까?' 등등…. 노심초사하며 등기사항증명서와 더불어 잘 이해도 못 하는 각종 공적 서류를 보며 알고 있는 지식을 총동원, 나름대로 권리분석을 합니다.

　부동산 권리는 여러 법이 복잡하게 얽혀 있어 일반인들은 쉽게 파악하기 어렵습니다. 특히 부동산 경매는 채권자와 채무자 간에 첨예한 이해관계 충돌로 권리분석이 더더욱 힘들 수도 있습니다. 그래서 미리 포기하고 전문가에게 모든 것을 맡겨버리기도 합니다. 그래서 기초분석에서 명도까지 관여하는 경매컨설팅 업체가 존재하는 이유이기도 하지요.

　혹자는 경매의 권리분석은 아주 쉽다고 말합니다. "경매는 소멸주의로 말소기준권리만 알면 그 아래 권리들은 자동 소멸되니 간단한 권리분석은 1분 내로 끝낼 수 있다."라고 말합니다. 또한 유료경매사이트에서는 클릭 몇 번으로 임차인 분석은 물론 각종 권리의 분석까지도 일사천리로 진행되니 권리분석이 쉽다는 말도 일리가 있지요.

　하지만 필자의 견해는 좀 다릅니다. 우리는 일상의 작은 물건을 하나 구입하는 데도 온갖 자료와 리뷰 등을 검색, 시간과 노력을 들여 성능과 가성비를 꼼꼼히 비교하여 삽니다. 그렇다면 고가의 부동산을 매수하는 데는 더 많은 시간과 노력이 필요하겠지요. 프로그램상으로 간단히 도출된 결론은 편리할 수는 있으나, 본질의 정확한 인지(認知)와 큰 차이가 있습니다.

　부동산 권리분석은 전문가에게만 필요한 것이 아닙니다. 전·월세를 얻을 때, 내 집을 살 때, 부동산 관리, 재산의 효율적 방어, 각종 부동산의 위험회피, 경매 위험헷지 기능 등 삶에 있어 가장 필수적인 지식입니다. 학교에서 좀 쓸데없는 것 좀 과감히 빼고, 부동산 등기부 등 공적 서류 보는 법, 부동산 권리, 전세보증금 지키는 방법 등의 부동산 상식을 좀 가르쳤으면 좋겠습니다. '부동산 투기'라는 왜곡된 발상보다 자산에 대한 현명한 투자이고, 인간의 근본적인 의식주 중의 으뜸인 주의 문제를 다루는 것이니까요.

　부동산 권리에 대해 논하다 보니 말이 길어졌네요. ^^;; 다시 본론으로 돌아옵니다. 이번 장의 주제는 '경매 권리분석에 관하여' 입니다. 우리는 권리의 종류를 망라한 큰 숲을 먼저 본 적이 있습니다. 이제 개별적으로 그 권리를 분석하는 방법을 알아야 할 차례입니다.

[상식 더하기] 기본 중에 기본 등기사항증명서 보는 법

등기사항 전부증명서(등기부 등본)의 발급과 열람은 주로 대법원 인터넷등기소(www.iros.go.kr)에서 가능합니다. '말소사항 포함'의 등기사항 증명서를 발급하면 과거부터 현재에 이르기까지 말소 및 변동된 이력 등이 순차적으로 표기되며, '현재 유효사항'을 체크하면 말소된 내용은 삭제되어 최종 권리만 깔끔하게 출력됩니다. 해당 건물의 탄생과 유구한 역사(?)를 알고자 한다면 '말소사항 포함'을 선택 후 열람 또는 발급받으시면 됩니다.

등기사항전부증명서는 다음과 같이 세 가지 항목으로 나뉘며 소유권, 기타 권리 등 중요한 정보를 알 수 있다

❶ 표제부 : 건물의 표시를 나타냅니다. 부동산의 소재 지번, 건물의 내용, 건축물의 종류, 면적 등을 나타냅니다.
❷ 갑구 : 소유권에 관한 권리 사항을 표시합니다.
❸ 을구 : 소유권 이외의 권리가 등록됩니다. 소유권 이외 권리에는 흔히 볼 수 있는 금융권 대출인 근저당권, 저당권, 전세권 등을 들 수 있습니다.

실제 열람한 등기사항전부증명서

```
                    등기사항전부증명서 (현재 유효사항) - 건물
                                                                고유번호 1156-2002-006080
[건물] 경기도 파주시 탄현

❶ [   표    제    부   ]       ( 건물의 표시 )

표시번호 | 접  수 | 소재지번 및 건물번호 | 건물 내역 | 등기원인 및 기타사항
2 |  | 경기도 파주시 탄현 1675- [도로명주소] 경기도 파주시 탄현 길 20 | 철근콘크리트조및(철근)콘크리트지붕 다가구주택 지1층 73.07㎡ 2가구 1층 195.60㎡ 5가구 2층 195.60㎡ 5가구 3층 195.60㎡ 5가구 | 도로명주소 2012년9월5일 등기

❷ [   갑         구   ]       ( 소유권에 관한 사항 )

순위번호 | 등 기 목 적 | 접   수 | 등 기 원 인 | 권 리 자 및 기 타 사 항
1 | 소유권보존 | 2002년9월25일 제64307호 |  | 소유자 박  '10215-******* 경기도 파주시 탄현 길 2

❸ [   을         구   ]       ( 소유권 이외의 권리에 관한 사항 )

순위번호 | 등 기 목 적 | 접   수 | 등 기 원 인 | 권 리 자 및 기 타 사 항
1 | 근저당권설정 | 2002년10월8일 제67356호 | 2002년10월8일 설정계약 | 채권최고액 금247,000,000원 채무자 박  파주시 탄현    리 171 근저당권자 일산    114741-0000350 고양시 일산구    799

열람일시 : 20  년11월23일 18시32분30초                                1/3
```

위의 등기사항증명서를 해석하면

①번 '표제부'를 보면 지하 1층, 지상 3층의 다가구주택임을 알 수 있고 총 17가구 거주, 각 층의 면적 등이 표시되어 있습니다.

'갑구'의 소유권에 관한 사항에서 박○○ 씨가 '소유권 보존'으로 기재되어 있는 것으로 보아 박○○ 씨가 처음 이 집을 건축한 후 지금까지 소유하고 있는 것을 알 수 있습니다.

갑구에는 소유권에 관한 사항을 기록합니다. 그러므로 이곳에는 처음 집을 지은 후 최초 등기인 '소유권 보존'과 이후 매매가 되어 다른 사람으로 이전된 '소유권 이전'이 기본적으로 표기되며, 그뿐만 아니라 경매 결정등기, (가)압류, 가등기 등도 소유권에 관련된 권리이므로 같은 '갑구'에 등기됩니다. 만일 이곳에 소유권 외에 다른 권리가 등기되어 있다면, 소유권에 대한 중대한 사건이 벌어진다는 가정하에 그 권리의 내용을 세심하게 분석해야겠죠.

끝으로 '을구'에는 금융권의 근저당이 설정된 것이 보입니다. 채권최고액과 채무자, 근저당권자 등이 표기되어 개략적인 대출 내용을 파악할 수 있습니다.

등기사항 증명서의 주요 내용인 [표제부], [갑구], [을구]를 종합하여 부동산 권리를 분석할 수 있습니다. 갑구를 보고 현재 소유주가 언제 이 부동산을 구매했는지 알 수 있고, 이곳에 가압류 등이 많은 부동산은 거래할 때 조심해야 합니다. 을구에는 은행 대출인 근저당권 금액이 표시됩니다. 시세 대비 과도한 대출을 받았다면 전·월세 계약할 때 중요한 참고사항이 될 것입니다.

※ 더 자세한 내용은 다른 지면에서 보완하겠습니다.

등기사항증명서의 구성을 어느 정도 살펴보았습니다. 우리나라 부동산은 토지 위에 건물을 지었으니 부동산 등기부는 토지와 건물 두 종류로 되어 있는 것이 원칙입니다. 그러나 집합건물(아파트, 연립, 다세대주택, 공동상가)은 토지와 건물이 일체화되어 우리나라 등기부에는 토지와 건물이 하나의 등기부로 일원화되어 있습니다. 토지와 건물을 따로 팔지 말라는 얘기지요.

일반 건축물의 등기사항증명서를 발급받을 때는 토지 등기사항증명서와 건물 등기사항증명서 두 종류를 발급받아야 하는데, 집합건물의 경우에는 토지와 건축물이 통합된 '등기사항전부증명서 - 집합건물' 하나만 열람 및 발급받으면 됩니다.

집합건물(아파트 등) 등기사항전부증명서의 구성은 조금 다르다
- 표제부 : 표제부는 '1동의 건물의 표시'와 '전유부분의 건물의 표시'로 나누어집니다.

[1동의 건물의 표시] 1동 건물 전체에 대한 층수, 전체면적, 토지면적 등이 표기
[전유부분의 건물의 표시] 세대별로 전용면적, 건물 호수, 구조, 대지권 비율 등 표시

- 갑구 : 소유권에 관한 권리 사항을 표시합니다.
- 을구 : 소유권 이외의 권리가 등록됩니다. 소유권 이외의 권리에는 (근)저당권, 전세권 등을 들 수 있습니다.

아파트 등기사항전부증명서 사례

등기사항전부증명서(말소사항 포함) - 집합건물

[집합건물] 서울특별시 강남구   동 ❶   아파트 제 동 제9층 제903호   고유번호 1146-1996-02 39

【 표 제 부 】 (1동의 건물의 표시)

표시번호	접 수	소재지번,건물명칭 및 번호	건 물 내 역	등기원인 및 기타사항
1 (전 1)	년5월21일	서울특별시 강남구 동 아파트 제 동	철근콩크리트조 슬래브지붕 층 아파트 1층 647.64㎡ 2층 616.56㎡ 3층 616.56㎡ 4층 616.56㎡ 5층 616.56㎡ 6층 616.56㎡ 7층 616.56㎡ 8층 616.56㎡ 9층 616.56㎡ 10층 616.56㎡	

[집합건물] 서울특별시 강남구   동   아파트 제 동 제9층 제903호   고유번호 1146-1996-02 39

❷ (대지권의 목적인 토지의 표시)

표시번호	소 재 지 번	지 목	면 적	등기원인 및 기타사항
1 (전 1)	1. 서울특별시 강남구 동 40	대	25861.3㎡	년3월9일

[집합건물] 서울특별시 강남구   동 ❸   아파트 제 동 제9층 제903호   고유번호 1146-1996-02 39

【 표 제 부 】 (전유부분의 건물의 표시)

표시번호	접 수	건물번호	건 물 내 역	등기원인 및 기타사항
1 (전 1)	년12월23일	제9층 제903호	철근콩크리트조 140.90㎡	도면편철장 제9책제139장 부동산등기법시행규칙부칙 제3조 제1항의 규정에 의하여 1998년 11월 06일 전산이기

❹ (대지권의 표시)

표시번호	대지권종류	대지권비율	등기원인 및 기타사항
1 (전 2)	소유권대지권	25861.3분의 49.58㎡	1987년12월5일 대지권 부동산등기법시행규칙부칙 제3조 제1항의 규정에 의하여 1998년 11월 06일 전산이기

❺ 【 갑 구 】 (소유권에 관한 사항)

순위번호	등 기 목 적	접 수	등 기 원 인	권리자 및 기타사항
1 (전 2)	소유권이전	19 년12월31일 제167254호	19 년7월15일 매매	소유자 김 46l 3-******* 서울 강남구 동 4 아파트 동 903호

❶ **표제부 (1동의 건물의 표시)**
1동 건물 전체에 대한 주소, 각 층의 면적, 구조 등이 표기됩니다. 본 사례에서는 아파트 OOO 동, 총 10층 건물이며 층마다 전체 면적을 표시.

❷ **대지권의 목적인 토지의 표시**
1동 건물에 대한 전체 토지 면적을 나타냅니다.

❸ **표제부 (전유부분의 건물의 표시)**
OO 아파트 OOO 동 9층 903호의 전용면적이 140.90㎡임을 알 수 있습니다.

❹ **대지권의 표시**
대지권의 종류와 대지권 비율을 표시합니다. 대지지분이라고도 하며 전체 토지 중에서 903호에 할당된 토지 비율을 의미합니다.

❺ **갑구 (소유권에 관한 사항)**
소유권에 관한 내용이 등록됩니다. 현재 소유자는 김OO 씨이며 소유권 이전된 날짜, 접수일, 등기원인 등이 표시됩니다.

❻ **을구 (소유권 이외의 권리)**
소유권 이외의 근저당, 전세권 등이 등록되는데, 본 등기부에는 공란으로 현재 설정된 것이 없습니다.

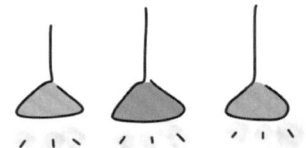

02 경매 말소기준 권리와 소멸주의, 인수주의

경매로 매각되는 부동산은 최고가를 써낸 낙찰자의 대금납부와 동시에 낙찰자에게 소유권이 귀속되며, 법원은 최고가 매수인(낙찰자) 이름으로 소유권이전등기를 촉탁합니다. 이때 해당 부동산의 등기부에는 경매과정에서 기록된 경매개시 등기와 각종 (가)압류, 저당권 등.... 지우고 싶은 과거의 흔적들이 남아 있겠지요.

법원은 소유권이전등기를 촉탁하면서 등기부에 기록되어 있는 각종 권리들을 말소(소멸주의)하고, 유효한 권리는 남겨놓는(인수주의)을 합니다. 우리나라는 '소멸주의'와 '인수주의'를 병행하는 것은 참고로 알아두면 좋겠네요.

말소와 인수를 결정하는 법원의 기준이 '말소(소멸)기준권리'라고 합니다. 말소기준권리는 등기일이 제일 빠른 권리를 말하며 이 권리를 기준으로 빠르면 인수, 느리면 깨끗이 말소(소제)됩니다. 물론 예외도 있지만, 이 부분들은 이해보다는 기억의 기술이 좀 더 빠를 수 있습니다.

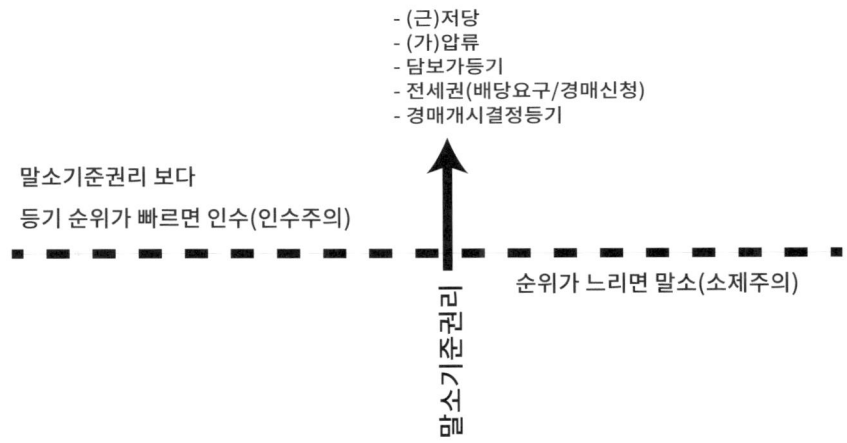

PART 03 권리분석의 기초   81

'말소'라는 의미는 없애버린다는 뜻입니다. 낙찰 후 등기부등본상의 좋지 않은 권리를 법원이 책임지고 삭제해준다는 의미로 말소되면 낙찰자에겐 아무런 부담이 없습니다. 그러나 '권리가 인수'되는 변수가 있습니다. 인수는 대상 권리가 말소되지 않고 매수인이 부담해야 하는 권리이므로 경매에서 이런 권리들을 분석하는 일은 매우 중요한 영역입니다.

말소기준이 되는 권리! 어떤 것이 있나?
'말소기준권리'라는 용어는 법에는 없지만, 누군가 편의를 위해 만든 것 같습니다. 설명의 단순화를 위해 그냥 가져다 씁니다. '소멸기준권리', '소제기준' 등 다른 말도 가끔 눈에 띄나 그냥 일반적인 용어로 쓰겠습니다. '말소기준권리'는 다음과 같으며 그냥 외우시는 게 속 편할 듯 합니다.

1. (근)저당권
2. (가)압류
3. 담보가등기
4. 전세권자가 배당요구를 하거나 경매신청을 한 경우
5. 경매개시결정 등기

　용익물권인 지상권, 지역권, 전세권, 임차권은 물건을 사용하는 권리이므로 말소기준권리가 되지 못하는데 '전세권'에 대한 예외가 있네요. 말소기준권리 중 전세권이 말소기준권리가 되는 요건은 다음과 같이 한정됩니다.

① 단독, 다가구주택 등의 일부분에 설정된 전세권이 아닌 아파트, 빌라와 같은 집합건물 전유부분 전체의 전세권을 의미. 물론 단독주택도 전부에 대해 설정된 전세권은 같은 개념입니다.

② 선순위 전세권이어야 하며,

③ 전세권자가 배당요구를 하거나, 임의경매를 신청한 경우.

> [민사집행법 제91조]
> ④제3항의 경우 외의 지상권·지역권·전세권 및 등기된 임차권은 매수인이 인수한다. 다만, 그중 전세권의 경우에는 전세권자가 제88조에 따라 배당요구를 하면 매각으로 소멸된다.

사례1) 근저당권이 말소기준권리가 된 사례

2020 타경 3706 [의정부지방법원 의정부10계]

소 재 지	경기 의정부시 호원동 444-1 푸른마을아파트 O층 OOO호 [평화로272번길 29]					
물건용도	아파트(25평형)	개 시 일	2020.02.28	감 정 가	200,000,000원	
건물면적	59.91㎡ (18.12평)	소 유 자	박OO	감정일자	2020.03.09	
대 지 권	24.3㎡ (7.35평)	채 무 자	박OO	배당종기	2020.05.19	
매각대상	토지·건물 전부	채 권 자	국민은행	최 저 가	(70%) 140,000,000원	
경매구분	임의경매	청 구 액	30,767,123원	보 증 금	(10%) 14,000,000원	
기타사항					

입찰진행 내역

입찰기일	최저매각가격	결과
2020.08.25	200,000,000	변경
2020.10.13	200,000,000	유찰
2020.11.17	140,000,000	변경

물건사진 및 위치도   더 보기

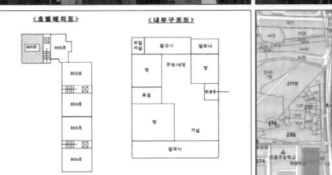

등기부 내역

구 분	접수일	권리내역	권리자	채권금액	기 타	인수/소멸
1	2014.11.28	소유권이전	박OO			
2	2016.02.16	근저당권	국민은행	40,700,000	말소기준권리	소멸
3	2017.10.26	근저당권	국민은행	8,400,000		소멸
4	2018.07.02	근저당권	국민은행	8,160,000		소멸
5	2020.03.02	임의경매 신청	국민은행	청구 : 30,767,123	2020타경3706	소멸

앞서 '등기부 보는 법'에서 언급했듯이 등기부의 '갑구'에는 소유권과 관련된 권리가 등록되고, '을구'에는 소유권 이외의 저당권, 전세권 등이 기록됩니다. 등기부 권리분석의 기본은 등기부 갑구와 을구에 흩어져 있는 각종 권리를 시간의 순서대로 배열하는 것에서부터 시작합니다.

사례1의 '등기부 내역'은 등기접수일을 기준으로 순서를 정해 기록한 것이고, 그중에 가장 빠른 '근저당권'이 말소기준권리가 되어 근저당권을 포함, 그 밑으로는 모두 소멸하는 원리입니다. 물론 최초의 권리인 박OO의 소유권은 낙찰자에게 이전되므로 권리분석의 대상이 아닙니다.

사례2) 압류등기가 말소기준권리인 사례
2019 타경 11417   [의정부지방법원 의정부10계]

소재지	경북 구미시 옥계동 617 부영아파트 OO동 15층 OOO호				
물건용도	아파트(20평형)	개시일	2019.04.04	감정가	66,000,000원
건물면적	49.14㎡ (18.12평)	소유자	나OO	감정일자	2019.04.20
대지권	28.73㎡ (8.69평)	채무자	나OO	배당종기	2019.06.14
매각대상	토지·건물 전부	채권자	주택도시보증	최저가	(12%) 7,765,000
경매구분	강제경매	청구액	38,026,300원	보증금	(10%) 776,500원
기타사항					

등기부 내역

구분	접수일	권리내역	권리자	채권금액	기타	인수/소멸
1	2014.12.26	소유권이전	나OO			
2	2017.09.26	임차권	정OO	80,000,000	임차권등기	인수
3	2018.06.19	압류	구미세무서	8,400,000	말소기준권리	소멸
5	2019.04.08	강제경매 신청	주택도시보증	청구 : 38,026,300	2020타경3706	소멸

'압류'가 말소기준권리가 된 사례입니다. 압류보다 앞서 임차권등기가 있네요. 대항력있는 임차인으로 낙찰자가 인수하는 권리입니다. '인수'한다는 말은 '떠안고 간다'는 의미로 임차인의 보증금을 낙찰자가 부담할 수 있습니다. 시세 대비 임차 채권을 지급하고도 이익이 남을 수 있을 때까지 최저가가 낮아지겠지요. 그래서 현재 최저가가 감정가의 12%까지 저감된 상태입니다.

이번 장은 '말소기준권리'에 관한 이야기만을 하고 있습니다. '임차인 분석' 내용은 뒤에서 자세히 알아보겠습니다.

권리분석은 모든 권리를 종합적으로 판단하는 것이다!
모든 권리가 이번 지면에 다 나왔습니다. 처음 보시는 분들은 "도대체 이게 다 뭐야! ㅠㅠ"라고 몸서리치겠지만, 우리는 앞서 '부동산과 관련된 권리의 종류 이해 – 권리분석을 위한 사전 지식' 편을 접하신 분들은 그래도 좀 수월할 겁니다. ^^;; 그래서 우리는 한 걸음 더 나아갑니다.

'말소기준권리'는 위의 설명과 같이 권리 소멸기준이 되는 권리를 정하고 이보다 시간상으로 빠른 선순위는 매수자(낙찰)가 인수하고, 느린 후순위는 깔끔하게 말소하는 기준을 말합니다. 말소와 인수를 정함에 있어 시간의 순서가 중요하겠고, 등기부에 공시되는 권리의 분석과 아울러 유치권과 같은 등기부에 공시되지 않는 권리 또한 조심해야겠지요. 앞으로 등장할 임차인에 대한 분석 또한 입찰가격을 결정하는 중대 변수로 존재합니다.

단순히 공적서류만을 가지고 모든 것을 판단할 수는 없고, 기본자료와 직접 현장에서 답을 찾아 이를 종합적으로 판단하면 권리의 인수 위험을 예방하는 일은 결코 어렵지 않은 일이라 생각합니다.

말소기준이 되는 권리와 예외 조항 등을 전부 다음 86쪽에 표로 정리했습니다. 표엔 빠졌지만, 대항력 있는 선순위 임차인이 말소기준권리 이후에 등기한 임차권(임차권 등기)도 소멸 대상이 아닙니다. 좀 더 복잡한 얘기들은 임차인 분석 편에서 하기로 하고 다음 86쪽의 표는 정신건강을 위해 한 번 쓱~ 읽고 지나갑니다.

말소기준권리에 따른 인수와 소멸

선순위(인수)	말소기준권리	후순위(말소)
- 배당요구 하지 않은 전세권 - 지상권 - 환매등기 - 임차권 - 소유권이전청구권 가등기 - 보증금의 일부 또는 전부를 배당받지 못한 대항력을 가진 임차인 - 말소기준권리 보다 빠른 일자로 대항력을 갖춘 주택 또는 상가 임차인 - 채무 변제 후 선순위 저당권 다음의 가처분은 실질적 선순위로 소멸하지 않는다	⇧ - 저당권 - (가)압류 - 담보가등기 - 전세권 (배당요구 또는 경매신청) ⇩	- 전세권 - 지상권 - 지역권 - 가처분 - 환매등기 - 가등기 - 임차권 - 기타 후순위 임차인 등
말소기준권리의 예외 (인수되는 권리)		
등기부 상의 권리	- 경매개시결정 등기 전에 청산 절차가 완료된 담보가등기 - 지상물 철거 및 토지반환청구를 목적으로 하는 가처분	
등기부에 공시되지 않는 권리	- 예고등기(폐지), 유치권, 법정지상권, 분묘기지권, 체납관리비	

Part
04

등기부에 나타나는 권리의 분석 「 권리분석 사례 」

01 경매에서 저당권과 근저당권
02 전세권 권리분석
03 지상권, 경매에서 어떻게 될까?
04 가등기 사용설명서
05 대지권 미등기, 대지권 없음의 의미
06 토지에 '별도등기'가 있다?

01 경매에서 저당권과 근저당권

저당권과 근저당권의 차이점은 앞에서 미리 말씀드렸습니다. 은행권에서는 주로 근저당권을 설정합니다. 부동산 전체로 보면 저당권보다 근저당권이 압도적 우위를 차지합니다. 그래서 부동산 경매 물건의 대부분은 '근저당'과 연관됩니다. ※ '저당권과 근저당권, 무엇이 다를까?' 40쪽 참조.

저당권과 근저당권의 효력

결론적으로 두 권리의 효력은 동일합니다. (근)저당권은 채무자가 빚을 상환하지 않으면 이 권리를 근거로 즉시 부동산 경매를 신청할 수 있습니다. 경매 용어로는 '임의경매'라고 합니다.

또한 경매에서 다른 후순위 채권자보다 먼저 배당받을 수 있는 '우선변제권'이 있습니다. 다만 저당권은 채권액만큼만, 근저당권은 '채권최고액'까지 우선적 배당이 가능한 차이점은 있습니다. 동일 부동산에 여러 개의 저당권이 함께 설정되었다면 설정 순위에 따른 배당 이루어집니다. 설정 시간(등기일)의 순서대로 배당이 되니 낙찰된 재원이 부족하면 후순위 저당권은 채권의 회수가 곤란할 수도 있겠지요. 본서의 '배당 편'에서 많이 하겠지만, 미리 간단한 배당표를 그려봤습니다.

배당표 [낙찰가 : 금 103,000,000] (근저당이 다수 있을 때)

배당순위	권리자	권리 내용	청구금액	배당금	잔여액
0		경매집행비용	300만 원	300만 원	1억 원
2	OO은행	근저당(선순위)	9,700만 원	9,700만 원	300만 원
3	XX저축은행	근저당권	3,400만 원	300만 원	0
4	박OO	저당권	2,000만 원	0	0

90쪽 배당표 사례를 보면 OO 은행과 XX 저축은행에서 각각 근저당이 설정되었고, 임의경매가 진행되어 103,000,000만 원에 낙찰되었다고 가정합니다. 이 재원으로 채권자에게 순위에 따라 나누어 주는 '배당'을 합니다.

경매집행비용은 늘 0순위로 제일 먼저 받아 갑니다. 그 뒤로 설정 날짜가 빠른 순서대로 받아 가겠지요. 선순위인 OO 은행이 먼저 9,700만 원 전액을, 순위가 느린 XX 저축은행은 남은 300만 원만 힘겹게 받아 갑니다. 마지막 저당권자인 박 OO 씨는 한 푼도 못 챙깁니다. 경매에서는 순위가 가장 중요하다는 이유지요.

경매로 부동산이 매각되면 (근)저당권은 소멸한다

근저당권은 돈을 빌려주고 해당 부동산에 담보를 설정하는 것인데, 주목적은 자금을 회수하는 것입니다. 따라서 경매 절차가 완결되어 배당되면 근저당권은 소멸합니다.

배당에서 근저당권자가 비록 전액을 회수하지 못하더라도 근저당은 말소되며 낙찰자가 인수하지 않습니다. 매각과 함께 그 효력은 소멸하며, 낙찰자는 근저당권의 말소를 요청할 수 있습니다.

등기부 내역

구 분	접수일	권리내역	권리자	채권금액	기 타	인수/소멸
1	2019.12.26	소유권이전	나OO			
2	2021.09.26	근저당권	OO은행	97,000,000원	말소기준권리	소멸
3	2022.06.19	근저당권	XX 축은행	34,000,000원		소멸
4	2024.07.20	저당권	박OO	20,000,000원		소멸
5	2025.03.08	임의경매 신청	OO은행	청구 : 97,000,000	2025 타경123	소멸

채권액 전액을 배당받은 OO 은행과 일부만을 챙긴 XX 저축은행 그리고 한 푼도 받지 못한 박 OO의 저당권. 이 모든 (근)저당 권리들은 소멸되고, 낙찰자에게 인수되지 않습니다.

실제 사례를 통한 근저당권 권리분석을 해보겠습니다.

2019 타경 5301　[서울동부지방법원 동부4계]

소 제 지	서울 송파구 거여동 291 효성아파트 OOO동 4층 OOO호 [양산로8길 24]				
물건용도	아파트(37평형)	개 시 일	2019.11.05	감 정 가	950,000,000원
건물면적	101.95㎡ (30.84평)	소 유 자	오OO	감정일자	2020.05.17
대 지 권	47.9㎡ (14.49평)	채 무 자	오OO	배당종기	2020.07.21
매각대상	토지·건물 전부	채 권 자	국민은행	최 저 가	(100%) 950,000,000원
경매구분	임의경매	청 구 액	119,585,013	보 증 금	(10%) 95,000,000원
기타사항					

입찰진행 내역

입찰기일	최저매각가격	결과
2020-11-02	950,000,000	낙찰
낙찰가 1,060,100,000 (112%)		

물건사진 및 위치도　　더 보기

《 내부 구조도 》

임차인 현황

임차인	점유현황	전입/확정/배당	대항력	보증금/차임	예상배당액	비 고

등기부 내역

구 분	접수일	권리내역	권리자	채권금액	기 타	인수/소멸
1	1998.05.21	소유권이전	오정O		매매	
2	2014.10.21	근저당권	국민은행	144,000,000	말소기준권리	소멸
3	2019.12.26	소유권이전	오지O		전소유자: 오정O 상속 (2019.03.21)	
4	2020.05.06	임의경매	국민은행	144,000,000	2019타경5301	소멸

좌측 자료와 같이 서울 송파구 거여동 효성아파트가 '경매 사건'으로 등록, 낙찰됐습니다. 편의상 임차인 내역은 생략했고, 사연도 알아볼 겸 '말소사항 포함 등기사항증명서'를 열람해 보았습니다. 그중 일부만 스캔해 봅니다.

【 갑 구 】			(소유권에 관한 사항)	
순위번호	등 기 목 적	접 수	등 기 원 인	권리자 및 기타사항
1 (전 2)	소유권이전	1998년5월21일 제29606호	1995년12월22일 매매	소유자 오정 610813-******* 서울 도봉구 창동 26 동아아파트
				부동산등기법 제177조의 6 제1항의 규정에 의하여 1999년 05월 21일 전산이기
1-1	1번등기명의인표시 변경	2005년9월29일 제90898호	2005년8월22일 전거	오정 의 주소 서울 도봉구 창동 26 동아아파트
1-2	1번등기명의인표시 변경	2014년10월21일 제68595호	2014년6월19일 전거	오정 의 주소 서울특별시 도봉구 노해로70길 12, 동 호 (창동,동아아파트)
2	소유권이전	2019년12월26일 제199797호	2019년3월21일 상속	소유자 오지 900911-******* 서울특별시 도봉구 노해로70길 12, 동 호(창동,동아아파트)
				대위자 주식회사국민은행 서울특별시 영등포구 국제금융로8길 26(여의도동) 대위원인 2014년 10월 21일 제68684호로 등기된 근저당권의 실행을 위한 경매에 필요함
3	임의경매개시결정	2020년5월6일 제77418호	2020년5월6일 서울동부지방법 원의 임의경매개시결 정(2019타경530 1)	채권자 주식회사 국민은행 110111-2365321 서울 영등포구 국제금융로8길 26 (여의도동) (여신관리센터)

소유권과 관련된 등기부 '갑구'의 내용을 살펴보면 이렇습니다. '접수'가 권리의 기준으로 보면 됩니다.

1998년 5월 21일 오정O 씨가 본 아파트를 구입하였고, 현재 위에서는 보이지 않지만, 등기부 '을구'에는 2014년 10월 21일에 국민은행이 설정한 근저당이 있습니다. 국민은행에서 돈을 빌린 이후 오정O 씨는 사망한 것으로 추정됩니다. 이후 뭔 사연이 있었겠지요.

국민은행 입장에서 채무를 회수할 대상이 사라졌으니 자금 회수를 위해 상속자에게로의 대위등기(상속인을 대신해서 등기) 후 임의경매 신청한 사건입니다. 낙찰자가 나타나면 등기부의 근저당권 등의 권리는 깨끗이 말소됩니다.

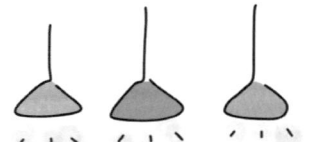

02 전세권 권리 분석

전세권이란 전세금을 지급하고, '전세권 설정 등기'를 마친 물권의 한 종류인 용익물권입니다(민법 제303조). 등기하지 않으면 일반 전세(채권적 전세인 임대차)가 되겠지요. 흔히 부동산 전세를 얻을 때 내는 전세금과 전세권은 전혀 다릅니다. 임대차 보증금은 임대차보호법으로 보호되며 반면 전세권은 등기부에 '전세권'이라는 물권을 등록하는 것입니다.
※ '전세권과 일반적인 전세는 완전히 다르다' 46쪽을 참조하세요.

전세권 설정의 효과
전세권자는 등기상의 전세권 효력 기간에 해당 부동산을 점유, 사용, 수익할 수 있습니다. 그리고 설정 기간이 끝나면 보증금을 돌려달라고 청구할 수 있고, 이때 임대인이 반환을 거부하면 즉시 해당 부동산을 경매 신청할 수 있습니다. 이는 물권인 전세권의 권리지요. 그런데 부동산 종류에 따라 설정 방법이 다르고 경매 절차에서도 차이가 납니다.

전세권의 설정 방법?
전세권은 부동산의 종류에 따라 설정 방법이 다릅니다. 우리가 이미 알고 있는 내용으로 말해 보겠습니다.

부동산은 크게 단독과 집합건물로 나뉘는데, 단독건물은 건물주가 1명인 단독주택, 다가구주택 등을 의미합니다. 반면 집합건물은 아파트, 빌라, 연립주택, 집합상가 등을 지칭하며, 큰 건물에 호별로 각각의 소유권을 가진 것을 말합니다.

우리가 '집합건물'에 전세권을 설정한다고 가정하면 토지가 아닌 건물에 설정합니다. 공동주택 같은 집합건물은 건물과 토지를 분리해서 처분하지 못하므로 전유부분인 건물이 경매로 넘어가면 공유하는 토지 부분도 함께 처분되는 것입니다. 즉 집합건물인 아파트는 전유부분 전부(O층 O호 전부)에 대하여 전세권을 설정하면 간단히 완료되는데 단독건물의 경우는 좀 복잡합니다.

예컨대 3층 건물의 다가구주택에서 3층에는 주인이 거주, 2층의 일부를 임대하여 전세권을 설정한다면 건물 전체에 대한 전세권을 설정할 수 없고, 2층 일부에 대해서만 전세권을 설정할 수 있습니다. 단독주택인 다가구는 등기상으로 건물을 각각 분리할 수 없기 때문에 2층 일부분에만 설정할 수 있다는 논리입니다. 이런 이유로 단독주택 건물 일부를 설정한 전세권자는 보증금 미반환의 경우 즉시 임의경매를 신청할 수 없고, 보증금반환청구소송 후 확정판결로 강제경매만을 신청할 수 있습니다. 그러나 경매절차에서 우선변제권은 건물 전체에 대하여 행사할 수 있습니다. ※ 단독주택도 일부가 아닌 전체가 설정된 경우는 예외로 합니다.

경매에서 전세권은 소멸될 수도 인수될 수도 있다 –전세권의 성질
전세권은 권리상 물권 중 용익물권에 속합니다. 게다가 전세권은 '용익권'과 '담보권'의 성격을 동시에 가졌다고도 합니다. 이런 이유로 법에서 전세권을 이렇게 표현합니다.

> **[전세권의 법적 성질]**
> 전세권은 타인의 부동산에 대한 권리로 **부동산을 점유, 용도에 좇아 사용 수익하는 용익물권이다.** 전세권자는 부동산 전부에 대하여 후순위권리자 기타 채권자보다 전세금의 우선변제를 받을 수 있다(민법 제303조 제1항). 전세권설정자가 전세금의 반환을 지체하면 전세권자는 전세권의 목적물에 경매를 청구할 수도 있다(민법 제318조). 이 점에서 **전세권은 담보물권이기도 하다.**

원칙적으로 전세권은 낙찰자에게 인수되는 용익물권입니다. 그러나 전세권자가 '배당 요구 또는 경매신청'을 하면 우선변제권인 담보권의 효력이 발현됩니다. 이런 이유로 경매에서 전세권은 소멸할 수도, 인수될 수도 있습니다. 전세권이 있는 경매물건의 권리분석은 세심한 주의가 요구됩니다.

우리나라 판례는?

"용익기간 중에는 전세권의 용익물권성과 담보물권성을 모두 인정하며 용익기간이 종료된 후에는 전세권은 용익물권을 상실하고 담보물권성이 존속한다"라고 합니다. 판례에서도 같은 표현입니다. 부동산경매에 실질적으로 작용하는 민사집행법의 내용도 잠깐 봅니다.

> **민사집행법 제91조(인수주의와 잉여주의의 선택 등)**
>
> ③ 지상권·지역권·전세권 및 등기된 임차권은 저당권·압류채권·가압류채권에 대항할 수 없는 경우에는 매각으로 소멸된다.
> ④ 제3항의 경우 외의 지상권·지역권·전세권 및 등기된 임차권은 매수인이 인수한다. 다만, 그중 전세권의 경우에는 전세권자가 제88조에 따라 배당요구를 하면 매각으로 소멸된다.

각 조문과 판례를 종합해 본 결과 전세권은 '인수'와 '소멸되는' 두 가지 원칙이 있네요. 이 부분을 집중해 보겠습니다.

전세권이 소멸(말소) 되는 경우는?

1. 후순위 전세권은 매각으로 소멸된다

말소기준권리 이후, 후순위 전세권은 배당요구를 하지 않아도 자동 배당요구가 됩니다. 그러므로 전액 배당받지 못한 보증금은 소멸합니다. 97쪽에 사례를 가져왔으니 참조하세요.

사례1의 선순위 근저당권은 말소기준권리이며 이후에 설정된 후순위 전세권은 무조건 소멸됩니다.

2. 전세권자가 경매신청한 경우에는 배당요구로 간주해 소멸

▶ 사례 1 : 전세권이 후순위로 설정되면 매각으로 소멸한다

2017 타경 12260 [의정부지방법원 고양5계]

소 재 지	경기 고양시 덕양구 성사동 727 신원당마을동신아파트 OOO동 15층 OOO호				
물건용도	아파트(48평형)	개 시 일	2017.08.29	감 정 가	340,000,000원
건물면적	134.88㎡ (40.8평)	소 유 자	이OO	감정일자	2017.09.08
대 지 권	59.9㎡ (18.12평)	채 무 자	이OO	배당종기	
매각대상	토지·건물 전부	채 권 자	김OO	최 저 가	(100%) 340,000,000원
경매구분	강제경매	청 구 액	30,000,000원	보 증 금	(10%) 34,000,000원
기타사항					

입찰진행 내역

입찰기일	최저매각가격	결과
2018.04.19	340,000,000	

물건사진 및 위치도

임차인 현황

임차인	점유현황	전입/확정/배당	대항력	보증금/차임	예상배당액	비 고
임차인 현황 자료없음						

등기부 내역

구 분	접수일	권리내역	권리자	채권금액	기 타	인수/소멸
1	2004.03.11	소유권이전	이OO			
2	2007.04.25	근저당권	국민은행	299,000,000	말소기준권리	소멸
3	2008.06.04	전세권	김OO	180,000,000	2008.05.30 ~2010.05.30	소멸
4	2017.08.30	강제경매	김OO	청구 : 30,000,000	2017타경2260	소멸

▶ 사례 2 : 전세권자가 경매를 신청하면 매각으로 소멸된다

2019 타경 16194   [울산지방법원 울산2계]

소 재 지	울산 중구 학성동 340-15 동원빌라 에이동 O층 OOO호 [새벽시장길 8]				
물건용도	다세대	개 시 일	2019.10.10	감 정 가	63,000,000원
건물면적	50.36㎡ (15.23평)	소 유 자	김OO	감정일자	2019.10.29
대 지 권	미등기	채 무 자	김OO	배당종기	2020.01.03
매각대상	건물전부	채 권 자	홍OO	최 저 가	(49%) 30,870,000원
경매구분	임의경매	청 구 액	61,000,000원	보 증 금	(10%) 3,087,000원
기타사항					

입찰진행 내역   물건사진 및 위치도   더 보기

입찰기일	최저매각가격	결과
2020.10.07	63,000,000	유찰
2020.10.28	44,100,000	유찰
2020.12.09	30,870,000	-

임차인 현황

임차인	점유현황	전입/확정/배당	대항력	보증금/차임	예상배당액	비 고
미기재						

등기부 내역

구 분	접수일	권리내역	권리자	채권금액	기 타	인수/소멸
1	2015.03.24	전세권	홍OO	61,000,000	말소기준권리 ~ 2017.03.23	소멸
2	2015.06.11	소유권이전	김OO			
3	2016.11.14	근저당권	김연O	516,000,000		소멸
4	2017.08.30	임의경매	홍OO	청구 : 61,000,000	2019타경16194	소멸
5	2020.03.19	압류	중구			소멸

3. 전세권자가 배당요구를 하면 매각으로 소멸한다

선순위 전세권자가 배당요구를 하거나 경매를 신청하면, 전세권은 말소기준권리가 되어 매각으로 소멸됩니다. 이때 보증금을 전부 배당받지 못했어도 낙찰자에게 인수되지 않습니다. 전세권자의 배당요구는 '보증금을 돌려달라'는 의미이므로 근저당과 같은 담보권의 효력을 갖습니다. 그러므로 낙찰대금 중 본인의 배당을 받고 소멸됩니다.

100쪽 '매각물건 명세서'와 '문건접수내역'을 보면 배당요구 종기일은 2014년 10월 8일이고 수산업협동조합이 2014년 9월 15일에 배당신고를 합니다.

※ 배당요구한 전세권은 소멸되니 말소기준권리로 설정해도 무방합니다.

▶ 사례 3 : 전세권자가 배당요구를 하면 매각으로 소멸된다

2014 타경 6872	[대전지방법원 홍성5계]				
소 재 지	충남 보령시 신흑동 1634-6 산호 OOO동 7층 OOO호 [고잠2길 1-31]				
물건용도	아파트(29평형)	개 시 일	2014.07.28	감 정 가	100,000,000원
건물면적	81.01㎡ (24.51평)	소 유 자	고OO	감정일자	2014.08.06
대 지 권	47.73㎡ (14.44평)	채 무 자	고OO	배당종기	2014.10.08
매각대상	토지·건물 전부	채 권 자	충남신용보증재단	최 저 가	(100%) 100,000,000원
경매구분	강제경매	청 구 액	20,608,934원	보 증 금	(10%) 10,000,000원
기타사항					

등기부 내역

구분	접수일	권리내역	권리자	채권금액	기 타	인수/소멸
1	1998.10.27	소유권이전	고OO			
2	2004.11.09	전세권	수협중앙회	50,000,000	2004.11.02 ~2006.10.31	소멸
3	2009.03.20	근저당권	김점O	35,000,000	말소기준권리	소멸
4	2012.01.31	가압류	신한카드	5,791,072		소멸
5	2012.03.05	가압류	충남신용재단	20,000,000		소멸
6	2014.07.29	강제경매	충남신용재단	청구 : 20,608,934	2014타경6872	소멸
7	2014.09.29	가압류	국민행복기금	9,106,520		소멸

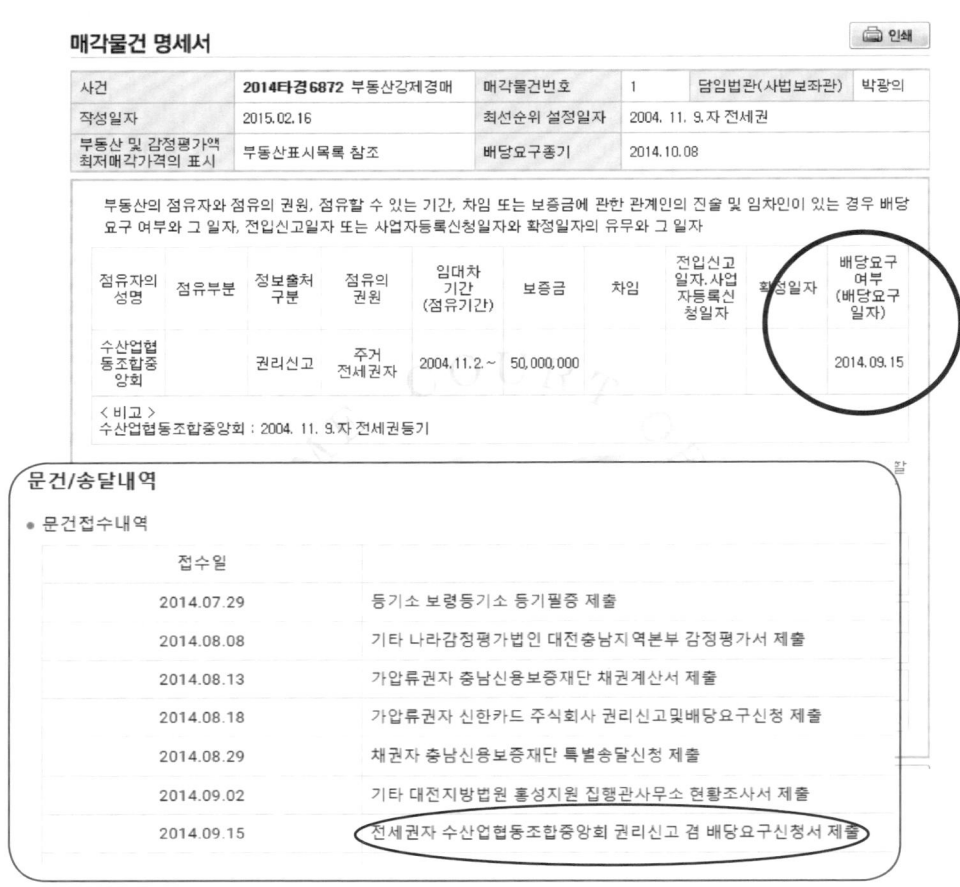

전세권이 인수되는 경우는?

선순위 전세권은 인수된다

선순위 전세권은 낙찰자에게 인수됩니다. '인수'의 의미는 낙찰자가 보증금 지급의무, 전세권 존속기간의 보장 등 구 소유자의 의무를 승계합니다. 전세권 보증금을 인수(지급)하고도 수익이 남아야 하므로 세심한 권리분석이 필요합니다.

다음 사례는 낙찰자가 대금을 미납한 것으로 보아 전세권 권리분석 실패로

▶ 사례 4 : 전세권이 선순위인 경우 낙찰자에게 인수

2019 타경 255 　[서울남부지방법원 남부10계]

소 재 지	서울 양천구 신월동 19-9 연희빌라 O층 OOO호 [월정로50길 22-1]				
물건용도	다세대	개 시 일	2019.01.08	감 정 가	126,000,000원
건물면적	39.48㎡ (11.94평)	소 유 자	김OO	감정일자	2019.01.21
대 지 권	44.8㎡ (13.55평)	채 무 자	김OO	배당종기	2019.04.15
매각대상	토지·건물 전부	채 권 자	(주)만만디	최 저 가	(21%) 26,424,000원
경매구분	강제경매	청 구 액	100,829,726원	보 증 금	(20%) 5,284,800원
기타사항					

입찰진행 내역

입찰기일	최저매각가격	결과
2019-06-05	126,000,000	유찰
2019-08-07	100,800,000	유찰
2019-10-30	80,640,000	유찰
2019-12-04	64,512,000	유찰
2020-01-22	51,610,000	유찰
2020-05-06	41,288,000	낙찰

낙찰 100,100,000원 (79%)
(응찰 : 1명 / 낙찰자 : 손OO)
매각결정일 : 2020.05.13 - 매각허가결정
대금지급기한 : 2020.06.22 / 미납

2020-08-12	41,288,000	유찰
2020-10-28	33,030,000	유찰
2020-12-02	26,424,000	-

물건사진 및 위치도　　더 보기

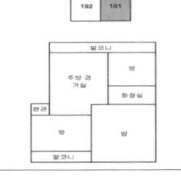

임차인 현황

임차인	점유현황	전입/확정/배당	대항력	보증금/차임	예상배당액	비 고
서OO	주거	전입 : 없음 확정 : 없음 배당 : 없음		100,000,000		전세권자

등기부 내역

구분	접수일	권리내역	권리자	채권금액	기 타	인수/소멸
1	2017.06.21	소유권이전	김OO			
2	2017.06.21	전세권	서OO	100,000,000	~ 2019.06.14	인수
3	2019.01.10	강제경매	(주)만만디	청구: 100,829,726	말소기준권리 2019타경255	소멸

보이는데요. 낙찰자가 무엇을 실수했는지 분석해 보겠습니다.

사례4는 서울 양천구 신월동의 빌라 경매사건입니다. (주)만만디의 채권에 의한 강제경매사건으로 경매개시결정등기가 말소기준권리가 됩니다. 선순위인 전세권이 존재하며, 101쪽 임차인 현황에서 '배당요구 없음'으로 보아 배당요구는 하지 않은 것으로 보입니다. 좀 더 확인하기 위해 '매각물건명세서'를 가져옵니다.

서울남부지방법원 매각물건명세서

2019타경255

사건	2019타경255 부동산강제경매	매각 물건번호	1	작성 일자	2020.06.25	담임법관 (사법보좌관)	이삼권

부동산 및 감정평가액 최저매각가격의 표시	별지기재와 같음	최선순위 설정	2019.1.10. 시결정	강제경매개	배당요구종기	2019.04.15

부동산의 점유자와 점유의 권원, 점유할 수 있는 기간, 차임 또는 보증금에 관한 관계인의 진술 및 임차인이 있는 경우 배당요구 여부와 그 일자, 전입신고일자 또는 사업자등록신청일자와 확정일자의 유무와 그 일자

점유자 성명	점유 부분	정보출처 구분	점유의 권원	임대차기간 (점유기간)	보증금	차임	전입신고 일자, 사업자등록 신청일자	확정일자	배당 요구여부 (배당요구일자)
서	101호 전부	등기사항 전부증명 서	주거 전세권자	존속기간: 2019.06.14	100,000,000				
	101호 전부	현황조사	주거 전세권자	존속기간: 2019.06.14	100,000,000	없음	미전입	미상	

〈비고〉

※ 최선순위 설정일자보다 대항요건을 먼저 갖춘 주택·상가건물 임차인의 임차보증금은 매수인에게 인수되는 경우가 발생 할 수 있고, 대항력과 우선변제권이 있는 주택·상가건물 임차인이 배당요구를 하였으나 보증금 전액에 관하여 배당을 받지 아니한 경우에는 배당받지 못한 잔액이 매수인에게 인수되게 됨을 주의하시기 바랍니다.

등기된 부동산에 관한 권리 또는 가처분으로 매각으로 그 효력이 소멸되지 아니하는 것

을구 순위 8번 전세권설정등기(2017.6.21.등기)는 말소되지 않고 매수인에게 인수됨

매각에 따라 설정된 것으로 보는 지상권의 개요

비고란

재매각임. 매수신청보증금 20%

'매각물건명세서'에도 말소되지 않고 매수인에게 인수된다고 정확히 표기되어 있습니다. 본 물건은 2020년 5월 6일 손OO 씨가 단독으로 참여, 낙찰받았으나 낙찰자가 전세권 보증금 100,000,000원을 낙찰금액 외에 별도로 지급해야 하는 상황이 됐습니다. 결국 낙찰자 손OO 씨는 대금 납입을 포기한 사건으로 입찰보증금을 법원에서 몰수한 사례입니다.

만일 전세권자가 배당신청을 했다면 상황은 크게 달라지겠지요. 전세권 권리분석에서 선순위 전세권자가 배당에 참여했는지 여부가 큰 변수이므로 전세권에 대하여 확실히 알고 접근해야 합니다.

부동산경매 전세권 최종 정리

▪ 집합건물(아파트, 다세대 등)의 전유부분 전체에 전세권이 설정되었다면, 이 전세권으로 '임의경매'를 신청할 수 있습니다.

▪ 단독, 다가구주택 등의 일부에 전세권이 설정되었다면, 이 전세권으로 바로 경매를 신청할 수 없습니다. 집합건물과 달리 단독주택은 등기상 전세권이 설정된 부분만을 분리하여 경매로 매각할 수 없기 때문입니다. 그러므로 일부의 전세권은 '보증금반환청구소송' 등을 통한 집행권원으로 '강제경매'를 신청할 수 있습니다. 배당에서도 건물의 매각 대금에서 우선변제 받고, 변제받지 못한 금액은 토지 매각 대금에서 일반 채권자와 안분 배당받습니다. 참고로 다음은 단독주택 일부에 전세권이 설정된 등기부 사례입니다.

【 을 구 】		(소유권 이외의 권리에 관한 사항)		
순위번호	등 기 목 적	접 수	등 기 원 인	권리자 및 기타사항
~~1~~	~~근저당권설정~~	~~2013년2월28일~~ ~~제25303호~~	~~2013년2월28일~~ ~~설정계약~~	~~채권최고액 금78,000,000원~~ ~~채무자 김 :~~ ~~대구광역시 서구 달구벌대로365길 21-5~~ ~~(내당동)~~ ~~근저당권자 비산새마을금고 174244-0001342~~ ~~대구광역시 서구 비산동 394-2~~ ~~공동담보 토지 대구광역시 서구 평리동~~ ~~1179-48~~
~~1-1~~	~~1번근저당권변경~~	~~2013년9월24일~~ ~~제139230호~~	~~2013년9월24일~~ ~~변경계약~~	~~채권최고액 금40,300,000원~~
2	전세권설정	2013년10월2일 제144424호	2013년9월13일 설정계약	전세금 금40,000,000원 범 위 주거용, 건물 중 1층 서쪽 약33㎡ 존속기간 2013년9월13일부터2015년9월12일까지 전세권자 권 461103-*******

- 선순위 전세권은 낙찰자에게 인수됩니다. '인수'의 의미는 낙찰자가 보증금 지급 의무, 전세권 존속기간의 보장 등 구 소유자의 의무를 승계합니다. 다시 말해 경매로 매각되는 시점에 전세권의 존속기간이 남았다면 말소, 퇴거, 보증금의 인상 등을 주장할 수 없습니다.

- 전세권자가 배당요구를 하거나 임의경매를 신청하면, 전세권은 매각으로 소멸합니다. 이때 보증금을 전부 배당받지 못했어도 낙찰자에게 인수되지 않습니다.

- 후순위 전세권은 매각으로 소멸됩니다. 이때 배당에 참여할 수 있습니다.

- 전세권자가 '임대차보호법'상의 임차인이라면 전세권자의 지위와 임차인의 지위 중 유리한 방법을 선택할 수 있습니다.

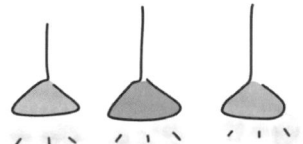

03 지상권, 경매에서 어떻게 될까?

지상권은 '남의 땅에 건물, 기타 공작물, 수목을 소유하기 위하여 그 토지를 사용할 수 있는 권리'라고 정의합니다. 토지를 이용할 수 있는 권리니 당연히 토지에 설정되며, 소유권 이외의 권리인 등기부 '을구'에 기록되겠지요.
※ '지상권, 큰 그림으로 알아보자' 48쪽 참조

【 을 구 】		(소유권 이외의 권리에 관한 사항)	
순위번호	등 기 목 적	접 수	등 기 원 인	권리자 및 기타사항
1	근저당권설정	2010년10월29일 제17744호	2010년10월29일 설정계약	채권최고액 금468,000,000원 채무자 아 경상남도 창원시 의창구 소계동 70 1 근저당권자 울산원예농업협동조합 181236-0000219 울산광역시 울주군 범서읍 굴화리 295-1 (공판장지점) 공동담보목록 제2010-332호
2	지상권설정	2010년10월29일 제17745호	2010년10월29일 설정계약	목 적 건물 기타 공작물 및 수목의 소유 범 위 토지의 전부 존속기간 설정등기일부터 만30년 지상권자 울산원예농업협동조합 181236-0000219 울산광역시 울주군 범서읍 굴화리 295-1

토지를 구입하는 목적은 토지의 이용하기 위함입니다. 그러나 이를 저해하는 지상권을 낙찰자가 인수한다면 큰일이겠지요. 지상권에 기본적인 내용을 참조하시고, 실무에서 지상권은 어떻게 되는지 알아보겠습니다.

후순위 지상권은 소멸한다
실무에서 후순위 지상권은 소멸하는 것이 원칙이며 배당과도 무관합니다.

▶ 후순위 지상권은 소멸한다

2019 타경 14202 [대구지방법원 대구1계]

소 제 지	대구 동구 신무동 644 외				
물건용도	답	개 시 일	2019.10.23	감 정 가	199,312,000원
건물면적	-	소 유 자	박OO	감정일자	2019.11.08
토 지	2169㎡ (656.12평)	채 무 자	박OO	배당종기	
매각대상	토지·건물 전부	채 권 자	지범새마을금고	최 저 가	(70%) 139,518,000원
경매구분	임의경매	청 구 액	160,147,460원	보 증 금	(10%) 13,951,800원
기타사항					

입찰진행 내역

입찰기일	최저매각가격	결과
2020-09-16	199,312,000	유찰
2020-10-23	139,518,000	-

등기부 내역

접수일 (접수번호)	권리내역	권리자	채권금액	기 타	인수/소멸
2018.01.09 (4923)	소유권이전	박OO			
2018.01.24 (14003)	근저당권	지범새마을금고	187,200,000	말소기준권리	소멸
2018.01.24 (14004)	지상권	지범새마을금고		기간 : 만30년	소멸
2018.01.25 (14386)	근저당권	윤OO	200,000,000		소멸
2019.10.24 (56375)	임의경매	지범새마을금고		2019타경 4202	소멸
2019.11.14 (171104)	압류	건강보험공단			소멸
2020.05.29 (85681)	압류	남대구세무서장			소멸

근저당권과 지상권이 같은 날에 설정되었다?

경매에 나오는 지상권은 은행권에서 담보권을 강화하기 위해 설정되는 것이 대부분입니다. 이런 사례의 지상권이라면 낙찰 후 소멸하니 용어에 겁내지 말고 적극적으로 입찰을 고려해야겠습니다.

※ '담보권 강화 목적의 지상권'은 53쪽 참조하세요.

등기의 순위번호 또는 접수번호로 그 순서를 결정합니다. 아래의 지상권은 '순위번호'가 후순위이므로 소멸되는 것이 당연합니다.

[담보권 강화를 위한 지상권 사례]

	[을 구]		(소유권 이외의 권리에 관한 사항)	
순위번호	등 기 목 적	접 수	등기원인	권리자 및 기타사항
6	근저당권 설정	2025년1월24일 제14003호	2025년1월24일 설정계약	채권최고액 금187,200,000원 채무자 박OO 대구광역시 OO구 OO로 2678 근저당권자 OO 은행 170144-0001918 대구광역시 수성구 지범로29길 8
⑦	지상권설정	2025년1월24일 제14004호	2025년1월24일 설정계약	목적 :건물 기타 공작물이나 수목의 소유 범위 : 토지의 전부 존속기간 2025년 1월 24일부터 만 30년 지료 없음 지상권자 OO 은행 170144-0001918 대구광역시 수성구 지범로29길 8

나~~ 순위번호

※ 동순별접 : 동일구는 설정된 권리는 순위번호, 별구(갑구와 을구를 비교 시)는 접수번호로 순위를 결정.

후순위 지상권이 인수되는 경우도 있다 (예외)

후순위 지상권은 소멸하는 것이 원칙입니다. 하지만 법이란 늘 예외가 있지요. '구분지상권'이란 전문용어를 하나 더 가져오겠습니다. 지상권의 한 종류인데요. 우리 민법에서 구분지상권을 이렇게 표현합니다.

"지하 또는 지상의 공간은 상하의 범위를 정하여 건물 및 기타 공작물을 소유하기 위한 지상권의 목적으로 할 수 있다. 이 경우 설정행위로써 지상권의 행사를 위하여 토지의 사용을 제한할 수 있다." (민법 289조의 2의 1항)

구분지상권의 대표적인 예가 지하를 통과하는 지하철입니다. 주로 공익을 목적으로 이용되며, 등기부에도 '지상권' 또는 '구분지상권'이라고 표기됩니다. 이런 구분지상권은 후순위인 경우라도 경매 등의 이유로 함부로 말소할 수 없게 특별법으로 규정했습니다. 선순위 담보물권이 있더라도 도시철도공사가 설정한 구분지상권 등은 특별법 우선 법칙으로 말소되지 않습니다.
※ 참조 : 도시철도법 등에 의한 구분지상권 등기규칙 제4조(강제집행 등과의 관계)

기타 구분지상권은 한국전력공사의 송전탑, 가스공사의 가스관 등이 대표적입니다. 지료를 지급, 시설이 존속하는 한 영구적으로 보존되는 경우가 많으니 전체를 고려한 합리적인 권리분석이 필요합니다.

【 을 구 】		(소유권 이외의 권리에 관한 사항)		
순위번호	등 기 목 적	접 수	등 기 원 인	권 리 자 및 기 타 사 항
	지상권설정	1983년4월20일 제24363호	1983년4월20일 계약	목 적 철탑및 송전선의 건설과소유 범 위 북편철탑1개및 중남부 철탑1개 168.58㎡ 존속기간 철탑및 송전신이 존속하는 기간 지상권자 한국전력공사 서울 강남구 삼성동 87 도면편철장 제277책제728장 부동산등기법시행규칙부칙 제3조 제1항의 규정에 의하여 1998년 04월 29일 전산이기

목적 : 철탑 및 송전선의 건설과 소유...

선순위 지상권은 인수된다

최선순위로 설정된 지상권은 낙찰자가 원칙적으로 인수합니다. 토지를 이용할 권리가 침해되니 선순위 지상권은 기본적으로 위험합니다. 선순위에 진정한 의미의 지상권이 있다면 우선 피해야겠지요.

　하지만 경매물건에서 토지이용에 하자가 있는 일반 지상권보다 구분지상권이 더 많습니다. 도시지역에서는 지하철, 가스관 등의 지상권설정이 주종을 이루고 시각적으로 보이지 않으니 별문제 없어 보입니다. 그 외의 지역에는 주로 한전의 송전탑이 대부분을 차지합니다. 재계약 및 협의에 따라 지료와 보상을 받을 수는 있겠지만, 선하지(고압선 아래의 땅) 감가 등을 고려한 시세 분석이 필요합니다. 농어촌공사의 '지하용수로 시설물의 소유를 위한 지상권'도 가끔 눈에 띕니다. 기타 송유관공사 등 구분지상권의 종류는 참 많습니다.

▶ 선순위 지상권 인수 사례 (기본 지상권)

2019 타경 31107(1)		[춘천지방법원 강릉1계]			
소 제 지	강원 삼척시 미로면 사둔리 산246 외 1개 목록				
물건용도	임야	개 시 일	2019.04.15	감 정 가	20,606,620원
건물면적	-	소 유 자	김OO(지분소유)	감정일자	2019.06.27
토지면적	20165㎡ (6099.91평)	채 무 자	김OO	배당종기	
매각대상	토지지분	채 권 자	신한카드	최 저 가	(49%) 10,098,000원
경매구분	강제경매	청 구 액	21,640,495	보 증 금	(20%) 2,019,600원
기타사항					

등기부 내역 (토지)

구 분	접수일	권리내역	권리자	채권금액	기 타	인수/소멸
1	1995.03.27	소유권이전	김OO 지분			
2	1998.09.17	지상권	문OO		임목의 소유, 토지의 전부, 만30년	인수
3	2015.08.11	압류	서울시 구로		말소기준권리	소멸
4	2019.04.17	강제경매	신한카드	청구:21,640,495	2019타경1107	소멸

법원의 매각물건명세서를 열람하면 그 내용이 기록되어있는데요. 항상 열람하는 습관을 갖기를 바랍니다.

```
등기된 부동산에 관한 권리 또는 가처분으로 매각으로 그 효력이 소멸되지 아니하는 것
목록1. 지상권(1998.9.17. 등기)
목록2. 지상권(1998.9.17. 등기)
매각에 따라 설정된 것으로 보는 지상권의 개요


비고란
-일괄매각
-목록1,2 각 을구 순위 1번 지상권 등기(1998.9.17. 등기)는 매각으로 소멸하지 않고 매수인에게 인수됨
-목록1. 토지는 농림지역, 보전관리지역의 임야, 목록2. 토지는 보전관리지역의 임야로 두 토지는 서로 연접되어 있고 지상에 소나무 및 잡목 등이 자생하는 자연림
-맹지, 공장설립승인지역(수도법 시행령)
-분묘 소재 불분명(분묘 소재시 분묘기지권 성립여지 있음).
-목록1.토지는 공유자가 있으나, 일괄매각으로 인하여 공유자 우선매수권 없음
-재매각임. 매수보증금 20%
```

▶ 선순위 지상권 인수 사례 (한전 송전탑)

2019 타경 105258(1)	[창원지방법원 마산4계]				
소 재 지	경남 의령군 대의면 추산리 8xx				
물건용도	답	개 시 일	2019.12.04	감 정 가	48,900,000원
건물면적	-	소 유 자	권OO	감정일자	2019.12.18
토지면적	1956㎡ (591.69평)	채 무 자	권OO	배당종기	
매각대상	토지 전부	채 권 자	의령농협	최 저 가	(41%) 20,030,000원
경매구분	임의경매	청 구 액	21,651,509	보 증 금	(10%) 2,003,000원
기타사항					

등기부 내역 (토지)

구 분	접수일	권리내역	권리자	채권금액	기 타	인수/소멸
1	1998.09.22	지상권	한국전력공사		철탑 및 송전선이 존속하는기간	인수
2	2014.12.12	소유권이전	권OO			
3	2015.09.24	근저당권	의령농협	20,000,000	말소기준권리	소멸
4	2018.12.18	소유권가등기	박OO			소멸
5	2019.12.05	임의경매	의령농협		청구 : 21,651,509	2019타경 105258	소멸
6	2020.02.24	가압류	한빛자산관리대부	25,914,988	2020카단20469	소멸

선순위 지상권이라도 이럴 때는 소멸한다

앞서 선순위 지상권이 설정된 사례를 봤습니다. 임목의 소유 등 실제 토지를 이용하기 위한 진정한 의미의 지상권 입찰은 위험하다는 내용과 지상권의 많은 부분을 차지하는 구분지상권의 사례를 봤습니다. 일련의 사례는 어찌 됐든 실제 토지를 이용하기 위한 지상권설정으로 낙찰자가 인수하겠지요.

반면 대출자금의 원활한 회수를 위해 은행권이 담보물권에 (근)저당을 설정하면서 함께 설정하는 지상권(담보물 강화목적 : 이하 담보지상권)을 실무에서 어떻게 적용되는지 알아보겠습니다.

대개 은행권에서 근저당 설정 시 담보지상권을 같은 날 설정합니다. 107쪽 등기부 사례처럼 근저당권을 먼저 설정하고, 뒤이어 지상권을 설정하는 것이 일반적인 관례입니다. 이때는 순위번호로 그 순위를 정하겠지요. 사례에서는 근저당이 먼저니까 당연히 후순위 지상권은 소멸합니다.

그러나 법무사가 접수할 때 순서가 바뀌는 사례, 일부러 지상권을 먼저 설정하는 경우, 오래전 설정된 담보 지상권이 말소되지 않고 등기부에 남아있는 등 여러 형태로 근저당과의 순위가 바뀔 수 있는 경우의 수는 많습니다.

선순위 지상권이 금전채권 담보를 목적으로 설정된 등기라면 우리 대법원 판례는 "피담보채권이 변제 등으로 만족하여 소멸한 경우 그 지상권은 피담보채권에 부종하여 소멸한다."라고 판결했습니다. (대법원 2011다6342 판결) 이런 판결에도 불구하고 피담보채권을 만족하지 못할 때(채권 전액을 배당받지 못하는 경우)는 은행권에서 이 지상권을 다른 의미로 주장할 수 있으니 입찰자는 더 확실한 방법을 찾아야 할 것입니다.

담보지상권은 말 그대로 은행권에서 토지를 담보로 돈을 빌려주면서 담보물의 가치를 강화하기 위해 지상권을 설정합니다. 혹시 그곳에 누가 건물을 올린다면 토지에만 설정된 근저당권은 건물에 효력이 없습니다. 연체 등의 상황으로 은행에서 토지에 대한 경매를 진행할 때 정체불명의 건물이 있으면 누가 토지를 낙찰받으려 할까요? 결국 아주 싸게 낙찰될 가능성이 큽니다. 이런 이유로 은행에서 토지를 담보로 근저당을 설정할 때 담보가치 하락을 방지하기 위해 지상권도 같이 설정하는 것이지요. 건물을 신축할 때 지상권자의 동의가 필요하기 때문입니다.

그런데 이 담보지상권이 특히 경매에서 선순위일 때 유찰이 거듭되어 근저당을 오히려 약화되는 꼴이 되어 은행에서 손해 보는 결과로 나타납니다. 그래서 담보지상권자는 매각되면 지상권을 말소하겠다는 '지상권 말소동의서'를 법원에 제출하는 방법을 씁니다.

입찰자 입장에서는 은행권이 제출한 '지상권 말소동의서'를 확인 후 입찰에 참여하면 가장 확실한 방법이 되겠지요. 다음은 매각물건명세서에 나타난 '지상권 말소동의서' 제출에 관한 내용과 선순위 담보지상권이 존재하는 경매물건 사례입니다.

[지상권 말소동의서 제출 사례]

매각물건명세서									
사건	2019타경15412 부동산임의경매		매각물건번호	1	작성일자	2020.10.13	담임법관(사법보좌관)		조
부동산 및 감정평가액 최저매각가격의 표시	별지기재와 같음		최선순위 설정		2013.02.25 근저당		배당요구종기		2020.02.14
부동산의 점유자와 점유의 권원, 점유할 수 있는 기간, 차임 또는 보증금에 관한 관계인의 진술 및 임차인이 있는 경우 배당요구 여부와 그 일자, 전입신고일자 또는 사업자등록신청일자와 확정일자의 유무와 그 일자									
점유자의 성명	점유부분	정보출처 구분	점유의 권원	임대차기간 (점유기간)	보증금	차임	전입신고일자,사업자등록 신청일자	확정일자	배당요구여부 (배당요구일자)
조사된 임차내역없음									
※ 최선순위 설정일자보다 대항요건을 먼저 갖춘 주택·상가건물 임차인의 임차보증금은 매수인에게 인수되는 경우가 발생 할 수 있고, 대항력과 우선변제권이 있는 주택·상가건물 임차인이 배당요구를 하였으나 보증금 전액에 관하여 배당을 받지 아니한 경우에는 배당받지 못한 잔액이 매수인에게 인수되게 됨을 주의하시기 바랍니다.									
등기된 부동산에 관한 권리 또는 가처분으로 매각으로 그 효력이 소멸되지 아니하는 것									
을구 순위 2번 지상권설정 등기(2010. 10. 29. 접수번호 제17745호). 이에 대해 지상권자인 신청채권자의 말소동의서가 제출되어 있음									
매각에 따라 설정된 것으로 보는 지상권의 개요									

을구 순위 2번 지상권 설정등기… 이에 대해 지상권자인 신청채권자의 말소동의서가 제출되어 있음.

▶ 선순위 지상권이라도 소멸하는 사례 (지상권 말소동의서 제출)

2019 타경 15412 [창원지방법원 통영4계]

소 재 지	경남 고성군 마암면 두호리 산OO 외 8개 목록				
물건용도	임야	개 시 일	2019.12.03	감 정 가	378,072,000원
건물면적	-	소 유 자	이OO	감정일자	2020.01.06
토지면적	7354㎡(2224.59평)	채 무 자	황OO	배당종기	
매각대상	토지 전부	채 권 자	울산원예농협	최 저 가	(34%) 129,679,000원
경매구분	임의경매	청 구 액	160,147,460원	보 증 금	(10%) 12,967,900원
기타사항					

입찰진행 내역

입찰기일	최저매각가격	결과
2020-05-07	378,072,000	유찰
2020-06-11	264,650,000	변경
2020-07-16	264,650,000	유찰
2020-08-20	185,255,000	변경
2020-11-05	185,255,000	유찰
2020-12-10	129,679,000	-

물건사진 및 위치도 [더 보기]

등기부 내역

접수일 (접수번호)	권리내역	권리자	채권금액	기 타	인수/소멸
2010.10.29(17740)	소유권이전	이OO			
2010.10.29(17745)	지상권	울산원예농협		기간 : 만30년	소멸
2013.02.25(2979)	근저당권	울산원예농협	695,500,000	말소기준권리	소멸
2013.02.25(2982)	소유권 가등기	황OO			소멸
2019.12.04(18618)	임의경매	울산원예농협	청구:534,999,789	2019타경15412	소멸

04 부동산 경매 - 가등기 사용설명서

우리는 가등기의 본래 의미와 담보가등기의 탄생까지 알고 있습니다. 물론 가등기 종류는 많습니다. 하지만 경매에서 주로 등장하는 가등기는 향후 등기될 본등기 순위보전을 위한 임시등기인 '소유권 가등기'와 채권의 담보강화 목적인 '담보가등기'의 두 종류가 있습니다.

경매에서의 가등기는 주로 '소유권이전청구권 가등기'라는 같은 용어 또는 비슷한 단어를 사용하므로 입찰자에게 혼선을 줄 수 있습니다. 소유권가등기와 담보가등기를 구별하는 것이 시작점이겠지요.

※ 자세한 내용은 '가등기를 알아보자' 58쪽과 '담보가등기 이야기' 61쪽을 참조하세요.

가등기의 인수와 소멸

가등기가 후순위라면 종류를 불문하고 소멸합니다. 다만 선순위인 경우에는 현재의 가등기가 '소유권가등기'인지 또는 '담보가등기'인지를 먼저 판단해야 합니다. 담보가등기라면 저당권과 같은 성질로 선후를 불문하고 매각으로 소멸합니다. 그러나 **선순위가 소유권 가등기라면 낙찰자가 인수합니다.**

경매에서 소유권가등기와 담보가등기의 구분

소유권가등기는 '소유권의 순위 보전'이 목적이고, 담보가등기는 '빌려준 돈을 회수할' 목적이라는 기본 개념을 이해하면 구분 방법이 쉽게 해결됩니다.

경매 절차가 개시되면 법원은 이해관계인에게 경매사실을 고지하며 가등기 권리자에게도 가등기의 내용을 신고하도록 최고합니다. 법원의 최고에도 신고서를 제출하지 않은 경우와 '소유권이전청구권 가등기'라고 제출했다면 소유권가등기로 봅니다. 가등기의 신고된 내용은 '매각물건명세서'에 기록되며 그 내용으로 가등기 권리 종류를 파악할 수 있습니다.

※ 문건송달내역

접수일	접수내역	결과
2019.12.13	채권자 김OO 보정명령등본 발송	2019.12.13 도달
2019.12.16	채권자1 김OO 과오납통지서 발송	2019.12.23 도달
2019.12.26	채무자겸소유자 김OO 개시결정정본 발송	2020.01.03 폐문부재
2019.12.27	주무관서 성OO OOO 최고서 발송	2019.12.30 송달간주
2019.12.27	압류권자 도OOOO 최고서 발송	2019.12.30 송달간주
2019.12.27	압류권자 양OO 최고서 발송	2019.12.30 송달간주
2019.12.27	압류권자 성OO 최고서 발송	2019.12.30 송달간주
2019.12.27	압류권자 서O OOO 최고서 발송	2019.12.30 송달간주
<u>2019.12.27</u>	<u>가등기권자 이OO 최고서 발송</u>	<u>2019.12.30 송달간주</u>
2019.12.27	채권자 김OO 개시결정정본 발송	2020.01.04 도달

수원지방법원 성남지원
2019타경61262
매각물건명세서

사건	2019타경61262 부동산임의경매	매각물건번호	1	작성일자	2020.10.06	담임법관(사법보좌관)	박
부동산 및 감정평가액 최저매각가격의 표시	별지기재와 같음	최선순위 설정	2012.10.19. 근저당권		배당요구종기	2020.02.26	

부동산의 점유자와 점유의 권원, 점유할 수 있는 기간, 차임 또는 보증금에 관한 관계인의 진술 및 임차인이 있는 경우 배당요구 여부와 그 일자, 전입신고일자 또는 사업자등록신청일자와 확정일자의 유무와 그 일자

점유자 성명	점유부분	정보출처 구분	점유의 권원	임대차기간 (점유기간)	보증금	차임	전입신고일자, 사업자등록신청일자	확정일자	배당요구여부 (배당요구일자)
백	미상	현황조사	주거임차인	미상	미상	미상	2015.06.22	미상	

<비고>

※ 최선순위 설정일자보다 대항요건을 먼저 갖춘 주택·상가건물 임차인의 임차보증금은 매수인에게 인수되는 경우가 발생 할 수 있고, 대항력과 우선변제권이 있는 주택·상가건물 임차인이 배당요구를 하였으나 보증금 전액에 관하여 배당을 받지 아니한 경우에는 배당받지 못한 잔액이 매수인에게 인수되게 됨을 주의하시기 바랍니다.

등기된 부동산에 관한 권리 또는 가처분으로 매각으로 그 효력이 소멸되지 아니하는 것
갑구 순위 9번 소유권이전등기청구권 가등기(2008.06.16. 등기)는 말소되지 않고 매수인이 인수함. 만약 가등기된 매매예약이 완결되는 경우에는 매수인이 소유권을 상실하게 됨

    위의 사례는 2019타경61262 경매사건입니다. 선순위 가등기가 존재하는 물건으로 법원은 가등기권자인 이OO에게 2019년 12월 27일 최고서를 송달했고, 가등기 권리자는 가등기에 관한 내용을 신고하지 않았습니다.

    결국 법원은 이 사건의 가등기는 '소유권가등기'로 판단, 매각 물건명세서에 "갑구 순위 9번 소유권이전등기청구권 가등기(2008.06.16. 등기)는 말소되지 않고 매수인이 인수함. 만약 가등기된 매매예약이 완결되는 경우에는 매수인이 소유권을 상실하게 됨."이라고 표기하여 인수 위험을 경고하고 있습니다.

앞서 우리는 선순위 가등기가 '소유권가등기'로 판단, 인수되는 사례를 보았습니다. 이제는 '담보가등기'로 결정되는 내용을 볼 차례입니다.

내가 담보가등기 권리자라고 가정합니다. 나는 채무자에게 돈을 빌려줄 때 부동산에 근저당 대신 담보권을 강화한 가등기를 설정했습니다. 이 부동산이 경매절차가 진행되어 법원에서 최고서가 송달된다면 내가 할 수 있는 일은 무엇이 있을까요?

법원의 질문(최고서)에 나는 "내가 가진 가등기 권리는 돈을 받을 목적으로 설정했으며 받을 금액이 얼마입니다."라는 내용을 알려야겠지요. 이런 나의 의사를 법원에 전달하는 문서가 '채권계산서·배당요구서'라고 합니다. 다시 표현하면 배당요구를 한 가등기권자는 담보가등기로 보아 저당권으로 간주합니다. 저당권은 무조건 매각으로 소멸하겠지요.

다음의 사례(2020타경504444)는 법원이 선순위가등기권자에게 가등기의 내용에 대해 신고하도록 송달했고, 이후 가등기권자가 배당요구서를 제출한 내역입니다. 담보가등기 입니다.

● 문건송달내역

접수일	접수내역	결과
2020.02.24	채권자 주000 000000 사용증명원 발송	2020.02.2
2020.02.26	채권자 주000 000000 보정명령등본 발송	2020.02.2
2020.02.28	채권자 주000 000000 개시결정정본 발송	2020.03.0
2020.02.28	집행관 인000 000 조사명령 발송	2020.02.2
2020.02.28	가압류권자 주000 0000 최고서 발송	2020.02.28
2020.02.28	주무관서 국0000000 000000 최고서 발송	2020.02.28
2020.02.28	감정인 안00 평가명령 발송	2020.03.0
2020.02.28	채무자겸소유자 엄00 개시결정정본 발송	2020.03.0
2020.02.28	주무관서 인0000 00000 최고서 발송	2020.02.28
2020.02.28	가압류권자 주000 00000000 최고서 발송	2020.02.28
<u>2020.02.28</u>	<u>가등기권자 조00 최고서 발송</u>	2020.02.28

● 문건접수내역

접수일	접수내역
2020.02.25	
2020.02.27	
2020.03.05	기타 안00 감정평가서 제출
2020.03.11	집행관 정0 현황조사보고서 제출
2020.03.17	배당요구권자 주000 0000000 배당요구신청 제출
2020.04.13	배당요구권자 주000 0000 권리신고 및 배당요구신청서 제출
2020.05.04	교부권자 인0000 0000 교부청구서 제출
<u>2020.05.07</u>	<u>가등기권자 조00 권리신고 및 배당요구신청서 제출</u>
2020.05.07	가등기권자 조00 송달장소 및 송달영수인 신고서 제출
2020.10.07	집행관 김00 기일입찰조서 제출
2020.11.11	집행관 전00 기일입찰조서 제출

▶ 선순위 가등기권리자가 배당을 신청하면 매각으로 소멸한다

2020 타경 504444   [인천지방법원 인천14계]

소 재 지	인천 미추홀구 주안동 10-100 O층 OOO호 [길파로41번길 35]				
물건용도	다세대	개 시 일	2020.02.21	감 정 가	69,000,000원
건물면적	32.6㎡ (9.86평)	소 유 자	엄OO	감정일자	2020.03.03
대 지 권	15.1㎡ (4.57평)	채 무 자	엄OO	배당종기	2020.05.18
매각대상	건물 및 토지전부	채 권 자	어드벤스대부	최 저 가	(49%) 33,810,000원
경매구분	강제경매	청 구 액	12,543,217원	보 증 금	(10%) 3,381,000원
기타사항					

입찰진행 내역

입찰기일	최저매각가격	결과
2020-08-28	69,000,000	변경
2020-10-07	69,000,000	유찰
2020-11-11	48,300,000	유찰
2020-12-16	33,810,000	-

물건사진 및 위치도

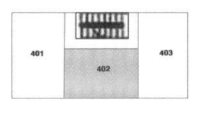

임차인 현황

임차인	점유현황	전입/확정/배당	대항력	보증금/차임	예상배당액	비고
조사된 임차인 현황 없음.						

등기부 내역

구 분	접수일	권리내역	권리자	채권금액	기 타	인수/소멸
1	1995.09.27	소유권이전	엄OO			
2	2004.01.02	가등기	조OO			소멸
3	2009.01.21	가압류	국민은행	10,400,000	제주지방법원 2009카단261	소멸
4	2019.06.19	가압류	미래크레디트	11,201,234		소멸
5	2020.02.24	강제경매	어드벤스대부		청구:12,543,217	소멸

2020.05.07 가등기권자 조OO 권리신고 및 배당요구신청서 제출 (문건처리내역)

배당요구를 한 가등기권리자는 소유권 획득이 목적이 아닌 돈을 받을 권리로 보아 담보가등기(저당권)으로 간주합니다. 그러면 가등기권리자가 직접 경매를 신청한 경우는 어떻게 될까요? 돈을 받기 위해 경매를 신청하는 것이니 같은 개념입니다. 저당권으로 보아 배당받고 소멸하겠지요. (2019타경10696)

부동산경매에서의 가등기 최종 요약
- 가등기가 후순위라면 종류를 불문하고 소멸한다.
- 진정한 의미의 선순위 소유권가등기는 낙찰자가 인수한다.
- 법원에서 가등기를 신고하라는 최고에도 신고서를 제출하지 않았거나 '소유권이전청구권'이라고 신고했다면, 소유권가등기로 보아 낙찰자가 인수한다.
- 가등기 권리자가 법원에 '배당요구서'를 제출했다면 담보가등기로 소멸된다.
- 가등기 권리자가 경매를 신청했다면 담보가등기로 소멸된다.

▶ 선순위 가등기 권리자가 경매를 신청하면 매각으로 소멸한다

2019 타경 10696   [광주지방법원 순천8계]

소 재 지	전남 고흥군 동일면 덕흥리 산 OOO				
물건용도	임야	개 시 일	2019.12.03	감 정 가	436,370,000원
건물면적	-	소 유 자	이OO	감정일자	2019.12.19
토지면적	39670㎡ (12000평)	채 무 자	이OO	배당종기	
매각대상	토지 전부	채 권 자	박OO	최 저 가	(45%) 195,494,000원
경매구분	임의경매	청 구 액	22,504,918	보 증 금	(10%) 19,549,400원
기타사항					

등기부 내역

구 분	접수일	권리내역	권리자	채권금액	기 타	인수/소멸
1	2009.05.25	소유권이전	이OO			
3	2018.10.26	가등기	박OO		말소기준권리	소멸
4	2019.12.04	임의경매	박OO	청구:22,504,918	2019타경10696	소멸

광주지방법원 순천지원

2019타경1069

매각물건명세서

사 건	2019타경10696 부동산임의경매	매각물건번호	1	작성일자	2020.10.29	담임법관(사법보좌관)	윤
부동산 및 감정평가액 최저매각가격의 표시	별지기재와 같음	최선순위 설정		2018.10.26.담보가등기		배당요구종기	2020.03.05

부동산의 점유자와 점유의 권원, 점유할 수 있는 기간, 차임 또는 보증금에 관한 관계인의 진술 및 임차인이 있는 경우 배당요구 여부와 그 일자, 전입신고일자 또는 사업자등록신청일자와 확정일자의 유무와 그 일자

점유자의 성명	점유부분	정보출처 구분	점유의 권원	임대차기간 (점유기간)	보증금	차임	전입신고일자,사업자등록 신청일자	확정일자	배당요구여부 (배당요구일자)

조사된 임차내역없음

※ 최선순위 설정일자보다 대항요건을 먼저 갖춘 주택·상가건물 임차인의 임차보증금은 매수인에게 인수되는 경우가 발생 할 수 있고, 대항력과 우선변제권이 있는 주택·상가건물 임차인이 배당요구를 하였으나 보증금 전액에 관하여 배당을 받지 아니한 경우에는 배당받지 못한 잔액이 매수인에게 인수되게 됨을 주의하시기 바랍니다.

등기된 부동산에 관한 권리 또는 가처분으로 매각으로 그 효력이 소멸되지 아니하는 것

해당사항없음

결론

'가등기담보 등에 관한 법률'이 생긴 이후 용어가 다소 혼동되더라도 결국 법원 서류를 자세히 보는 것이 무엇보다 중요합니다.

매각물건명세서

사건	2024타경2483 부동산강제경매	매각물건번호	1	작성일자	2025. 2. 6.	담임법관(사법보좌관)	강우규	전자서명완료
부동산 및 감정평가액 최저매각가격의 표시	별지 기재와 같음	최선순위 설정		2019.12.12.가등기권		배당요구종기	2024. 6. 24.	

부동산의 점유자와 점유의 권원, 점유할 수 있는 기간, 차임 또는 보증금에 관한 관계인의 진술 및 임차인이 있는 경우 배당요구 여부와 그 일자, 전입신고일자 또는 사업자등록신청일자와 확정일자의 유무와 그 일자

점유자 성명	점유 부분	정보출처 구분	점유의 권원	임대차기간 (점유기간)	보증금	차임	전입신고일자· 외국인등록(체류지변경신고) 일자·사업자등록 신청일자	확정일자	배당요구여부 (배당요구일자)

조사된 임차내역없음

〈비고〉

※ 최선순위 설정일자보다 대항요건을 먼저 갖춘 주택·상가건물 임차인의 임차보증금은 매수인에게 인수되는 경우가 발생 할 수 있고, 대항력과 우선변제권이 있는 주택·상가건물 임차인이 배당요구를 하였으나 보증금 전액에 관하여 배당을 받지 아니한 경우에는 배당받지 못한 잔액이 매수인에게 인수되게 됨을 주의하시기 바랍니다.

등기된 부동산에 관한 권리 또는 가처분으로 매각으로 그 효력이 소멸되지 아니하는 것

매각에 따라 설정된 것으로 보는 지상권의 개요

비고란

선순위 가등기권자와 신청채권자는 동일인이며, 낙찰대금 완납시 가등기를 해제하겠다는 확약서와 인감증명서를 제출하였음.

2024 타경 2483
가등기 해제 확약서 제출

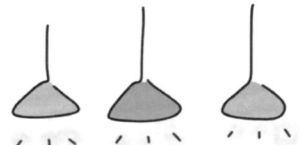

05 대지권 미등기, 대지권 없음의 의미

우리가 지금까지 해온 것은 주로 부동산 용어를 정리한 일입니다. 처음 접하는 부동산 단어에 민사집행법이라는 절차법을 가미해 부동산 경매 상식을 더 하고 있습니다. 처음 접하시는 분이라면 이쯤에서 참 어렵게 느끼실 겁니다. 하지만 별것도 아닌 용어만 잘 이해한다면 70%는 앞서간 셈이지요. 서두가 길어졌네요. ^^ 이번엔 '대지권 미등기'란 주제로 이어갑니다.

'대지권 미등기'란?

대지권 미등기는 말 그대로 '대지권이 등기되지 않은 상태'를 말합니다. 그러면 대지권에 대한 사전 상식이 필요하겠죠. 생소하시다면 앞서 등기에 관련된 내용을 한번 보시기 바랍니다.

※ '기본 중의 기본 등기사항증명서 보는 법' 76쪽 참조
- 책 : [부동산 상식 더하기] 또는 블로그 홈(www.know25.com)에서 다음 내용을 참조하세요.
- 등기사항증명서와 건축물대장 등의 내용이 다르다면? - 등기부와 대장의 불일치
- 다세대주택 지분 많으면 좋다던데 - 대지지분 보는 방법, 빌라 지분 아는 방법
- 우리나라 등기부 '공신력'에 대하여

우리나라 등기 제도에 대해 간략하게 요약합니다. 부동산은 토지 위에 건물을 지었으니 원칙적으로 부동산등기부는 '토지등기부'와 '건물등기부' 두 종류로 생성됩니다. 그러나 집합건물(아파트, 연립, 다세대, 공동 상가 등)의 등기부는 토지와 건물을 일체화시켜 '집합건물 등기사항전부증명서'로 일원화되어 있고, 그 내용에 대지권이 포함됩니다.

아파트와 같은 집합건물에서 나오는 용어가 '대지권'인데요. 다음 문서는 정상적인 집합건물의 등기사항증명서입니다. 표제부가 두 개 있네요. 첫번째 부

분인 '대지권의 목적인 토지의 표시'에서 해당 동 전체 토지면적이 표기되고, 두 번째 표제부인 '대지권의 표시 : 대지권 종류와 비율'에서 개별적인 토지지분이 표시됩니다.

등기사항전부증명서(말소사항 포함)
- 집합건물 -

고유번호 2241-2018-003646

[집합건물] 제주특별자치도 서귀포시 중문동 2367-1 삼성홈스테이 제 층 제 호

【 표 제 부 】	(1동의 건물의 표시)		
표시번호	접 수	소재지번,건물명칭 및 번호	건물 내역	등기원인 및 기타사항
1	2018년5월3일	제주특별자치도 서귀포시 중문동 2367-1 삼성홈스테이 [도로명주소] 제주특별자치도 서귀포시 중문상로 10	철근콘크리트구조 슬래브지붕 7층 공동주택 지2층 838.07㎡ 지1층 1077.05㎡ 1층 1520.58㎡ 2층 736.9746㎡ 3층 736.9746㎡ 4층 736.9746㎡ 5층 736.9746㎡ 6층 736.9746㎡ 7층 736.9746㎡	

(대지권의 목적인 토지의 표시)

표시번호	소 재 지 번	지 목	면 적	등기원인 및 기타사항
1	1. 제주특별자치도 서귀포시 중문동 2367-1	대	1406㎡	2018년5월3일 등기

【 표 제 부 】	(전유부분의 건물의 표시)		
표시번호	접 수	건물번호	건물내역	등기원인 및 기타사항
1	2018년5월3일	제2층 제2 호	철근콘크리트구조 17.9035㎡	

(대지권의 표시)

표시번호	대지권종류	대지권비율	등기원인 및 기타사항
1	1 소유권대지권	1406분의 7.5604	2018년4월3일 대지권 2018년5월3일 등기

결론적으로 '대지권 미등기'란 문서상에 있는 대지권 등기가 미 경료된 상태라는 의미입니다.

대지권 미등기 부동산이 생기는 원인
먼저 집합건물을 건축하는 과정을 살펴봅니다. 대형 공사의 경우 변수가 많으므로 소규모 건축물을 예로 들어봅니다.

1. 건설사는 건물을 신축할 땅을 먼저 구입.
2. 그 토지를 담보로 PF 자금(건설자금)을 금융사에서 차입하여,
3. 그 돈으로 건물을 착공합니다.
4. 건물의 신축 과정 중 혹은 완공 후 건축물 분양.
5. 건축 및 분양이 모두 끝나면 수분양자(분양받는 자)에게 명의 이전등기. 이 과정에서 대지권과 대지권 비율이 정해져 '집합건물 등기'가 완성됩니다. 큰 평수를 분양받은 사람은 대지권 비율이 높겠고, 작은 평수는 좀 작겠지요.

위와 같은 과정을 통해 집합건물 등기부가 생성됩니다. 그러면 대지권 미등기라는 사건은 왜 일어날까요? 첫째, 대규모 개발사업(택지개발사업, 재개발 등)에서 절차 지연으로 대지권 미등기로 남아 있는 경우. 둘째, 분양 과정 중 특정 호수의 소유자가 분양대금을 완납하지 못해 등기가 늦어지는 사례. 셋째, 시공사나 건설 업체의 부도로 인한 미등기 등 대지권이 없는 여러 사유가 있습니다.

이런저런 이유로 대지권 미등기가 발생합니다. 구분건물은 등기가 완료되었는데, 대지권은 등기가 정리되지 않은 상황에서 경매로 진행되는 사례도 있습니다. 다음은 대지권 미등기 상태에서 경매 절차가 진행되는 사례입니다. 경매 검색창, 매각물건명세서, 원본 등기부를 차례로 수록합니다. 특히 등기에서 앞의 121쪽의 정상적인 집합건물 등기부와 비교해 보세요.

▶ 대지권 미등기 상태의 경매

2018 타경 17039(2)		[인천지방법원 인천18계]			
소 재 지	인천 서구 왕길동 오류지구81블럭1로트 검단자이2단지 상가동 O층 OOO호				
물건용도	아파트상가	개 시 일	2018.06.08	감 정 가	191,000,000원
건물면적	40.16㎡ (12.15평)	소 유 자	김OO	감정일자	2018.06.21
토지면적	대지권 미등기	채 무 자	김OO	배당종기	
매각대상	건물전부	채 권 자	소래신협	최 저 가	(34%) 65,513,000원
경매구분	임의경매	청 구 액	305,695,713	보 증 금	(10%) 6,551,300원
기타사항					

인 천 지 방 법 원
매각물건명세서

2018타경17039

사건	2018타경17039 부동산임의경매	매각물건번호	2	작성일자	2019.06.12	담임법관(사법보좌관)	이
부동산 및 감정평가액 최저매각가격의 표시	별지 기재와 같음		최선순위 설정	2011.3.29. 근저당권		배당요구종기	2018.08.23

부동산의 점유자와 점유의 권원, 점유할 수 있는 기간, 차임 또는 보증금에 관한 관계인의 진술 및 임차인이 있는 경우 배당요구 여부와 그 일자, 전입신고일자 또는 사업자등록신청일자와 확정일자의 유무와 그 일자

점유자 성명	점유 부분	정보출처 구분	점유의 권원	임대차기간 (점유기간)	보증금	차임	전입신고 일자, 사업자등록 신청일자	확정일자	배당요구여부 (배당요구일자)
도시산업 대표	40.163㎡	현황조사	점포 임차인	2015.2.26.~ 2017.2.25.	5,000,000	330,000	2015.3.3.		

<비고>
도시산업개발(주) :현황조사서에 첨부된 상가건물임대차 현황서에 의하면 위 현황 대상 물건은 104, 105호 임

※ 최선순위 설정일자보다 대항요건을 먼저 갖춘 주택·상가건물 임차인의 임차보증금은 매수인에게 인수되는 경우가 발생 할 수 있고, 대항력과 우선변제권이 있는 주택·상가건물 임차인이 배당요구를 하였으나 보증금 전액에 관하여 배당을 받지 아니한 경우에는 배당받지 못한 잔액이 매수인에게 인수되게 됨을 주의하시기 바랍니다.

등기된 부동산에 관한 권리 또는 가처분으로 매각으로 그 효력이 소멸되지 아니하는 것

매각에 따라 설정된 것으로 보는 지상권의 개요

비고란
1.대지권 미등기이나 최저매각가격에 대지권가격 포함됨
2.인천광역시 서구의 2019.4.17.자 사실조회 회신에 의하면 전유부분과 대지지분에 대한 취득세, 등록세가 납부되었음
3.2018.6.4.자로 '인천광역시 서구 왕길동 696-1,696-3번지'로 구획정리완료됨

1. 대지권 미등기이나 최저매각가격에 대지권가격 포함됨.
2. 인천광역시 서구의 2019.4.17.자 사실조회 회신에 의하면 전유부분과 대지지분에 대한 취득세, 등록세가 납부되었음.

등기사항전부증명서(말소사항 포함)
- 집합건물 -

고유번호 1249-2011-002199

[집합건물] 인천광역시 서구 왕길동 696-1외 1필지 검단자이2단지 제상가동 제 층 제 호

【 표 제 부 】	(1동의 건물의 표시)		
3	인천광역시 서구 왕길동 696-1, 696-3 검단자이2단지 제상가동 [도로명주소] 인천광역시 서구 오동로 32	철근콘크리트구조 (철근)콘크리트지붕 2층 제1.2종근린생활시설 지1층 521.919㎡ 1층 315.825㎡ 2층 335.77㎡	도로명주소 2019년3월22일 등기

(대지권의 목적인 토지의 표시)				
표시번호	소 재 지 번	지 목	면 적	등기원인 및 기타사항
1	1. 인천광역시 서구 왕길동 696-1 2. 인천광역시 서구 왕길동 696-3	대 대	23827.9㎡ 2508.2㎡	2018년11월28일 등기

【 표 제 부 】	(전유부분의 건물의 표시)		
표시번호	접 수	건 물 번 호	건 물 내 역	등기원인 및 기타사항
1	2011년1월27일	제1층 제105호	철근콘크리트구조 40.163㎡	도면 제2011-78호

【 갑 구 】	(소유권에 관한 사항)		
순위번호	등 기 목 적	접 수	등 기 원 인	권리자 및 기타사항
1	소유권보존	2011년1월27일		소유자 주식회사한국토지신탁 110111-1258220

일반적인 집합건물 등기부와 좀 다르죠. 대지를 지분대로 나누어 놓은 '대지권의 표시'가 없는 것을 볼 수 있습니다. 위의 사례는 대지권 등기가 되지 않은 등기부입니다. 경매에 나온 물건 중 집합건물(상가)입니다.

이런 물건이 경매에 나왔다면 세심한 주의가 요구됩니다. 법적으로 대지권 등기를 할 수 있는지, 분양받은 사람이 토지 부분에 대한 대금을 완납했는지, 감정가에 대지권이 포함되어 있는지 등을 자세히 살펴봐야 합니다. 123쪽에 본 물건의 매각물건명세서를 가져왔습니다.

매각물건명세서 '비고란'을 보면 대지권 가격이 포함되어 있음을 알 수 있고,

더 자세한 사항(분양대금 완납 등)은 좀 더 알아봐야겠지만, 지자체 회신을 읽어보면 대지지분에 대한 취득세, 등록세가 납부되었으므로 외견상 문제는 없어 보입니다. 즉 낙찰자는 구분 소유자를 대위, 대지권 등기를 신청할 수 있기 때문이지요.

글을 마치면서

일반적으로 '대지권'이라는 용어는 아파트 등의 집합건물에서 사용합니다. 전체 땅에서 각 구분소유자 명의로 토지를 적절히 나누어 등기부에 기재하는 것을 말합니다. 내가 아파트를 소유하는 것은 구분된 현재 살고 있는 건물과 1동의 전체 토지 중 몇 퍼센트의 지분(땅)을 소유하는 것과 같은 이치입니다. 반면 '대지권 미등기'는 이러한 대지권등기가 없는 것을 말합니다.

특히 신도시 개발과정이나 재개발 구역 등 구획정리가 되지 않은 곳에서 자주 나타납니다. 이 과정에서 부동산 물건이 경매로 나왔다면 '분양대금 완납' 여부를 시행사 또는 기타 루트를 통해 자세히 알아봐야 합니다. 이는 대지권 등기에 대한 추가 인수 비용이 들어갈 수도 있기 때문입니다.

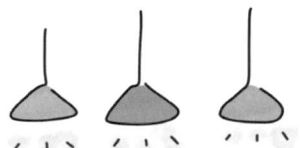

06 토지에 '별도등기'가 있다?

앞서 우리나라 등기 제도를 간략하게 요약했고, 일반 부동산 등기부와 아파트 등의 집합건물 등기사항증명서의 내용도 기술한 바 있습니다. 또한 집합건물에 나타나는 '대지권 미등기'에 대한 사례도 같이 다루었습니다.

이번 주제는 '대지권 미등기'에 이어 '토지별도등기'입니다. 집합건물(아파트, 빌라, 공동상가 등)에서 나타나는 현상이므로 대지권미등기와 연관해서 이해하시면 조금 편하실 겁니다.

토지별도등기란?
부동산경매 또는 일반 집합건축물을 매매할 때 간혹 다음과 같은 등기부의 기록을 볼 수 있습니다.

【 표 제 부 】 (전유부분의 건물의 표시)			
표시번호	접 수	건 물 번 호	건 물 내 역	등기원인 및 기타사항
1	2011년7월8일	제5층 제504호	철근콘크리트구조 20.86㎡	구분으로 인하여 경기도 화성시 우정면 조암리 26 - 에서 이기 도면 제2011-1338호

(대지권의 표시)			
표시번호	대지권종류	대지권비율	등기원인 및 기타사항
1	1 소유권대지권	572분의 9.55	2011년8월31일 대지권 2011년9월22일
2			별도등기 있음 1토지(을구 12번 (동순위 (1),(2))근저당권설정등기) 2011년9월22일

별도등기 있음

토지 '별도등기'는 어떤 이유로 생길까?

아파트 등의 집합건물을 건축하기 위해서는 우선 신축할 땅을 사고, 그 토지에 근저당을 설정, 건축자금을 차입합니다. 현재 건물이 없는 빈 땅이니 토지 등기부에 근저당 설정 및 대출을 실행합니다. 물론 이후 다른 권리들도 토지에 설정될 수 있습니다.

집합건물이 완공되어 수분양자가 분양대금을 납부하면 '대지권 등기'와 동시에 토지를 담보로 한 차입금 등을 상환, 토지 등기부에 있는 모든 권리를 말소하는 게 정상적인 순서입니다.

반면 '토지별도등기'란 건물 완공 후 건축주가 은행에서 빌린 근저당 등을 상환하지 못한 채 대지권등기를 마치고, 토지등기부에는 여전히 근저당 등 잡다한 권리가 그대로 남아있는 것을 의미합니다. 일체화된 하나의 등기부인 집합건물 등기사항 증명서에 '토지에 별도의 등기가 있음'을 공시함으로써 이 부동산을 거래할 때 조심하라는 경고의 의미도 있습니다.

'토지별도등기'가 있는 부동산의 유형별 사례

① 건축주가 대지권등기까지 마친 후 은행의 대출을 상환하지 못해 발생한 근저당 등의 권리와 기타 해결하지 못한 권리가 토지 등기부에 그대로 남아있는 경우.

② 토지별도등기의 원인 사유가 없어졌는데도 등기부에서 말소만 되지 않고 남아있는 형태입니다. 즉 채무변제 등으로 권리가 소멸하였는데도 등기부에만 형식적으로 남아 있는 상태. 이 경우는 향후 직권 또는 수분양자 공동, 개별 말소 신청이 가능하므로 문제의 소지가 없습니다.

③ 토지 등기사항증명서에서 '구분지상권'이 별도 등기된 경우도 있습니다. 이 때도 대개 '별도등기'라고 표기합니다. 구분지상권의 쉬운 예로 특정 범위(지하철 통과 지역 지하 등)를 설정하는 것이라 큰 문제가 없습니다.

그러면 '토지별도등기'가 있는 부동산을 분석할 때 또는 거래할 때 무엇을 조심해야 할까요?

부동산 경매에서의 토지별도등기

경매 절차에서 '토지별도등기'를 살펴보겠습니다. 경매검색 창에서 그 내용이 게시되고, 매각물건명세서에도 기재됩니다. 가장 일반적인 예시입니다. 경매사이트마다 게시방식이 틀립니다.

▶ 토지에 별도등기가 있는 사례

572㎡ 중 9.55㎡ 토지 별도등기 있음

128쪽 검색화면에 '토지별도등기 있음.'이라고 표시되어 있네요. 실제 경매 절차에서는 토지에 설정된 권리인 저당권과 같은 담보물권은 일반적으로 법원이 권리자들에게 채권 신고 유도 및 배당 실시, 권리 말소 순으로 진행됩니다. 그러므로 특별조건 등(매수인이 인수함.)의 고시가 없으면 '별도등기'는 문제없다고 봐도 무방합니다. 그래도 확인 차원에서 본 사건의 매각물건명세를 가져옵니다. 별도등기는 소멸한다고 표기되어 있네요.

수 원 지 방 법 원								2019타경28187
매각물건명세서								
사 건	2019타경28187 부동산임의경매	매각물건번호	1	작성일자	2020.11.02	담임법관(사법보좌관)		
부동산 및 감정평가액 최저매각가격의 표시	별지기재와 같음	최선순위 설정		2015.07.23.근저당권		배당요구종기	2020.03.03	
부동산의 점유자와 점유의 권원, 점유할 수 있는 기간, 차임 또는 보증금에 관한 관계인의 진술 및 임차인이 있는 경우 배당요구 여부와 그 일자, 전입신고일자 또는 사업자등록신청일자와 확정일자의 유무와 그 일자								
점유자의 성 명	점유부분	정보출처 구 분	점유의 권 원	임대차기간 (점유기간)	보증금	차임	전입신고일자.사업 자등록 신청일자	확정일자	배당요구여부 (배당요구일자)
조사된 임차내역없음								
※ 최선순위 설정일자보다 대항요건을 먼저 갖춘 주택·상가건물 임차인의 임차보증금은 매수인에게 인수되는 경우가 발생 할 수 있고, 대항력과 우선변제권이 있는 주택·상가건물 임차인이 배당요구를 하였으나 보증금 전액에 관하여 배당을 받지 아니한 경우에는 배당받지 못한 잔액이 매수인에게 인수되게 됨을 주의하시기 바랍니다.								
등기된 부동산에 관한 권리 또는 가처분으로 매각으로 그 효력이 소멸되지 아니하는 것								
해당사항없음								
매각에 따라 설정된 것으로 보는 지상권의 개요								
해당사항없음								
비고란								
대지권의 표시 부분에 별도등기 있음으로 표시되어 있으나 신청채권자가 제출한 2019. 12. 31.자 토지 등기사항전부증명서에 의하면 김 지분(50 호) 지분 포기하여 소멸됨.								

"대지권의 표시 부분에 별도등기 있음으로 표시되어 있으나 신청채권자가 제출한 2019. 12. 31.자 토지 등기사항전부증명서에 의하면 김OO 지분(500호) 지분 포기하여 소멸됨."

반면 '토지별도등기'를 공시한 경매 물건 중 '토지별도등기 매수인이 인수함.'이라고 표시된 부동산은 여러 각도로 따져봐야 합니다. 단순히 구분지상권(지하철, 한전 등에서 지하 또는 지상의 시설물에 관한 설정)의 권리 인수라면 소유권이나 사용 및 수익에 영향을 주지 않습니다. 그러나 '처분금지 가처분, 소유권이전청구권 가등기 등' 소멸되지 않는 권리는 낙찰자가 인수할 수도 있으므로 그 부담 여부를 자세히 검토한 후 입찰에 참여해야 합니다.

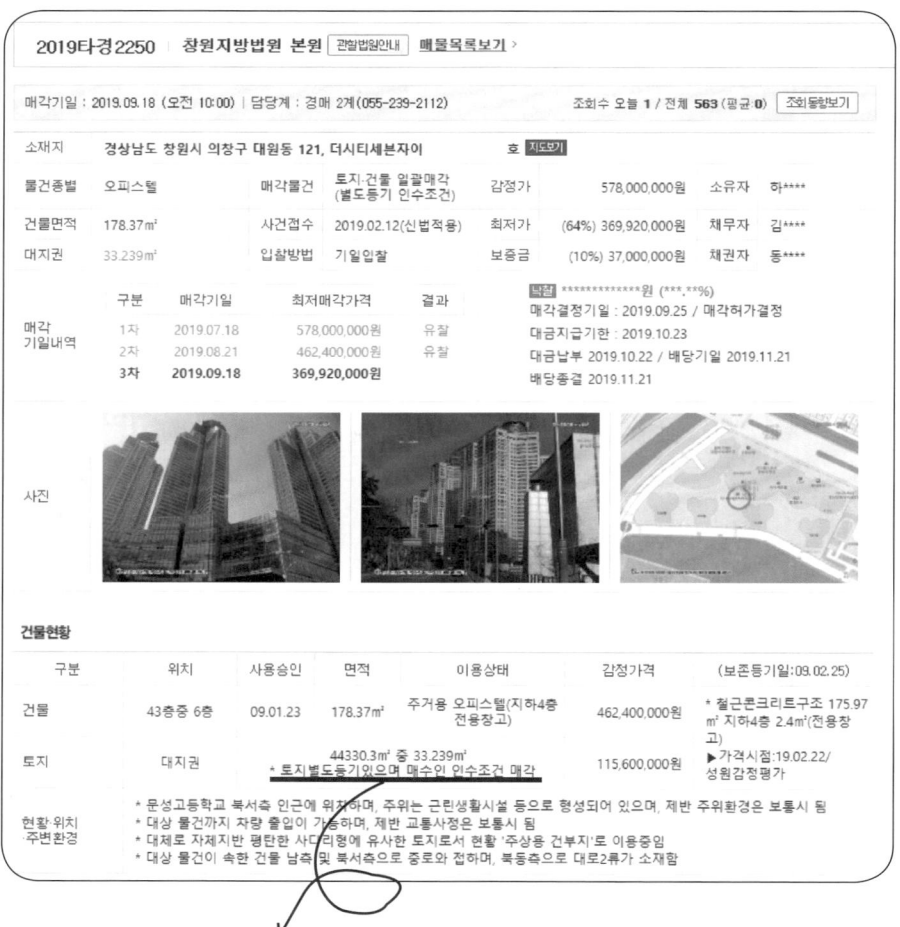

※ 토지 별도등기가 매수인 인수조건의 매각이라면 매각물건명서, 토지등기부 등의 서류를 꼼꼼히 확인하여 토지에 남아있는 권리가 어떤 내용인지 반드시 확인해야 합니다.

2019타경2250 물건의 매각물건명세서를 가져옵니다. 본 물건은 정상적으로 낙찰되어 배당까지 끝난 것으로 미루어 보아 창원시에서 공익목적의 지상권을 설정한 것으로 보입니다.

창 원 지 방 법 원
2019타경2250
매각물건명세서

사건	2019타경2250 부동산임의경매		매각 물건번호	1	작성 일자	2019.08.30	담임법관 (사법보좌관)		
부동산 및 감정평가액 최저매각가격의 표시	별지기재와 같음		최선순위 설정	2015. 5. 13.자 근저당권			배당요구종기	2019.05.01	

부동산의 점유자와 점유의 권원, 점유할 수 있는 기간, 차임 또는 보증금에 관한 관계인의 진술 및 임차인이 있는 경우 배당요구 여부와 그 일자, 전입신고일자 또는 사업자등록신청일자와 확정일자의 유무와 그 일자

점유자 성 명	점유 부분	정보출처 구 분	점유의 권 원	임대차기간 (점유기간)	보 증 금	차 임	전입신고 일자, 사업자등록 신청일자	확정일자	배당 요구여부 (배당요구일자)
※※※	미상	현황조사	주거 점유자	미상	미상	미상	2018.04.19	미상	

〈비고〉
※※※ 본 사건의 채무자임.

※ 최선순위 설정일자보다 대항요건을 먼저 갖춘 주택·상가건물 임차인의 임차보증금은 매수인에게 인수되는 경우가 발생 할 수 있고, 대항력과 우선변제권이 있는 주택·상가건물 임차인이 배당요구를 하였으나 보증금 전액에 관하여 배당을 받지 아니한 경우에는 배당받지 못한 잔액이 매수인에게 인수되게 됨을 주의하시기 바랍니다.

등기된 부동산에 관한 권리 또는 가처분으로 매각으로 그 효력이 소멸되지 아니하는 것
대지권의 목적인 토지에 말소되지 않고 인수되는 별도등기 있음(을구 1번 지상권설정 2009. 8. 21. 접수 제56090호 지상권자: 창원시).

결론

'토지별도등기'를 공시한 경매 물건 중 "토지별도등기 매수인이 인수함."이라고 표시된 부동산 중에 해결하지 못한 주요 권리가 토지 등기부에 그대로 남아있다면 초보자는 피해야 하는 물건입니다.

그러나 별도등기가 소멸하고, 말소되는 것이 명백한 물건과 인수하더라도 구분지상권(지하철, 한전, 지자체 등에서 지하 또는 지상의 시설물에 관한 설정)의 권리 인수라면 소유권이나 사용 및 수익에 영향을 주지 않으므로 문제가 없습니다. 제 경험상 인수조건의 별도등기는 구분지상권이 많은 편이니 미리 겁을 낼 필요는 없겠지요.

Part
05

등기상의 보전처분인
「 가압류와 가처분 분석 」

01 경매물건에서 가압류는 어떻게 될까?
02 가처분의 이해와 실제 사례

01 경매에서 가압류는 어떻게 될까?

가압류란 '금전채권에 대하여 소송이 완결될 때까지 채무자 소유의 부동산을 현 상태로 보전하는 처분'입니다.
※ 자세한 내용은 '가압류에 대한 상식' 본서 42쪽을 참조하세요.

경매물건을 검색하다 보면 흔히 접하는 단어가 가압류입니다. 그러면 가압류가 경매 절차에게 어떻게 작용할까요?

경매에서 가압류는 어떻게 될까?
결론부터 말하면 가압류는 매각으로 소멸합니다. 가압류 자체가 순위를 보전하는 처분이다 보니 배당순위는 가압류 날짜로 적용됩니다. 다만 배당 시점까지 본안 소송이 종료되지 않은 경우(가압류란 아직 확정되지 않은 채권이므로) 법원은 낙찰대금 중 가압류채권 금액만큼을 공탁으로 보관한 후 남은 금액을 그 밖에 권리자에게 배당합니다. 이후 가압류 채권자가 승소하면 공탁된 금액을 배당하고, 만일 패소하면 다른 권리자에게 추가로 배당합니다. 물론 본안 소송의 승패와 관계없이 배당으로 소멸됩니다.

전 소유자권자의 가압류, 이건 뭘까?
말 그대로 전 소유자에게 가압류등기가 된 후 소유권이 다른 사람에게 이전되고, 새로운 소유자에게서 발생한 채권으로 경매가 진행되는 경우입니다. 이해하기 쉽게 135쪽에 그림으로 표현합니다.
전 소유권자의 가압류에 대한 대법원판례(2005다 8682)에서 명확하게 판결했습니다. 판례를 요약하면 다음과 같습니다.

"집행법원이 종전 소유자의 가압류등기 부담을 낙찰자가 인수하는 것을 전제로 매각 절차를 진행하였는가 여부에 따라 가압류 효력의 소멸 여부를 판단하여야 한다." - 대법원 2007년 4월 13일 선고 2005다 8682)

판례는 전 소유자 가압류의 인수 여부를 법원의 재량에 맡겼으므로 입찰자는 '매각물건명세서'의 매각조건을 정확히 파악하여 인수 여부를 판단해야 할 것입니다.

▶ 전 소유권자의 가압류

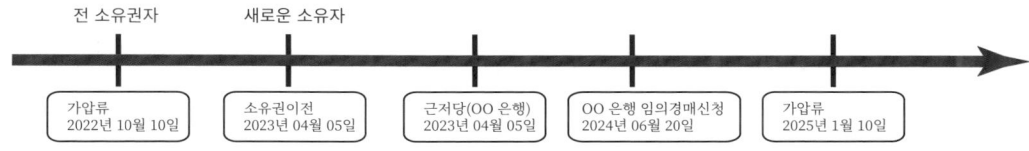

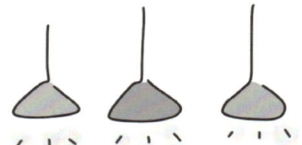

02 가처분의 이해와 실제 사례

 부동산에 대해 다툼이 벌어졌을 때 대상 물건이나 권리를 임시로 동결시키는 보전처분을 '가처분'이라고 합니다. 부동산 가처분의 이해를 돕기위해 부동산이 급등했던 시절 실제 이야기를 가져왔습니다.

가처분 이야기

 매수인 A와 매도인 B는 20년 월 일에 부동산 매매 계약서를 체결하였고, 계약금과 중도금까지 지급하였다. A는 잔금 지급일에 소유권 이전을 B에게 청구했으나….

한편, 계약 후 갑자기 부동산 가격이 급등하자 당황한 B는 A에게 부동산 소유권 이전을 거부하면서 계약을 해제하기 위해 이런저런 궁리 중이다.

답답한 A는 법률전문가를 찾아갔고…. 다음 내용을 조언받는다.

"일단 중도금까지 지급됐으면 매도인(B) 임의대로 계약을 해제할 수 없습니다. 이런 경우 매매 잔금을 법원에 공탁, 소유권이전청구 소송을 진행, 판결문을 받은 후 소유권을 매수인에게 이전해야 합니다.
 하지만 소송이라는 것은 아시다시피 많은 시간이 소요되는 절차입니다. 그 사이에 B가 본 부동산을 다른 사람에게 넘긴다면 매수인은 권리를 청구할 대상이 없어지는 상황이 되지요. 그러므로 '부동산 처분금지 가처분'을 먼저 신청한 후 본안소송을 진행하시지요."

사례에서 보듯이 '가처분'은 임시로 현재의 권리를 동결함으로써 채권자 손해를 예방하는 차원입니다. 이런 이유로 가처분등기는 서류 심사만으로 신속하게 처리되며, B가 다른 사람에게 본 부동산을 팔려 해도 등기사항증명서의 가처분등기로 제3자가 명확하게 분쟁 사실을 알 수 있겠지요. 또한 본안 소송이 종결될 때까지 기록되므로 매수인의 권리 보호가 가능합니다.

　　'가압류'와 '가처분'은 같은 개념으로 둘 다 본안소송 전 임시로 설정하는 '임시 동결 처분'입니다. 그러나 가압류는 돈으로 환산할 수 있는 채권 관계를 다루는 데 반해 가처분은 금전채권 외에 부동산 권리를 대상으로 하는 점에서 차이가 있습니다. 즉 가압류는 돈으로 환산되는 채권 관계를 다루고, 가처분은 금전채권 외 부동산 권리를 주로 대상으로 합니다.

※ 부동산 가압류의 자세한 내용은 42쪽, 134쪽 참조하세요.

등기사항전부증명서(말소사항 포함) - 건물

순위번호	등기목적	접　수	등 기 원 인	권리자 및 기타사항
[갑　구] (소유권에 관한 사항)				
1	소유권이전	2001년 7월 29일 제19132호	2001년 6월 28일 매매	소유자 OOO 350204 - ******* 　서울시 OO구 OO길 105동 1001호 　(OO동, 현대아파트)
2	소유권이전	20　 3월 29일 제12265호	20 년 3월 28일 매매	소유자 OOO 670304 - ******* 　경기도 파주시 OO로 85 (OO동)
3	가처분	20 년 10월 4일 제5461x	20 년 10월 4일 서울서부 지방법원 가처분결정(20 카합503xx)	피보전권리 : 소유권에 기한 소유권보존·이전등기말소청구권 및 인도청구권 채권자 OOO 　서울시 OO구 OO로 175번 길 　(201호, OO파크빌리지) 금지사항 : 매매, 증여, 전세권, 저당권, 임차권의 신청, 기타 일체의 처분행위 금지

가처분은 권리를 대상으로 설정하므로 지키고자 하는 권리에 갖다 붙이면 모두 가처분 등기가 되겠지요. 부동산소유권이전 말소등기청구권, 매매목적물 인도청구권, 임차물인도청구권, 재산분할청구권, 건물철거청구 등등….

예컨대 앞서 '가처분 이야기'와 달리 저당권자인 신청채권자가 매각대상 목적물에 관한 저당권설정등기청구권을 보전하기 위하여 가처분을 신청했다면 등기부의 등기목적에는 '가처분'이 기록되겠고, 권리자 및 기타사항의 피보전권리로 '근저당권설정등기청구권'이라는 형태로 표시하면서 소송 진행의 위험을 미리 경고하는 것입니다. 휴~ 어렵지요? 실제 여러 형태의 가처분을 열람한 등기부를 우측에 올리니 참고하세요.

원칙적으로 가압류와 같은 개념이지만, 부동산경매에서는 더욱 위험할 수 있는 가처분된 부동산을 알아보겠습니다. 먼저 경매에서 자주 등장하는 가처분을 열거하면 다음과 같습니다. 잊지 말아야 할 것은 가처분이란 말 그대로 임시보전처분이며 한편에는 소송이 진행되고 있어 소송 결과에 따라 권리가 뒤바뀔 수도 있다는 점입니다.

부동산 처분금지 가처분
권리관계의 다툼에 대하여 임시적인 지위를 정하고자 법원이 채무자에게 부동산을 처분하지 못하도록 하는 일시적인 명령.

건물철거 및 토지인도 가처분
토지소유자가 건물 소유자를 상대로 건물철거에 대한 내용으로 소송.

소유권이전등기말소청구 가처분
가처분 채권자가 소유권이 이전된 등기의 말소 청구를 사안으로 소를 제기했다는 의미입니다. '소유권이전등기말소청구 가처분'은 경매에서는 대개 '사해행위 취소로 인한 가처분'으로 자주 나옵니다.

'사해행위' 또 이상한 용어가 나왔네요. 사해행위에 대해선 복잡할까 봐 뒤에서 따로 정리합니다. ※ '사해행위란?' 143쪽을 참조하세요.

▶ 등기사항증명서의 각종 가처분 설정의 예

【 갑 구 】 (소유권에 관한 사항)

순위번호	등기목적	접수	등기원인	권리자 및 기타사항
1	소유권보존			소유자 송○○ 540721-******* 경기도 남양주시 화도읍 가곡로89번길 가처분등기 촉탁으로 인하여 2019년7월25일 등기
2	<u>가처분</u>	2019년7월25일 제20140호	2019년7월23일 창원지방법원진 주지원의 가처분결정(19 카단834)	피보전권리 <u>건물철거 및 토지인도 청구권</u> 채권자 오○○ ○○○○-******* 부산광역시 금정구 중앙대로1945번길 23-27 (구서동) 금지사항 매매, 증여, 전세권, 저당권, 임차권의 설정 기타일체의 처분행위 금지
3	강제경매개시결정	2020년5월14일 제11778호	2020년5월14일 창원지방법원 진주지원의 강제경매개시결 정(2020타경377	채권자 오○○ ○○○○-******* 부산광역시 금정구 중앙대로1945번길 23-27 (구서동)
10-1	10번소유권이전청구 권의이전	2002년6월12일 제57416호	2002년6월12일 권리양도계약	권리자 노○○ ○○○18-******* 수원시 팔달구 인계동 1131 선경리빙빌라트 1305호
10-2	<u>10번가등기소유권이 전청구권가처분</u>	2002년9월18일 제87914호	2002년9월17일 서울지방법원 동부지원의 가처분결정(200 2카단12101)	피보전권리 <u>사해행위취소에 의한 소유권이전가등기말소청구권</u> 채권자 김○○ 서울 강남구 대치동 511 한보미도맨션 금지사항 가등기에 관한 권리를 타에 양도 기타 일체의 처분행위 금지

【 갑 구 】 (소유권에 관한 사항)

순위번호	등기목적	접수	등기원인	권리자 및 기타사항
1 (전 2)	소유권이전	1993년12월23일 제34854호	1992년6월20일 매매	소유자 ○○○ ○○○14-******* ~~원주시 단계동 808 삼악아파트 101동~~ ~~1103호~~ 부동산등기법 제177조의 6 제1항의 규정에 의하여 2000년 05월 31일 전산이기
1-1	1번등기명의인표시 변경		2004년9월14일 전거	○○의 주소 원주시 판부면 서곡리 ○○○ 2006년11월7일 부기
2	소유권이전	2006년11월7일 제65076호	2006년11월2일 매매	소유자 안○○ ○○○○-******* 원주시 단계동 808 삼악아파트 ○○-○○○ 거래가액 금107,000,000원
3	<u>가처분</u>	2018년9월4일 제46560호	2018년9월3일 춘천지방법원 원주지원의	피보전권리 <u>재산분할청구권</u> 채권자 채○○ ○○0101-******* 원주시 봉화로 74, 101동 15○○호(단계동,

까다로운 가처분, 경매에서는 어떻게 될까?

앞서 가처분에 대한 상식을 두루두루 알아봤는데요. 경매 절차에서 이런 '가처분'은 어떻게 처리할까요?

경매 절차에서 가처분은 말소권리 기준으로 선순위와 후순위로 나눠 볼 수 있는데, 선순위 가처분은 인수되는 것이 원칙입니다. '인수된다'는 의미는 가처분권자가 본안 소송에서 승소하면 그 소유권을 잃을 수도 있기 때문에 가처분이 무서운 이유입니다. 물론 패소하면 그 반대일 수도 있겠지요.

그러나 법이란 늘 예외도 존재하는 '법'. 특히 가처분은 소유권의 향방을 좌우하는 중요한 사안으로써 경매 초보자가 완벽하게 분석하기는 무리가 있습니다. 공부하는 입장이라면 이번 기회에 한 번 정독하고 지나가시면 될 것 같고, 직접 경매에 참여하신다면 좀 더 세심하게 공적 서류와 현장 상황을 고려한 여러 각도의 분석이 필요합니다.

선순위 가처분도 소멸될 수 있다

선순위 가처분은 원칙적으로 낙찰자가 인수하는 권리입니다. 그러나 예외적으로 소멸하는 경우도 있으며 그 내용은 다음과 같습니다.

- 선순위 가처분자가 소유권을 취득하면 소멸합니다. 소유권에 향방에 대한 소송이므로 '소유권취득'이라는 본래의 목적을 이미 달성했다면 당연히 가처분은 혼동으로 말소되겠지요.
- 선순위 가처분권자가 강제경매를 신청했다면 소멸합니다.
- 선순위 가처분권자가 근저당권 설정등기 청구권을 보전하기 위한 경우라면 소멸합니다.
- 가처분의 소멸시효는 현재 3년입니다. 즉 가처분 집행 후 3년간 본안의 소송을 제기하지 않았다면 취소신청으로 말소할 수 있습니다.

<u>선순위 가처분이 소멸하는 원리는 이렇지만 물건 검색과 함께 매각물건명세서를 반드시 확인하여 말소가 확실한 물건만 접근하시기 바랍니다.</u>

▶ 선순위 가처분권자의 강제경매 사례

2020 타경 30649 [인천지방법원 인천14계]

소 재 지	경기 양평군 강상면 송학리 xx3-4 [송학길 xxx-78] 외 1개 목록				
물건용도	단독주택	개 시 일	2020.02.03	감 정 가	201,638,970원
건물면적	160.11㎡ (48.43평)	소 유 자	서OO 외 1명	감정일자	2020.03.04
대지면적	480㎡ (145.2평)	채 무 자	서OO 외 1명	배당종기	
매각대상	건물 및 토지전부	채 권 자	양OO	최 저 가	(100%) 201,638,970원
경매구분	강제경매	청 구 액	10,000,000원	보 증 금	(10%) 20,163,897원
기타사항	선순위 가처분				

입찰진행 내역

입찰기일	최저매각가격	결과
2020-11-25	201,638,970	-

물건사진 및 위치도

임차인 현황

임차인	점유현황	전입/확정/배당	대항력	보증금/차임	예상배당액	비 고
채무자(소유자) 및 점유자를 만날 수 없어 점유관계 확인할 수 없음..						

등기부 내역

구 분	접수일	권리내역	권리자	채권금액	기 타	인수/소멸
1	2004.08.26	소유권이전	서OO			
2	2018.05.24	가처분	양OO			소멸
3	2020.02.17	강제경매	양OO	청구:10,000,000	2020타경30649 말소기준권리	소멸

수원지방법원 여주지원
매각물건명세서

2020타경30649

사 건	2020타경30649 부동산강제경매	매각물건번호	1	작성일자	2020.11.04	담임법관(사법보좌관)	
부동산 및 감정평가액 최저매각가격의 표시	별지기재와 같음	최선순위 설정		2020. 2. 17. 개시결정		배당요구종기	2020.05.20

부동산의 점유자와 점유의 권원, 점유할 수 있는 기간, 차임 또는 보증금에 관한 관계인의 진술 및 임차인이 있는 경우 배당요구 여부와 그 일자, 전입신고일자 또는 사업자등록신청일자와 확정일자의 유무와 그 일자

점유자 성 명	점유 부분	정보출처 구 분	점유의 권 원	임대차기간 (점유기간)	보 증 금	차 임	전입신고일자, 사업자등록신청일자	확정일자	배당요구여부 (배당요구일자)
송○○		현황조사	주거임차인						

<비고>

※ 최선순위 설정일자보다 대항요건을 먼저 갖춘 주택·상가건물 임차인의 임차보증금은 매수인에게 인수되는 경우가 발생 할 수 있고, 대항력과 우선변제권이 있는 주택·상가건물 임차인이 배당요구를 하였으나 보증금 전액에 관하여 배당을 받지 아니한 경우에는 배당받지 못한 잔액이 매수인에게 인수되게 됨을 주의하시기 바랍니다.

등기된 부동산에 관한 권리 또는 가처분으로 매각으로 그 효력이 소멸되지 아니하는 것

해당사항없음

매각에 따라 설정된 것으로 보는 지상권의 개요

해당사항없음

비고란

일괄매각, 제시외 건물 포함. 목록 1번 지상의 조경수 및 경계 수목은 토지가액에 포함하여 매각. 목록 2번의 2018. 5. 24. 제22737호 가처분등기에 대한 2020. 6.16.자 말소동의서 제출됨. 목록 2번 건물 중 창고(경량철골조 함석지붕 단층 50.7㎡) 소재불명. 서측 및 북동측으로 노폭 약 3m 내외의 포장도로와 접함.

　사례(2020타경30649)의 매각물건명세서입니다. '등기된 부동산에 관한 권리 또는 가처분으로 매각으로 그 효력이 소멸되지 아니하는 것'란에 해당 사항이 없고, '비고란'의 목록 2번의 2018. 5. 24. 제22737호 가처분등기에 대한 2020년 6월 16일 말소동의서가 제출된 것으로 보아 원리적으로 또는 실무적으로 안전한 물건입니다.

후순위 가처분, 인수될 수도 있다

기준권리 보다 뒤에 나오는 후순위 가처분은 당연히 경매로 소멸되는 것이 원칙입니다. 그러나 후순위 가처분을 인수하는 사례도 있습니다.

　첫째, 건물철거 및 토지인도청구를 위한 가처분은 인수됩니다. 가처분의 목적이 토지소유자가 지상에 있는 건물에 대한 철거와 토지인도를 위한 소송이므로 결과에 따라 건물철거 여부가 확정됩니다. 그러므로 가처분이 후순위라

도 소멸되지 않습니다.

둘째, 소유권이전등기 원인무효를 다투는 후순위 가처분은 소멸되지 않습니다. 이 또한 소송의 결과로 소유권 향방이 결정되는 같은 원리로 후순위 가처분은 매수인이 인수하는 권리가 될 수도 있으니 후순위 가처분이라도 세부적인 분석이 필요합니다. 조금 난해한 내용이므로 '소유권이전등기 원인무효를 다투는 소송'을 이야기로 표현해 봅니다.

[사해행위 취소를 위한 가처분 이야기]

정호구 씨는 평소에 너무도 친하게 지내던 지인 김똑똑 씨가 돈을 빌려달라는 부탁을 거절하지 못해 전전긍긍합니다. 똑똑 씨의 수 차례 요구에 결국 A는 1억 원을 빌려주고, ~언제까지 꼭 주겠다는 그의 말과 또 잘 아는 처지라 부동산에 (근)저당권도 설정 못 합니다.

약속한 날짜가 훨씬 지났는데도 똑똑 씨는 돈을 갚지도 않고, 심지어 연락도 되지 않습니다. 호구 씨는 '돈도 잃고 친구도 잃는다!'라는 말이 피부에 직접 와 닿게 되고.... 그래도 그냥 잊기에는 너무나 큰 금액입니다. 결국 호구 씨는 '대여금반환청구 소송'을 통해 똑똑 씨의 부동산을 경매로 넘기기로 결심합니다.

호구 씨는 절차를 위해 똑똑 씨 소유의 부동산 등기사항증명서를 떼어 보니, 소유권은 벌써 나아라 씨에게 넘어갔고, 이를 기초해 D의 근저당까지 설정된 상태입니다. 현재 소유권자가 나아라 씨이니 채권·채무 관계가 없는 제3자의 부동산을 경매로 넘길 수는 없는 상황입니다.

정호구 씨는 아무리 생각해봐도 똑똑 씨가 돈을 갚지 않을 의도로 소유권을 나아라 씨에게 가짜로 넘긴 것 같아 억울해서 화가 치밀어오릅니다. 결국 호구 씨는 '사해행위 취소소송'을 하기로 결심, '사해행위취소에 의한 소유권이전 등기말소청구권' 가처분을 먼저 신청 후 소송을 진행 중입니다.

'사해행위'란 속일 사(詐), 해칠 해(害)의 뜻을 가집니다. 속임수로 남을 해치는 행위를 의미하며 그 행위를 취소해달라는 소송을 '사해행위 취소소송'이라고 합니다. 즉 채무자가 강제집행을 회피할 목적으로 재산을 빼돌린 경우 채권자가 신청하며 그 재산을 원상으로 회복시킬 때 이 소송을 이용합니다.

이와 같은 이야기의 부동산 물건이 경매로 진행됐을 때를 가정하여 표로 그려봅니다.

순위	권리자	등기 내용	권리 및 기타사항
1	김똑똑	소유권	
2	나아라	소유권이전	
3	D	근저당권	
4	정호구	가처분	사해행위취소에 의한 소유권이전 등기말소청구권
5	D	임의경매	

소송의 결과에 따라 소유권의 향방이 정해집니다. 만일 정호구의 가처분이 승소 확정판결을 받게 되면 소유권은 누구에게 돌아갈까요?

나아라 씨의 소유권 이전은 무효가 되어 최초의 소유자인 김똑똑 씨에게 돌아갑니다. 나아라 씨의 소유권이전등기가 무효되었으니 D의 근저당은 무효가 됩니다. 이를 근거로 한 임의경매 또한 무효가 되므로 누가 경매로 낙찰받았다면 소유권을 잃게 되겠지요.

> **민법 제406조(채권자취소권) - 사해(詐害)행위 취소**
> ① 채무자가 채권자를 해함을 알고 재산권을 목적으로 한 법률행위를 한 때에는 채권자는 그 취소 및 원상회복을 법원에 청구할 수 있다. 그러나 그 행위로 인하여 이익을 받은 자나 전득한 자가 그 행위 또는 전득당시에 채권자를 해함을 알지 못한 경우에는 그러하지 아니하다.
> ② 전항의 소는 채권자가 취소원인을 안 날로부터 1년, 법률행위있은 날로부터 5년내에 제기하여야 한다.

Part
06

권리분석의 완성
「 임차인 분석 」

01 주택임대차보호법과 임차인의 강력한 무기 대항력!
02 확정일자를 갖춘 임차인의 우선변제권
03 제일 앞선 권리, 소액임차인 최우선변제권
04 '임차권등기명령' 이야기
05 전입세대 확인 방법
06 상가 임차인을 위한 상가건물 임대차보호법
07 순식간에 순위가 바뀐다! 대위변제 이야기
08 임차인 권리분석 실전 사례

01 주택임대차보호법과 임차인의 강력한 무기 대항력!

주택임대차보호법! 말 그대로 주택에 세를 사는 사람의 지위와 권리를 보호하기 위한 법으로 국민의 주거생활 안정을 목표로 합니다. 이 법은 계약 기간, 묵시적 갱신, 대항력, 전·월세상한제 등의 임차인 보호와 관련된 사항을 특별법으로 제정, 관리하고 있습니다. 특별법이란 일반법보다 우선하여 법을 적용한다는 의미로 강행법규라고도 합니다.

주택임대차보호법의 임차인 보호 규정이 워낙 강력하여 경매주택을 낙찰받을 때 임차인 분석을 세심하게 하지 않으면 큰 낭패를 당할 수 있습니다. 이런 이유로 이번 주제는 임대차보호법의 개요와 임차인의 강력한 무기인 대항력에 대하여 알아보겠습니다.

주택임대차보호법의 적용 범위

임차인이 주택임대차보호법(이하 주임법)의 보호를 받으려면 주거용 건물의 전부 또는 일부를 임차해야 하는 것이 원칙입니다. 또한 공적 서류상에 주거용건물이 아니거나 미등기, 무허가 건물이라도 실제 용도가 '주거용'이면 이 법의 보호를 받습니다.

> [주택임대차보호법]
> 제1조(목적) 이 법은 주거용 건물의 임대차에 관하여 「민법」에 대한 특례를 규정함으로써 국민 주거생활의 안정을 보장함을 목적으로 한다.
>
> 제2조(적용 범위) 이 법은 주거용 건물(이하 "주택"이라 한다)의 전부 또는 일부의 임대차에 관하여 적용한다. 그 임차주택의 일부가 주거 외의 목적으로 사용되는 경우에도 또한 같다.

주택임대차보호법의 임차인이란?

주임법의 '임차인'이란 임대인과 보증금 및 차임을 약정, 전·월세 계약을 체결한 자연인을 뜻합니다. 자연인이란 생물학적 인간을 말하는데요. 다만 2013년 8월 주임법 개정되면서 '대통령으로 정하는 중소기업 법인 직원의 주거 지원을 위해 임차한 경우'도 포함, 법인도 일부 이 법의 적용을 받을 수 있게 되었습니다. 관련 법 조항입니다.

중소기업 법인 직원의 주거 지원을 위해 임차한 경우의 대항력

[주택임대차보호법 제3조 3항]

③「중소기업기본법」제2조에 따른 중소기업에 해당하는 법인이 소속 직원의 주거용으로 주택을 임차한 후 그 법인이 선정한 직원이 해당 주택을 인도받고 주민등록을 마쳤을 때에는 제1항을 준용한다. 임대차가 끝나기 전에 그 직원이 변경된 경우에는 그 법인이 선정한 새로운 직원이 주택을 인도받고 주민등록을 마친 다음 날부터 제삼자에 대하여 효력이 생긴다. <신설 2013. 8. 13.>

중소기업기본법 제2조(중소기업자의 범위)

①중소기업을 육성하기 위한 시책(이하 "중소기업시책"이라 한다)의 대상이 되는 중소기업자는 다음 각 호의 어느 하나에 해당하는 기업 또는 조합 등(이하 "중소기업"이라 한다)을 영위하는 자로 한다. 다만, 「독점규제 및 공정거래에 관한 법률」제31조제1항에 따른 공시대상기업집단에 속하는 회사 또는 같은 법 제33조에 따라 공시대상기업집단의 소속회사로 편입·통지된 것으로 보는 회사는 제외한다. <개정 2011. 7. 25., 2014. 1. 14., 2015. 2. 3., 2016. 1. 27., 2018. 8. 14., 2019. 12. 10., 2020. 10. 20., 2020. 12. 8., 2020. 12. 29.>

1. 다음 각 목의 요건을 모두 갖추고 영리를 목적으로 사업을 하는 기업
가. 업종별로 매출액 또는 자산총액 등이 대통령령으로 정하는 기준에 맞을 것
나. 지분 소유나 출자 관계 등 소유와 경영의 실질적인 독립성이 대통령령으로 정하는 기준에 맞을 것

2. 「사회적기업 육성법」제2조제1호에 따른 사회적기업 중에서 정하는 사회적기업

3. 「협동조합 기본법」제2조에 따른 협동조합, 협동조합연합회, 사회적협동조합, 사회적협동조합연합회, 이종(異種)협동조합연합회 중 대통령령으로 정하는 자

4. 「소비자생활협동조합법」제2조에 따른 조합, 연합회, 전국연합회 중 대통령령으로 정하는 자

5. 「중소기업협동조합법」제3조에 따른 협동조합, 사업협동조합, 협동조합연합회 중 대통령령으로 정하는 자

임차인의 대항력이란?

대항력이란 '기존의 유효한 법률행위의 효력을 제3자에게 주장할 수 있는 힘'이라고 요약됩니다. 대항력의 전제조건으로 대항요건을 갖춰야 하는데, 우선 관련 법 조항을 가져옵니다.

> **[주택임대차보호법]**
>
> 제3조(대항력 등) ① 임대차는 그 등기가 없는 경우에도 임차인이 주택의 인도와 주민등록을 마친 때에는 그 다음 날부터 제삼자에 대하여 효력이 생긴다. 이 경우 전입신고를 한 때에 주민등록이 된 것으로 본다.
>
> 제3조의5(경매에 의한 임차권의 소멸) 임차권은 임차주택에 대하여 「민사집행법」에 따른 경매가 행하여진 경우에는 그 임차주택의 경락에 따라 소멸한다. 다만, 보증금이 모두 변제되지 아니한, 대항력이 있는 임차권은 그러하지 아니하다.

대항력을 갖추었다면 임차주택의 매매, 후순위 권리자의 경매 등으로 소유권이 변경되더라도 임대차 기간의 보장과 보증금을 보호받을 수 있는 권리가 있습니다. 그러면 대항력은 어떻게 생성될까요?

대항력의 생성요건

대항력이란 대항요건(주택 인도 + 주민등록 신고)을 갖춘 그다음 날 0시부터 발생합니다. 즉 주택에 입주하여 주민등록 전입신고를 하면 다음 날 0시부터 대항력이란 힘이 생기는 것이고, 중간에 주인이 바뀌더라도 그 권리를 그대로 승계, 임차인을 보호하는 원리입니다.

대항력 기준시점은?

- 주택 점유(이사) 후 주민등록신고 = 주민등록신고 다음 날 0시부터 대항력.
- 주민등록신고 후 주택의 점유 = 주택 점유 다음 날 0시부터 대항력 발생.

대항력은 임대차계약을 마친 후에 점유와 주민등록신고를 중요하게 여깁니다. 그러나 여러 사유와 전입 신고할 때의 실수 등으로 대항력이 인정되지 않을 수도 있어 대표적인 사례를 모았습니다.

대항력이 인정되는 사례
① 임차인의 처나 자녀만 전입신고 : 주택 임차인이 그 가족과 함께 살던 중에 그 가족의 주민등록을 그대로 둔 채 임차인 본인만 일시적으로 다른 곳으로 옮긴 사례 (대법원 1988.6.14 선고)

② 지방에 거주하는 부모가 자녀의 학업을 위해 주택을 부모 명의로 임차한 후 점유보조자인 자녀가 임차주택을 점유한 사례

③ 다가구주택(단독주택) 전입신고를 할 때 지번만 기재하고 호수를 기재하지 않은 경우

대항력이 인정되지 않는 사례
① 3필지의 토지가 있고 그중 1필지 위에만 주택이 건축되어 있던 중 임차인이 전입신고를 한 지번에는 건물이 없는 토지의 지번인 경우
(대법원 2001.4.24. 2001다44799)

② 건축물관리 대장과 주민등록이 불일치한 사례

③ 다세대주택 전입 신고할 때 지번만 기재하고 호수를 기재하지 않은 경우

④ 채권 회수만을 목적으로 채권자와 임대차계약이 체결된 경우

부동산경매의 대항력 기준은 다르다!
앞서 주택임대차보호법의 대항요건과 대항력에 관해 기술했습니다. 일반 임대차의 경우 매매로 주인이 바뀌게 되면 대항요건을 구비한 임차인은 새로운 소유주에게 임대차기간의 보증 및 임차보증금 반환을 주장할 수 있습니다. <u>그러나 경매에서는 대항요건을 갖춘 모든 임차인이 보호되지 않습니다.</u>

경매에서는 대항력 시점과 말소기준권리 설정일과의 순위를 따져 '대항력 있음'과 '대항력 없음'으로 구분합니다. 낙찰자의 관점에서 대항력을 갖춘 임차인이 있으면 인수한다는 의미로 권리분석의 중대한 변수로 작용합니다. 조금 혼란스러울 것 같아 그림으로 표현해 봅니다. 참고로 대항력의 기준시점은 대항요건(주택점유 + 주민등록)을 구비하면 그다음 날 0시에 발생하는 데 반해 근저당과 같은 말소기준권리는 당일 효력이 발생하는 차이가 있습니다. 그러므로 같은 날 근저당과 대항요건이 경합하면 근저당이 빠른 순위가 됩니다.

경매에서 '대항력 있음'의 기준

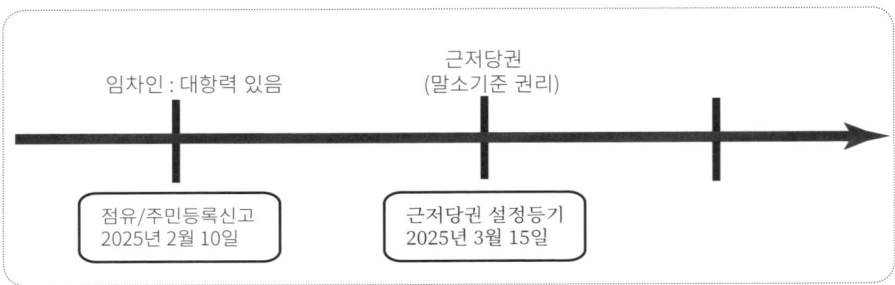

경매에서 '대항력 없음'의 기준

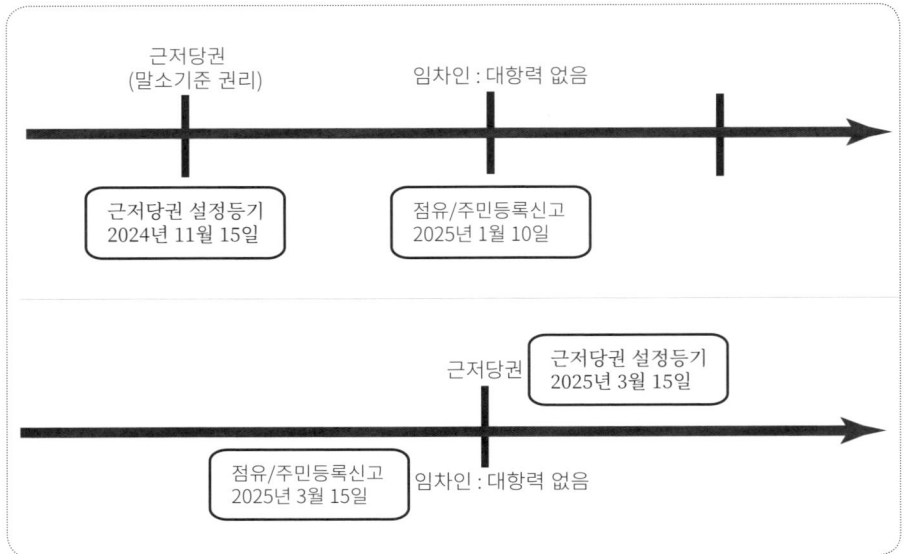

임차인의 대항력이 있고, 없음이 부동산 경매에서 인수를 결정하는 중요한 요인입니다. '임차인 인수'란 한마디로 임차인의 보증금 및 임대차기간까지도 낙찰자가 보장해야 하는 주요 변수로 작용하므로 다시 한번 대항력에 대하여 정리해보겠습니다.

대항력이란 임차인이 경매 매수인에게 자신의 임차권을 주장할 수 있는 힘으로 임차인이 대항력이 있으면 낙찰자는 그 임차인의 보증금을 인수하는 것이 원칙입니다. 이에 경매 응찰자는 임차인의 대항력 여부를 반드시 확인해야 합니다. 어떻게 확인할까요?

대항력 유무를 판단하기 위해 대항력을 발행하기 위한 조건을 먼저 확인합니다. 즉 대항요건은 주택점유(이사)와 전입신고(주민등록)이며, 이 요건을 구비하면 그 다음날 0시에 대항력이 생성됩니다.

주택임대차보호법의 대항력을 확인했으면 경매 물건의 말소기준권리와 대입합니다. 경매에서는 대항력 발생일이 말소기준권리보다 먼저라면 '대항력 있음', 늦으면 '대항력 없음'으로 판단합니다. 임차인의 이사 날짜는 확인하기 어려우므로 전입 일자를 확인하는 것이 일반적인 관례입니다.

임차인의 전입 일자는 법원의 현황조사보고서, 매각물건명세서에서 확인할 수 있으며 최종적으로 '전입세대확인서'를 발급받아 각 전입 일자가 일치하는지 꼭 확인합니다. 또한 등기사항증명서에 임차인이 '임차권등기' 등이 되어있다면 이 서류상에 전입일자를 확인해야 합니다.

※ '임차권등기명령 이야기' 166쪽과 '전입세대 확인 방법' 169쪽을 참조하세요.

2020년 11월 9일 현재 민홍철 더불어민주당 의원을 비롯한 11명은 주택임대차보호법 일부개정법률안을 발의했습니다. 이 법안은 세입자가 주택에 입주(점유)하고 주민등록 및 주택임대차등록(전입 및 확정일자)을 하는 경우 제3자에 대한 대항력이 즉시 발생하게끔 하는 내용입니다. 현재의 '다음날 0시' 기준을 '당일 기준'으로 바꾸자는 내용입니다. 하지만 2025년 현재까지 잠잠한 것으로 보아 변동이 없네요. 참고만 하십시오.

▶ 대항력 없는 후순위 임차인은 낙찰자가 인수하지 않는다

2020 타경 3969 [의정부지방법원 고양1계]

소 재 지	경기 고양시 일산서구 탄현동 1xxx 일산두산위브더제니스 OO동 OO층 호 [일현로 97-11]				
물건용도	아파트(49-C평형)	개 시 일	2020.04.08	감 정 가	818,000,000원
건물면적	120.78㎡ (36.54평)	소 유 자	임OO	감정일자	2020.04.24
대 지 권	21.8㎡ (6.59평)	채 무 자	임OO	배당종기	2020.06.30
매각대상	건물 및 토지전부	채 권 자	OO새마을금고	최 저 가	(70%) 572,600,000원
경매구분	임의경매	청 구 액	408,333,962원	보 증 금	(10%) 57,260,000원
기타사항	후순위임차인				

입찰진행 내역

입찰기일	최저매각가격	결과
2020-11-03	818,000,000	유찰
2020-12-08	572,600,000	-

물건사진 및 위치도 더 보기

임차인 현황

임차인	점유현황	전입/확정/배당	대항력	보증금/차임	예상배당액	비 고
김OO	주거	전입 : 2019-08-30 확정 : 2019-07-17 배당 : 2020-05-20	없음	370,000,000		

등기부 내역

구분	접수일	권리내역	권리자	채권금액	기 타	인수/소멸
1	2019.08.29	소유권이전	임OO			
2	2019.08.29	근저당	갈현동 새마을금고	439,300,000	말소기준권리	소멸
3	2020.04.09	임의경매	갈현동 새마을금고	청구금액 : 408,333,962	2020타경3969	소멸

우리는 일반 매매와 다른 기준을 가진 경매에서 대항력 있음과 없음의 차이를 그림을 통해 알아보았습니다. 실제 사례분석을 통해 좀 더 명확히 구분해봅니다.

고양시 일산구 탄현동 아파트가 경매(2020타경3969)로 진행된 적이 있습니다. 유료경매사이트 또는 기타 경매정보를 검색하면 사례와 같은 내용이 검색되며 인터페이스만 다를 뿐 내용은 같습니다. 원천 정보가 대법원경매사이트에서 추출, 가공했기 때문이지요.

사전 과정을 생략하고 본 물건을 응찰한다는 전제하에 권리분석을 해봅니다. 등기사항 증명서의 '갑구'와 '을구' 권리와 등기상에는 없지만, 기초 자료에서 입수한 임차인 내용을 시간 순서대로 배열합니다.

【 갑 구 】 (소유권에 관한 사항)

순위번호	등 기 목 적	접 수	등 기 원 인	권리자 및 기타사항
1	소유권보존	2013년5월14일 제68257호		소유자 대한토지신탁주식회사 110111-1492513 서울특별시 강남구 대치동 944-31
1-1	1번신탁재산처분에 의한 신탁	2013년5월23일 제72090호		신탁원부 제2013-222호
1-2	1번등기명의인표시 변경	2014년12월12일 제186559호	2014년6월1일 본점이전	대한토지신탁주식회사의 주소 서울특별시 강남구 남부순환로 2806, 18층,19층(도곡동,군인공제회관)
1-3	1번등기명의인표시 변경	2016년1월7일 제2239호	2015년6월26일 본점이전	대한토지신탁주식회사의 주소 서울특별시 강남구 영동대로 517, 26층(삼성동,아셈타워)
2	소유권이전	2019년8월29일 제100241호	2019년7월2일 매매	소유자 임○○ ○○○○○○-○○○○○○○ 대구광역시 달서구 달서대로 67, ○○○ ○○○(유천동,유천포스코더샾 아파트) 거래가액 금814,000,000원
1-1번시탁등기말소			신탁재산의	

[집합건물] 경기도 고양시 일산서구 탄현동 1640 일산두산위브더제니스 제○○동 제○○○

【 을 구 】 (소유권 이외의 권리에 관한 사항)

순위번호	등 기 목 적	접 수	등 기 원 인	권리자 및 기타사항
1	근저당권설정	2019년8월29일 제100242호	2019년8월29일 설정계약	채권최고액 금439,300,000원 채무자 임○ 대구광역시 달서구 달서대로 67, ○○○ ○○○(유천동,유천포스코더샾 아파트) 근저당권자 갈현동새마을금고 114744-0000396 서울특별시 은평구 갈현로 264, 새마을금고회관(갈현동)

-- 이 하 여 백 --

관할등기소 의정부지방법원 고양지원 고양등기소

순위	권리자	권리	내용
1	임OO	소유권	2019년 8월 29일 소유권 취득
2	갈현동새마을금고	근저당권	2019년 8월 29일 등기 접수
3	김OO	임차인	2019년 8월 30일 전입 신고
4	갈현동새마을금고	임의경매	2020년 4월 9일 임의경매 개시결정

나열된 권리의 순서에서 위 임차인 김OO은 '후순위 임차인'으로 판단됩니다. 즉 민사집행법상의 대항력이 없는 임차인입니다. 선순위인 갈현동새마을금고의 근저당권이 우선 배당되고, 남은 재원으로 임차인의 보증금이 배당됩니다. 모두 소멸되는 권리로 권리분석에는 하자가 없는데, 후순위 임차인은 일부 보증금을 회수하지 못할 가능성으로 명도 협상에서 어려움이 예상됩니다. (참고 : 2021년 금 722,000,000원에 낙찰됨. 임차인 약 6,000만 원 미배당.)

유료경매사이트에는 권리분석에 필요한 전체적인 내용 등을 모두 검색할 수 있습니다. 다만 사람이 하는 일이라 입력 오류도 발생할 수 있으니 입찰전에 법원의 현황조사보고서, 매각물건명세서, 전입세대열람 서류 등을 확인하여 임차인의 전입 일자가 모두 일치하는지 반드시 확인합니다.

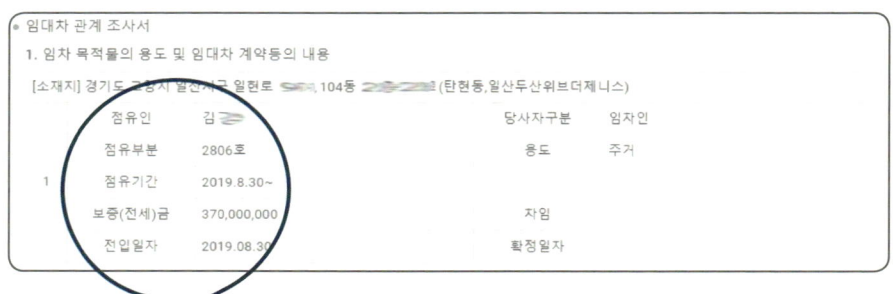

현황조사보고서
- 점유기간 : 2019.08.30 ~
- 전입일자 : 2019.08.30

의정부지방법원 고양지원 매각물건명세서

2020타경3969

사 건	2020타경3969 부동산임의경매	매각물건번호	1	작성일자	2020.10.19	담임법관(사법보좌관)	
부동산 및 감정평가액 최저매각가격의 표시	별지기재와 같음	최선순위 설정		2019.08.29. 근저당권		배당요구종기	2020.06.30

부동산의 점유자와 점유의 권원, 점유할 수 있는 기간, 차임 또는 보증금에 관한 관계인의 진술 및 임차인이 있는 경우 배당요구 여부와 그 일자, 전입신고일자 또는 사업자등록신청일자와 확정일자의 유무와 그 일자

점유자 성명	점유 부분	정보출처 구분	점유의 권원	임대차기간 (점유기간)	보증금	차임	전입신고일자, 사업자등록신청일자	확정일자	배당요구여부 (배당요구일자)
김○	2806호	현황조사	주거임차인	2019.8.30.~	370,000,000		2019.08.30		
	2806호 전부	권리신고	주거임차인	2019.08.09.부터 현재	370,000,000		2019.08.30.	2019.07.17.	2020.05.20

전입세대 열람 내역(동거인포함)

행정기관: 서울특별시 ○○○ ○○○
신청주소: 경기도 고양시 일산서구 일현로 ○○-1, 104동 2806호
출력일시: 2020년 10월 26일 11:07:52
출력자: 조○○
페이지: 1

순번	세대주성명	전입일자	등록구분	최초전입자	전입일자	등록구분	동거인수	동거인사항 순번 성명 전입일자 등록구분
		주소						
1	김○	2019-08-30	거주자	김○	2019-08-30	거주자		
	경기도 고양시 일산서구 일현로 97-11, ○○○○ (탄현동,두산위브더제니스)							

- 이하여백 -

부동산 점유개정 대항력 취득 시기

'점유개정'이란 용어는 우리나라 민법(189조)에 나옵니다. 점유개정이란 양도인(매도인)이 매매 물건을 양수인(매수인)과 합의하여 계속 점유하되, 소유권은 양수인에게 귀속되는 것을 말합니다.

점유개정을 좀 더 쉽게 표현하면, 매도인이 그 집에서 계속 거주하는 조건으로 부동산(주택)을 팔고, 집주인에서 세입자로 신분이 바뀌는 것을 말합니다. 예컨대 소유권자 A가 B에게 주택을 매매하고 B에게 소유권 이전과 동시에 매도인 A는 전세 계약을 하고 계속 거주하는 경우를 말합니다.

부동산 점유개정의 단순한 예를 살펴보았는데요, 이런 점유개정으로 사는 집이 경매로 처분되면 어떤 결과가 될까요?

점유개정 경매 사건의 예

①	2021년 6월 4일 : 소유권자 A / 주민등록 전입신고 완료
②	2023년 12월 22일 : 소유자 A가 B에게 본 주택을 매도하여 소유권이 B로 이전됨.
③	2023년 12월 22일 : 매매한 주택에 A는 매수인 B와 임대차계약(전세 계약) 체결과 동시에 계약서에 확정일자를 받아 현재까지 거주하고 있음.
④	2023년 12월 22일 : 본 주택 매매 당일에 B는 부족한 주택구매 자금을 OO 은행에서 차입하고, 당일 금 XXXX 원정의 근저당권을 설정함.
⑤	2025년 3월 7일 : 소유자 B의 OO 은행의 채무 연체로 인한 임의경매 개시.

사례에서 A의 전세계약일(확정일자)과 OO 은행 근저당은 같은 날짜로 되어 있습니다. 대항력이란 대항요건(주택 인도 + 주민등록신고)을 갖춘 그다음 날 0시부터 발생하는 효력입니다. 반면 근저당은 설정 당일부터 효력이 나타나지요.

다시 정리하면 이렇습니다. A의 주민등록신고가 2021년 6월 4일에 되어있어도, <u>부동산 '점유개정'에서 대항요건은 소유자에서 전세 세입자로 신분이 전환되는 2023년 12월 22일 이고, A의 대항력은 그다음 날 12월 23일 0시로 확정되어, OO 은행의 근저당보다 후순위가 됩니다.</u>

경매에서 위 점유개정 사례에 대한 배당의 결론은 1순위 OO 은행, 2순위 A의 전세금입니다. 점유개정으로 임대차계약을 한다면 주의하세요. 실제 점유개정으로 전세계약 하시는 분들이 의외로 많습니다.

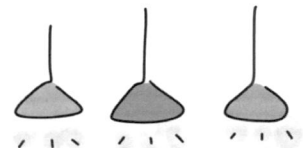

02 확정일자를 받은 임차인의 우선변제권

앞서 대항력에 대한 이야기를 길게 서술했습니다. 지루하셨죠? ^^; 이제 대항력을 알았으니 임차인의 '우선변제권'을 알아볼 차례입니다. 대항력과 우선변제권은 떼려야 뗄 수 없는 아주 밀접한 관계가 있습니다. 일반 부동산 관계에서와 달리 경매에서는 등기부상의 말소기준권리 보다 앞서 계약과 전입(대항요건)을 하면 익일 0시부터 대항력이 발생한다는 사실을 우리는 이제 알고 있습니다. 그러면 경매에서 '우선변제권'이란 무엇일까요?

우선변제권이란 경매 또는 공매에서 후순위 권리자나 기타 채권자보다 먼저 임대차보증금을 변제받을 수 있는 권리를 말합니다. 1989년 12월 30일에 개정된 주택임대차보호법에서 임차인의 대항력과 확정일자에 기한 우선변제권 제도를 도입, 1990년 2월 19일부터 시행하여 2025년 현재에 이르고 있습니다. 우선변제권을 언급한 주택임대차보호법의 해당 법률 조항을 가져왔습니다.

> **주택임대차보호법 제3조의2(보증금의 회수)**
> ② 대항요건과 임대차계약증서상의 확정일자를 갖춘 임차인은 경매 또는 공매를 할 때에 임차주택(대지를 포함한다)의 환가대금에서 후순위권리자나 그 밖의 채권자보다 우선하여 보증금을 변제받을 권리가 있다.
> <개정 2013.8.13.>

위 법조문을 요약하면 이렇습니다.

우선변제권 = 대항요건(주택의 인도 + 전입신고) + 확정일자

우선변제권은 임대차계약서 작성, 이사 및 전입신고 그리고 확정일자를 받으면 그 권리가 생성됩니다. 확정일자는 주민센터, 지방법원, 공증인사무소, 인터넷으로 받을 수 있습니다. 2021년 6월(예정)부터 '전·월세신고제'가 시행, 계도기간 4년을 거치고 2025년 6월부터 본격적으로 시행된다고 합니다. 신고와 동시에 확정일자는 자동으로 부여된다고 합니다. 참고하세요.

우선변제권은 후순위 권리나 채권자들보다 우선하여 보증금을 변제받을 권리를 말합니다. 임차인이 법원에 권리신고 후 경매 절차에 참여할 수 있는 권리로 근저당 설정과 같은 효력을 갖습니다. 이를 보증금이라는 채권이 근저당과 같은 물권의 효력을 가진다고 하여 '채권이 물권화되었다 또는 준물권'이라고 표현하기도 합니다. 대항력은 경매, 공매, 매매, 증여, 상속 등에도 효력이 발생하나 우선변제권은 경매, 공매에서만 인정됩니다.

우선변제권의 효력 발생 시점

우선변제권의 효력 발생 시점은 대항요건(주택의 인도 + 전입신고) + 확정일자가 전부 갖추어질 때 발생하는데 예를 들면 다음과 같습니다.

- 주택에 입주, 주민등록 및 확정일자를 동시에 진행했다면 다음 날 0시에 우선변제권 생성.

- 주택에 입주, 주민등록 전입신고를 마친 후 나중에 확정일자를 받았다면 확정일자 날에 우선변제권이 생성됩니다.

- 확정일자를 먼저 받고 입주, 주민등록신고를 하였다면 전입신고일 다음 날 0시를 기준으로 우선변제권의 효력이 발생합니다.

우선변제권 요건의 유지 기간

우선변제권의 요건은 전입 및 점유와 확정일자를 받는 것인데, 임차인은 경매에서 언제까지 이 조건을 유지해야 할까요? 원칙적으로 배당요구 신청한 임차인은 '배당요구종기일'까지 요건을 유지해야 합니다. 다만 경매사건이란 수시로 상황이 변화될 수 있으므로 배당받을 때까지 계속 유지하는 것이 좋습니다.

우선변제권 요약

대항력, 우선변제권.... 혼란스러울 겁니다. 우리가 좀 더 쉽게 이해하기 위해서 임대차보호법의 제정과 변천사를 이야기해봅니다.

　임대차보호법 제정 이전의 시대에는 '민법'이라는 굴레로 세상이 돌아갔습니다. 민법에서 임대차계약은 당자자 간에만 유효했기 때문에 중간에 집주인이 바뀌면 임차인은 저항도 못 하고 쫓겨났습니다. 이런 사회적 약자인 세입자를 보호하기 위해 임대차보호법이 제정되었고, 그 내용에 대항력을 부여함으로써 임대차계약 후 이사 및 전입신고를 마치면 임차인은 제3자가 침해할 수 없는 힘을 갖게 됩니다.

　세월이 조금 더 지나 대항력만으로 보호받을 수 없는 소액임차인의 생계보장을 위해 다음 주제로 다루게 될 '최우선변제 제도'를 개정하게 됩니다. 그리고 임대차보호법에 우선변제권이라는 새로운 무기를 장착하게 되는데, 그 내용은 대항요건과 확정일자를 결합, 물권화시켜 민사집행법 절차인 배당에서 물권인 근저당 등과 동등한 입장으로 경합할 수 있는 길을 마련했습니다.

　또한 대항력의 중요 요소인 점유 상실을 막기 위해 '임차권등기제도'를 도입했습니다. 이는 임차인의 사정으로 보증금을 못 받고 이사를 하더라도 그 내용을 등기부에 공시, 과거 대항력을 소급 인정하여 세입자를 보호하는 원리입니다. ※ '임차권등기명령 이야기' 166쪽

　다시 원점으로 돌아와서 우선변제권을 마무리하겠습니다. 임차인이 우선변제를 받기 위한 요건은 다음과 같으며 좀 더 자세한 권리분석은 사례를 통해 진행하겠습니다.

① 임차인은 대항요건을 갖추어야 한다.
② 임대차계약서에 확정일자를 받아야 한다.
③ 경매에서 우선변제 받기 위해서는 법원에 배당요구를 해야 한다.
④ 대항요건을 배당요구종기일까지 유지해야 한다.

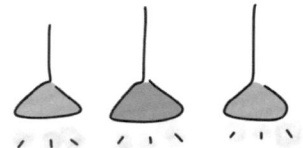

03 제일 앞선 권리, 소액임차인 최우선변제

임대차보호법의 시행으로 임차인에게 '대항력'이라는 막강한 힘이 생겼습니다. 그러나 이 제도에도 충분히 혜택받지 못하는 영세 서민들을 위해 정부는 '소액임차인 최우선변제권'이라는 법을 개정하기에 이릅니다.

최우선변제란?
최우선변제는 대항력이라는 법 취지를 잘 이해할 수 없는 서민들을 위해 개정된 법률입니다. 그래서 이 권리는 경매 절차에서 임차인의 전입일의 앞뒤를 따지지 않고, 확정일자 또한 무관하게 보증금 중 일정액을 최우선순위로 배당받을 수 있는 권리입니다.

임대차계약 후 집주인이 은행 등의 빚을 제때 갚지 못하면 채권자는 채권을 회수하기 위해 해당 부동산의 경매를 진행하게 됩니다. 절차가 종결되면, 낙찰자가 납부한 경매대금으로 채권자에게 권리 순서대로 배분하는데 이것을 '배당'이라고 합니다.

부동산경매 절차에서 배당할 때 다른 채권자보다 가장 먼저 소액임차인이 보증금 중 일부를 받아 갈 수 있도록 한 것이 최우선변제입니다. 최우선변제는 다음의 조건에 부합해야 그 권리가 발생하며 확정일자는 없어도 무관합니다.

경매개시 신청등기 전까지 대항요건을 갖출 것
대항요건(주택의 인도 + 주민등록신고)을 갖춘 것을 말합니다. 경매개시결정 등기 이후에 대항요건을 갖춘 임차인은 이 법의 보호 대상이 아닙니다.

주택임대차보호법에서 정한 소액보증금에 해당해야 한다

소액임차인을 위한 특별법이므로 소액보증금에 해당해야겠지요. 주의할 점은 소액보증금의 산정은 전입 시점이 아닌 담보물권 설정일을 기준으로 합니다.

경매에서 최초 매각기일 전 배당요구 종기까지 배당요구를 해야 한다

경매 절차에는 '배당요구'라는 절차가 있습니다. 이에 따라 배당요구가 선행돼야 합니다.

주택임대차보호법 소액보증금 적용 표

담보물건 설정일	지 역	보증금의 범위	최우선변제금액
2001.09.15 ~ (5차 개정)	서울특별시	4,000만 원 이하	1,600만 원
	수도권, 과밀억제권역	4,000만 원 이하	1,600만 원
	광역시	3,500만 원 이하	1,400만 원
	기타 지역	3,000만 원 이하	1,200만 원
2008.08.21 ~ (6차 개정)	서울특별시	6,000만 원 이하	2,000만 원
	수도권, 과밀억제권역	6,000만 원 이하	2,000만 원
	광역시	5,000만 원 이하	1,700만 원
	기타 지역	4,000만 원 이하	1,400만 원
2010.07.26 ~ (7차 개정)	서울특별시	7,500만 원 이하	2,500만 원
	수도권, 과밀억제권역	6,500만 원 이하	2,200만 원
	광역시(군지역 제외)	5,500만 원 이하	1,900만 원
	그 밖의 지역	4,000만 원 이하	1,400만 원
2014.01.01 ~ (8차 개정)	서울특별시	9,500만 원 이하	3,200만 원
	수도권, 과밀억제권역	8,000만 원 이하	2,700만 원
	광역시(군지역 제외)	6,000만 원 이하	2,000만 원
	그 밖의 지역	4,500만 원 이하	1,500만 원

담보물건 설정일	지역	보증금의 범위	최우선변제금액
2016.03.31 ~ (9차 개정)	서울특별시	1억 원 이하	3,400만 원
	수도권, 과밀억제권역	8,000만 원 이하	2,700만 원
	광역시(군지역 제외)	6,000만 원 이하	2,000만 원
	그 밖의 지역	5,000만 원 이하	1,700만 원
2018.09.18 ~ (10차 개정)	서울특별시	1억 1,000만 원 이하	3,700만 원
	수도권, 과밀억제권역	1억 원 이하	3,400만 원
	광역시(군지역 제외)	6,000만 원 이하	2,000만 원
	그 밖에 지역	5,000만 원 이하	1,700만 원
2021.05.11 ~ (11차 개정)	서울특별시	1억 5,000만 원 이하	5,000만 원
	수도권, 과밀억제권역	1억 3천만 원 이하	4,300만 원
	광역시(군지역 제외)	7,000만 원 이하	2,300만 원
	그 밖에 지역	6,000만 원 이하	2,000만 원
2023.02.21 ~ (12차 개정)	서울특별시	1억 6,500만 원 이하	5,500만 원
	수도권, 과밀억제권역	1억 4,500만 원 이하	4,800만 원
	광역시(군지역 제외)	8,500만 원 이하	2,800만 원
	그 밖에 지역	7,500만 원 이하	2,500만 원

※ 예를 들어 담보물권(은행근저당 등) 설정일이 2011년 6월 4일이라면 표의 '7차 개정'에 해당하므로 보증금 액수가 7,500만 원 이하인 경우에 2,500만 원(서울의 예)이 최우선변제금입니다. 담보물건 설정일이 기준입니다. 주의하세요.

※ '소액보증금 적용 표'는 물가, 시세, 지역에 따라 변동될 수 있고, 정부에서도 일정 시점마다 금액을 인상하고 있으니 각 개인이 시기별로 업데이트하시기를 바랍니다. 2025년 6월 현재 12차 개정.

기타 최우선변제권과 관련된 사례

① 소액임차인도 배당요구종기까지 배당요구를 해야 배당됨.
 (대법원 2005다14595판결)

② 채권자가 본인 채권 회수를 목적으로 임차인이 된 경우 적용되지 않는다.

③ 미등기건물도 임차보증금 보호 [대법원 96다5971]

④ 임차권등기를 마친 주택을 나중에 계약한 임차인은 적용되지 않는다.

⑤ 토지에 저당권이 설정되고 나중에 신축한 건물에 입주한 임차인은 건물에 대해서만 최우선 변제권을 행사할 수 있다.

⑥ 1순위 담보물권(말소기준이 되는 근저당권, 담보가등기 등)이 없는 경우 : 최우선변제는 담보물권 설정일을 기준으로 삼는데, 담보물권 없으므로 현재 시점의 금액(주택임대차보호법 소액보증금 적용 표의 최종개정)을 기준으로 산정함.

⑦ 임차인의 보증금 중 일정액이 주택 가액의 2분의 1을 초과하면, 2분의 1에 해당하는 금액까지만 최우선변제권이 있다.

⑧ 하나의 주택에 임차인이 2명 이상이고, 이들이 그 주택에서 가정 공동생활을 하는 경우 이들을 1명의 임차인으로 보아 각 보증금을 합산한다.

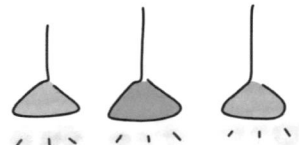

04 '임차권등기명령' 이야기

세입자가 임대차 기간이 만료되어 이사하려는데 집주인이 여러 사정을 들며 임대차보증금 지급을 차일피일 미룹니다. 임차인은 직장 관계로 상황이 급해 보증금을 나중에 돌려받더라도 우선 이사를 하고, 주민등록을 이전해야만 할 때가 있을 수 있습니다. 만일 이때 임차인이 보증금을 나중에 받겠다는 생각으로 먼저 이사 및 주민등록을 다른 곳으로 이전하면 다음과 같은 중대한 위험에 노출됩니다.

- 대항요건(점유+전입신고)을 잃게 되어 임대차보호법의 대항력 및 경매 절차의 최우선변제 등의 보호를 받을 수 없습니다.

- 우선변제권(점유+전입신고+확정일자)을 주장할 수 없습니다.

위와 같은 위험을 방지하는 차원에서 '임차권등기명령' 제도가 있습니다. 임차권등기명령에 관한 내용은 '주택임대차보호법 제3조의 3'에서 찾아볼 수 있습니다.

주임법 제3조의 3(임차권등기명령)

① 임대차가 끝난 후 보증금이 반환되지 아니한 경우 임차인은 임차주택의 소재지를 관할하는 지방법원·지방법원지원 또는 시·군 법원에 임차권등기명령을 신청할 수 있다.

임차권등기명령은 임대차계약 기간 종료 후 임차 보증금의 일부 또는 전부를 돌려받지 못한 경우 해당 부동산 소재지 관할법원에 임차권 등기 명령을 신청할 수 있습니다. 임차권 등기는 임대인의 동의가 필요 없으므로 단독으로 신청할 수 있고, 등기를 완료하면 이사를 하더라도 대항력과 우선변제권을 계속 유지할 수 있습니다.

※ 대항력과 최우선변제권, 우선변제권에 관한 내용은 148쪽~162쪽 참조.

임차권등기 주요 사항 정리

① 임차권등기명령은 임대차계약이 종료되었으나, 보증금을 돌려받지 못한 경우에 임차인 단독으로 신청할 수 있습니다.

② 임차인이 임차권등기를 완료하면 점유, 주민등록, 확정일자가 없더라도 대항력과 우선변제권을 취득합니다.

③ 임차권등기명령 완료 전에 이미 대항력이나 우선변제권을 취득한 경우라면 임차권 등기 이후에 대항요건을 잃더라도 이미 취득한 대항력이나 우선변제권을 상실하지 않습니다. 즉 임차권등기 이후에 이사하거나 퇴거신고를 하더라도 이미 취득한 대항력 및 우선변제권은 그대로 유지된다는 의미입니다.

　　임차권등기는 임대차기간이 만료된 후에 할 수 있습니다. 그러므로 말소기준권리 보다 후순위일 수 있으나, 이때 등기상의 공시내용이 대항력있는 임차인이라면 말소되지 않고 낙찰자에게 인수되므로 주의해야 합니다.

④ 임차권등기명령은 미등기나 무허가 건축물은 불가하고, 실제 주거용으로 사용되면 가능합니다. (주거용으로 사용하고 있다는 것을 사진이나 도면 등을 통해 증명)

⑤ 임차권등기명령은 주민등록이 요건이 아니므로 건축물관리대장에 주거용이 아닌 이유로 전입신고를 할 수 없더라도 임차권등기명령은 가능합니다.

⑥ 임차권등기 완료 후에 새로운 임차인이 전입했다면, 신 임차인은 최우선변제권은 없고, 순위에 따른 우선변제권만 있습니다.

⑦ "임대인의 임대차보증금의 반환 의무가 임차인의 임차권등기명령 말소 의무 보다 먼저 이행되어야 한다." (판례)
 -> 보증금 먼저 돌려줘야 한다는 것이죠.

⑧ 임차권등기의 효력은 임차권등기가 등기부에 기재된 시점입니다.

임차권등기 설정의 사례

[을 구]			(소유권 이외의 권리에 관한 사항)	
순위번호	등 기 목 적	접 수	등기원인	권리자 및 기타사항
5	주택임차권	2025년 1월 2일 제4567호	2024년 12월 15일 서울서부지방법원 임차권등기 명령 (2024카X OOO)	임차보증금 금 340,000,000원 범위 제7층 제 704호 전체 임대차계약일자 2022년 9월 10일 주민등록일자 2022년 10월 15일 점유 개시일자 2022년 10월 14일 확정일자 2022년 10월 15일 임차권자 O O O 서울특별시 서대문구 OO길 OO아파트 제7층 제704호

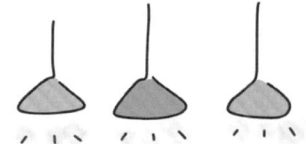

05 '전입세대' 확인 방법

전입세대열람에 관련된 법 조항은 주민등록법 시행규칙 제14조(주민등록 전입세대의 열람 또는 교부)에서 찾아볼 수 있습니다. '전입세대 확인서'에는 대상 주택에 현재 주민등록이 되어 있는 사람의 전입 시기, 몇 세대가 있는지를 알 수 있습니다. 전입세대 열람은 주로 경매 참가, 감정평가업자 등의 임차인 실태 확인, 은행 등 금융회사가 담보 주택 근저당 설정 바로 전에 선순위 임차인이 있나 확인하기 위해 신청합니다.

아래 표는 '부동산경매 참여용 전입세대 확인서'를 발급받는 내용입니다. 부동산경매에서 임차인의 전입 날짜 및 세대 수는 아주 중요한 자료로 '전입세대 열람'에서 확인할 수 있습니다. 경매 참여 전에 발급받아 확인하세요. 참고로 2023~24년 주민등록법 개정으로 기존에 사용된 '전입세대열람내역', '전입세대열람표' 등의 명칭이 '전입세대 확인서'로 명칭이 일원화되었습니다.

※ 발급받는 방법은 아래 표의 내용을 숙지하시고 발급받았던 문서는 지면상 168쪽에 있습니다.

내용	경매 참여용 전입세대 확인서 발급
발급기관	전국 시·군·구 주민센터(행정복지센터)
신청방법	행정복지센터에 직접 방문 신청. 주소지와 관계없이 어디서나 발급 가능.
수수료	소액
준비물	매각일시, 물건지가 나온 공고문 또는 출력물(대법원 경매자료 / 유료 경매 사이트), 본인 신분증, 신청서(발급기관에 비치)
기타내용	신청서의 용도 및 목적은 '법원 경매 입찰' 증명자료는 '경매지'로 기재. 세대합가 등을 확인하기 위해서 동거인 포함, 말소사항포함으로 발급 요청.

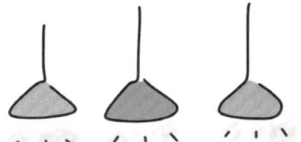

06 상가 임차인을 위한 상가건물임대차보호법

상가임대차보호법의 탄생 배경
상가건물 임대차의 공정한 거래질서를 확립하고 영세 상인들이 안정적으로 생업에 종사할 수 있도록 과도한 임대료 인상 방지와 세입자의 권리를 보장하기 위해 2002년 11월 1일부터 시행되는 법률입니다. 일정 요건을 갖춘 임차인은 다음과 같은 권리가 있습니다. (국세청에서 가져옴)

일정한 요건을 갖춘 임차인은 상가에 입주하고, 사업자를 신청하면 대항력과 우선변제권 등의 권리가 생긴다는 내용입니다.

> **[일정 요건을 갖춘 임차인의 권리]**
> ① 임대차 존속기간 보장 : 최대 10년간의 계약갱신요구권을 보장. (10년간 영업 보장)
> ② 대항력 발생 : 임차인이 건물을 인도받고 사업자등록을 신청하면 이후 건물소유주가 바뀌어도 새로운 소유주에 대해 임차권을 주장.
> ③ 우선변제권 보장 : 대항력을 취득하고 확정일자를 받은 경우 전세권 등기와 같은 물권적 효력을 인정하여 경매·공매 시 후순위 채권자보다 우선하여 변제받을 수 있습니다.
> ④ 임대료 인상 상한선 설정 : 연 5%의 범위 내에서 인상 가능 (하한은 제한 없음)

상가임대차보호법은 모든 상가 건물에 적용되는가?
모든 상가건물이 이 법의 보호를 받게 되는 것이 아니고 사업자등록의 대상이 되는 영업용 건물에만 해당합니다. 종중, 동창회 사무실, 교회, 사찰, 자선단체, 향우회, 친목 단체가 임차한 사무실 등 사업자등록의 대상이 되지 않는 비영업용 건물은 상가임대차보호법의 적용 대상이 아닙니다. 비업무용 건물은 확정일자를 받을 수 없으니 전세권 설정 등의 다른 방법을 찾아야겠지요.

영업용 상가건물 임차인은 모두 이 법에 보호를 받을 수 있는가?
주택임대차와 마찬가지로 상가를 임대차해도 상가건물임대차보호법의 영향을 받게 됩니다. 다만 주택과 달리 상가는 '지역별 환산보증금' 있어 일정한 기준금액을 초과하면 원칙적으로 상가임대차보호법의 적용에서 배제되므로 확정일자를 받을 수 없습니다. 환산보증금은 아래 계산 방법에 따라 정해집니다. 다만 일선 세무서에서는 별도의 약정이 없다면 월 차임에 부가세를 포함하고 있으니 참고하십시오.

※ 환산보증금 = (임대차보증금) + (월 임대료 x 100)

사업자등록의 대상이 되지 않는 비업무용 건물의 임대차와 이 법에서 정한 지역별 환산보증금액을 초과한 임차인은 원칙적으로 이 법의 보호를 받을 수 없습니다.

※ 원칙은 위와 같으나 환산보증금 초과 임차인도 보호하자는 취지로 대항력, 10년간 임대보장, 권리금보호 등의 권리는 일부 법이 개정되었습니다.

지역별 환산보증금(2025년 3월 27일 현재)

지 역	환산보증금
서울특별시	9억 원 이하
수도권정비계획법에 의한 과밀억제권역, 부산	6억9천만 원 이하
광역시(부산, 인천 제외) 안산, 용인, 김포, 광주, 세종, 파주, 화성시	5억4천만 원 이하
그밖의 지역	3억7천만 원 이하

※ 2018년 개정안에서 이어 2019년 4월 1일에도 환산보증금이 크게 상향되었습니다. 임대차보호법은 변동이 큽니다. 정치 논리 또는 대중의 요구로 자주 변화되는 경향을 보이니 수시로 확인하십시오.

환산보증금 관련 실무사례 Q&A

Q1 :
저는 2025년 봄에 커피숍을 운영을 목적으로 서울시 종로에 소재한 건물 1층 상가를 임대차계약 했습니다. 제가 상가임대차보호법의 보호를 받는지요?
- 임대차건물 소재지 : 서울시 종로구 ○○동 ○○번지 - ○○호 ○○건물 102호
- 임대차 내역 : 보증금 3억 원 / 월 임대료 620만 원

A1 :
환산 보증금 계산식에 대입하면 3억 원 + (620만 원 x 100) = 9억2천만 원이 환산보증금이 됩니다. 서울시의 환산보증금 기준은 현재 9억 원 이하로 귀하는 임대차보호법의 적용대상이 아닙니다. 몇 가지 예외 규정을 제외하고는 이 법의 적용을 받지 않습니다. 귀하는 환산보증금 초과 임차인으로 확정일자를 받을 수 없고, 민법의 임대차 일반 규정이 적용됩니다.

상가임대차보호법의 대항력에 관하여
점점 복잡해집니다. ㅠㅠ 법이란 순리적으로 명확한 결론을 도출해야 하는데 정치적인 논리로 점점 미궁에 빠집니다. 특히 상가는 생업과 밀접한 연관으로 주택보다는 더 민감합니다. 그러나 주택임대차보호법이나 상가임대차보호법(이하 상임법)은 같은 맥락으로 이해하시면 될듯합니다.

　주임법의 대항력이 전입신고를 기준으로 삼는다면, 상가임대차보호법의 대항력은 임차인의 사업자등록과 점유를 기본으로 합니다. 물론 대항력의 효력은 주임법과 같습니다. 상임법 3조(대항력)에 대해서 알아봅니다.

대항력이란?
대항요건(상가의 인도 + 사업자등록)을 갖춘 그 다음날 부터 발생되는 효력을 말한다.

상가임대차의 우선변제권

우리는 주택 임차인이 이사 및 전입신고를 하면서 확정일자를 받으면 '우선변제권'이라는 권리가 생긴다는 것을 이미 알고 있습니다. 같은 맥락으로 상임법에서 우선변제권이란 대항요건(상가의 인도 + 사업자등록)을 갖추고, 관할 세무서장으로부터 임대차 계약서에 확정일자를 받은 임차인은 임차건물의 경매나 공매 시 환가대금에서 후순위 권리자 또는 그 밖의 채권자보다 우선하여 보증금을 변제받을 수 있는 권리가 생성됩니다. 주택임대차보호법과 같은 개념으로 보면 되고, 다만 확정일자를 부여하는 주체가 다르지요.

최우선변제권은?

상가임대차에도 소액임차인에게 최우선변제권이 있고, 효력 또한 주택임대차와 동일합니다. 상임법의 최우선변제권은 경매나 공매 시 해당 상가의 환가대금에서 근저당 등 다른 권리보다 일정 금액을 우선하여 변제받을 권리를 말합니다. 최우선변제권은 다음의 조건에 부합하면 그 권리가 발생합니다.

- 경매개시신청등기 전까지 대항력을 갖출 것
- 상임법에서 정한 소액임대차보증금에 해당할 것

보증금이 상가임대차보호법에서 정한 기준인 소액임대차보증금에 속하면 일정 금액에 대하여 최우선으로 변제받을 수 있습니다. 임차한 상가건물에 대한 경매신청등기가 있기 전에 대항력을 갖추었다면, 소액보증금 범위 내에서 확정일자와는 관계없이 다른 권리자들보다 가장 최우선으로 변제받을 수 있습니다.

상가임대차의 경우 보증금은 환산된 보증금으로 그 기준을 잡고, 또한 주택임대차와 마찬가지로 환산보증금은 임대차 전입 시점이 아닌 담보물권설정일을 기준으로 하므로 주의를 요합니다. 다음은 경매에서 최초 매각기일 전 배당요구 종기까지 배당요구를 하면 최우선제 되는 일정액의 기준 표입니다.

상가건물 임대차보호법 금액 적용표

담보물건 설정일	지 역	환산보증금	소액임대차 보증금액	최우선변제금액
2010.07.26 ~ 2013.12.31	서울특별시	3억 원 이하	5,000만 원 이하	1,500만 원
	수도권 중 과밀억제권역	2억5천만 원 이하	4,500만 원 이하	1,350만 원
	광역시(인천, 군지역 제외), 안산, 용인, 김포, 경기도 광주시	1억8천만 원 이하	3,000만 원 이하	900만 원
	그 밖의 지역	1억5천만 원 이하	2,500만 원 이하	750만 원
2014.01.01 ~	서울특별시	4억 원 이하	6,500만 원 이하	2,200만 원
	수도권 중 과밀억제권역	3억 원 이하	5,500만 원 이하	1,900만 원
	광역시(인천, 군지역 제외), 안산, 용인, 김포, 경기도 광주시	2억4천만 원 이하	3,800만 원 이하	1,300만 원
	그 밖의 지역	1억8천만 원 이하	3,000만 원 이하	1,000만 원
2018.01.26 ~	서울특별시	6억1천만 원 이하	6,500만 원 이하	2,200만 원
	수도권 중 과밀억제권역	5억 원 이하	5,500만 원 이하	1,900만 원
	광역시(인천, 군지역 제외), 안산, 용인, 김포, 경기도 광주시	3억9천만 원 이하	3,800만 원 이하	1,300만 원
	그 밖의 지역	2억7천만 원 이하	3,000만 원 이하	1,000만 원
2019.04.02 ~ 현재 (2025년)	서울특별시	9억 원 이하	6,500만 원 이하	2,200만 원
	수도권 중 과밀억제권역	6억9천만 원 이하	5,500만 원 이하	1,900만 원
	광역시(인천, 군지역 제외), 안산, 용인, 김포, 경기도 광주시	5억4천만 원 이하	3,800만 원 이하	1,300만 원
	그 밖의 지역	3억7천만 원 이하	3,000만 원 이하	1,000만 원

환산보증금 이내 임차인과 초과 임차인 비교

관련 법조항	환산보증금 이내 임차인	환산보증금 초과 임차인
대항력 등	건물의 인도와 사업자등록이 완료되면 그다음 날부터 대항력 발생.	2015년 5월 13일 이후 최초로 계약이 체결 되거나 갱신되는 임대차부터 대항력 등이 인정됨.
보증금 회수	우선변제권(대항력 + 확정일자)이 있다.	우선변제권 제도 적용이 없으므로 다른 안전장치 필요. (ex. 전세권설정 등)
임대차기간	임차인은 선택적으로 주장 가능 : 기간을 정하지 않거나 1년 미만으로 정한 경우 1년으로 본다. 1년 미만 기간 주장할 수 있다.	약정기간만 인정됨.
계약갱신	계약 기간 10년 보장.	계약 기간 10년 보장.
보증금 중 일정액보호	경매나 공매 시 최우선변제권 적용.	적용되지 않음.

※ 임대차보호법에는 '주택임대차보호법'과 '상가임대차보호법'이라는 두 개의 큰 줄기가 있는데, 모두 사회적 약자인 임차인을 위한 특별법입니다. 이 법은 물가 압력 및 각계의 요구사항과 정치적 논리로 내용이 자주 변하는 경향을 보여주고 있습니다. 법의 뼈대는 같지만, 수치는 자주 변동될 수 있으니 참조하기 바랍니다.

07 순식간에 순위가 바뀐다! 대위변제 이야기

부동산 관련 용어를 되도록 쉽게 풀어쓰고 있습니다. 이번 이야기는 부동산경매에서 가끔 등장하는 '대위변제'입니다. 생소한 말은 좀 어렵죠. ^^;; 경매는 권리의 순서가 가장 중요합니다. 돈이 걸린 문제니까요.

경매에서 대위변제란?

대위변제의 기본 개념은 '채무자의 채무를 제3자가 대신 갚아주는 것'이라고 표현합니다. 경매에서는 주로 임차인이 소유자 대신 은행 근저당권 등을 갚아 순위를 변화시키는 행위라 할 수 있습니다. 대위변제는 부동산이 경매에 처해졌을 때 임차인의 보증금 손실을 줄이는 수단으로 사용되므로 주로 대위변제는 선순위 근저당 등의 금액이 소액일 때 발생합니다. 좀 더 쉽게 대위변제에 대한 권리 분석 및 예상 배당 사례를 가져옵니다.

임차인 현황

임차인	점유현황	전입/확정/배당	대항력	보증금/차임	예상배당액	비 고
나임차	주거	전입 : 2022-05-24 확정 : - 배당 : -	없음	150,000,000		

등기부 내역

구 분	접수일	권리내역	권리자	채권금액	기 타	인수/소멸
1	2020.08.29	소유권이전	너주인			
2	2021.04.07	근저당	○○은행	55,000,000	말소기준권리	소멸
3	2023.10.20	근저당	XX저축은행	120,000,000		소멸
3	2025.01.09	임의경매	XX저축은행	청구금액 : 120,333,900		소멸

사례의 내용대로 경매 절차가 진행된다고 가정합니다. 1순위 근저당권이 말소기준권리가 되고, 임차인은 확정일자가 없으니 우선변제권이 없습니다. 말소기준권리 이후 후순위 임차인으로 대항력 또한 없습니다. 결국 보증금 1억 5천만 원을 회수하지 못할 가능성이 큽니다.

이때 임차인은 소유자의 OO 은행 빚을 대신 갚는 '대위변제'를 한다면 상황은 크게 달라지겠지요. 즉 임차인의 대위변제로 OO 은행의 근저당은 말소되고 선순위 임차인으로 지위가 변동, 낙찰자에게 대항하여 보증금 전액을 보존할 수 있겠지요. 그리고 대위변제 한 채권은 채무자와 개별 채권(구상권) 또는 다른 형태로 남습니다. 반면 입찰자 입장이라면 혼란스러운 일을 겪겠네요. 1순위 근저당권자(OO 은행)가 임의경매를 신청했다면 대위변제로 경매 자체가 취소되어 낙찰자는 입찰보증금을 회수할 수는 있겠지요. 참고로 알아두시면 좋겠습니다.

다른 예를 들어봅니다. 등기부의 권리 내용을 순서대로 배열했습니다.

대위변제 경매사건

순위	등기부의 권리사항
	소유권자 A
1	근저당권, 2023년 1월 4일, OO 은행 채권최고액 금 45,000,000원
2	소유권 이전청구권 가등기, 2024년 4월 3일, 가등기권리자 B
3	채권자 C의 강제경매신청, 2025년 2월 3일

소유권자 A(채무자) 소유의 토지에는 위와 같이 1순위 근저당권, 2순위 가등기(담보가등기 X)가 시간의 순서로 설정되어 있습니다. 그리고 C는 토지 소유권자 A에게 금전을 차용해 주었으나 변제하지 않아 결국 강제경매를 신청

한 사례입니다.

일반적인 권리분석에서는 순위가 가장 앞선 OO 은행이 말소기준권리가 되고, 나머지 권리는 경매 절차로 모두 소멸되겠지요. 그러나 본 사례의 가등기권자 B는 근저당권자인 OO 은행과 합의, 대위변제 후 근저당권을 말소하여 1순위가 가등기권자로 바뀐 결과로 변화시킵니다. 전형적인 대위변제 사건입니다. 입찰한 사람은 헛수고하겠고, 이 사실을 모른 채 만일 잔금까지 지급했다면 좀 더 어려운 상황에 봉착합니다.

대위변제는 언제까지 할 수 있을까?

앞서 대위변제의 가능성을 사례로 살펴보았습니다. 대위변제는 후순위 권리자 또는 임차인이 앞선 채무를 대신 갚아 손실을 방어하는 방법입니다. 일반적으로 말소기준권리의 채권 금액이 소액이라면 언제든지 발생 가능합니다. 물론 근저당권자 등이 동의하고, 그 권리의 말소 또는 이전 조건을 합의해야 합니다. 그러면 대위변제는 언제까지 가능할까요? 부동산경매에서 대위변제의 가능 시기는 낙찰자가 잔금을 납부하기 전까지 할 수 있습니다. 또한 대위변제한 금액은 채무자와의 개별 채권으로 남겠지요.

대위변제 발생 후 낙찰자의 대처 방법

대위변제가 발생했다면 낙찰자 입장의 대처 방법을 알아보겠습니다.

① 매각허가결정 전에 대위변제를 알았다면
　-> 매각불허가 신청

② 매각허가확정 전에 대위변제를 파악했다면
　-> 항고

③ 매각허가확정 ~ 잔금 납부 전
　-> 매각허가결정 취소 신청

④ 대금 납부 후 ~ 배당기일 이전
　-> 경매에 의한 매매계약 해제 및 납부한 매각대금 반환 청구, 경매정지 신청, 낙찰대금 감액 신청

⑤ 배당 이후
　-> 배당받은 채권자를 상대로 부당이득반환청구의 소 제기

마치면서

'대위변제'에 대해 알아봤습니다. 대위변제란 채무자의 빚을 대신 갚아 주는 행위로 민법의 규정(임의대위, 법정대위변제)에 있는데, 이는 채무자의 동의 유무를 정하는 기준입니다. 그러나 실무에서는 민법 규정과 좀 달리 채권자와 채무자의 동의가 필요합니다. 일단 대위변제가 발생하면 낙찰자 입장에서는 중요한 변수로 작용하므로 조심해야겠지요.

　낙찰자의 입장에서는 수시로 부동산 등기부 등에서 대위변제를 확인해야 합니다. 부동산이란 생물과도 같아 자주 권리가 변화되니까요. 반대로 임차인 입장이라면 당면한 어려움을 이겨내는 데 큰 도움이 되겠네요.

　대위변제는 NPL(non-performing loan: 부실 채권 투자) 경매 등 여러 형태로 존재하지만, 오늘은 개념만 아는 차원에서 마치고 좀 더 다양한 사례는 따로 정리하겠습니다.

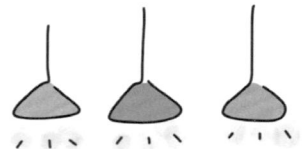

08 임차인 권리분석 실전 사례

그동안 임대차보호법과 기타 부가적인 내용 등을 알아봤습니다. 민사집행법에 특별법인 임대차보호법이 개입하면서 부동산경매에서 주요 변수로 작용하고 있습니다. 임차인 분석은 권리분석 중 까다로운 분야에 속하는데요. 우리가 임차인 분석을 하는 주된 이유는 낙찰대금 외에 추가로 인수(보증금을 떠안는)하는 권리가 있는지 여부를 사전에 파악하기 위해서입니다. 중요한 과정입니다. 수익을 내기 위해 경매에 도전하는 데 오히려 시세보다 비싸게 산다면 아무런 의미가 없겠지요.

그래서 이번에는 경매과정에서 선순위 임차인의 유형을 알아보고, 실전 사례에서는 어떻게 권리분석을 하는지 살펴보겠습니다. 선순위 임차인이란 대항력을 가진 임차인을 의미합니다. 앞서 구구절절 알아본 대항력, 확정일자를 받은 임차인의 우선변제권, 소액임차인 최우선변제권, 임차권등기 등에 밀접한 연관이 있습니다. 이런 연관성을 가지고 대항력 있는 임차인은 경매 절차에서 어떤 유형을 가졌는지에 대해 열거합니다.

확정일자가 없는 선순위 임차인이 배당요구를 했다? (소액임차인)

확정일자는 다른 권리자와 경합하여 배당받을 수 있는 우선변제권이 있다는 것을 의미합니다. 즉 임차인의 경우 배당요구를 했어도 확정일자가 없으면 우선변제를 받을 수 없습니다. 채권으로 분류, 안분배당을 받습니다. 하지만 특별법으로 정한 <u>소액임차인은 확정일자가 없어도 배당요구 시 보증금 중 일정액을 최우선으로 변제받을 수 있습니다.</u> 배당에 대해서는 '경매절차 편'에서 자세히 다루겠지만, 이해를 위해 간단한 배당의 예를 들어 보겠습니다.

다음의 내용은 확정일자가 없는 소액임차인이 배당요구종기일 전에 배당요구를 마친 상태이며, 1억 9천만 원에 낙찰된 사례입니다. (서울시 기준)

임차인 현황

임차인	점유현황	전입/확정/배당	대항력	보증금/차임	예상배당액	비 고
나임차	주거	전입 : 2021-04-24 확정 : - 배당 : 2024-11-08	있음	110,000,000		

등기부 내역

구 분	접수일	권리내역	권리자	채권금액	기 타	인수/소멸
1	2020.08.29	소유권이전	너주인			
2	2021.10.07	근저당	○○은행	90,000,000	말소기준권리	
3	2022.04.07	근저당	김○○	50,000,000		
4	2024.04.09	임의경매	○○은행	청구금액 : 95,000,000		

위의 사례내용대로 임차인의 권리분석을 한다고 가정합니다. 어떤 순서로 해야 할까요?

① 임차인, 등기부 갑구, 을구의 권리를 시간의 순서대로 배열한다.
② 말소기준권리를 찾는다. - 근저당
③ 임차인이 대항력이 있는지 확인한다. - 법원 서류 확인 결과 대항력 있음.
④ 배당요구 종기일 내에 배당요구를 신청했는지, 확정일자는 있는지 확인.
⑤ 배당요구한 임차인이 소액임차인이면 소액보증금 표(본서 163쪽) 확인.

담보물건 설정일	지 역	보증금의 범위	최우선변제금액
2021.05.11 ~ (11차 개정)	서울특별시	1억 5,000만 원 이하	5,000만 원
	수도권 (과밀억제권역)	1억 3,000만 원 이하	4,300만 원
	광역시(인천, 군지역 제외) 안산, 용인, 김포, 경기도 광주시	7,000만 원 이하	2,300만 원
	그 밖의 지역	6,000만 원 이하	2,000만 원

※ 근저당 설정일이 2021년 10월 07일은 11차 개정에 속하므로 최우선변제 5,000만 원

⑥ 경매 절차에서 전액 배당을 받는지, 낙찰자 인수금액은 없는지 확인.

자료를 근거로 예상 배당표를 작성해 봅니다.

예상 배당표 [낙찰가 : 금 190,000,000원] 단위 원

배당순위	권리자	권리 내용	청구금액	배당금	잔여액
0		집행비용	5,400,000	5,400,000	184,600,000원
1	나 임 차	최우선변제	110,000,000	50,000,000	134,600,000원
2	○○은행	근저당	95,000,000	95,000,000	39,600,000원
3	김○○	근저당	50,000,000	39,600,000	0원

사례가 다소 앞뒤가 안 맞지만 배당 과정의 편의를 위해 임의로 작성했습니다. 나 임차는 대항력 있는 임차인이지만, 확정일자가 없으니 우선변제는 해당 없습니다. 다만 나 임차는 소액임차인으로 최우선변제금 5,000만 원을 먼저 배당받을 수 있겠지요. 나머지 권리자들은 순위대로 배당받아 마지막 근저당권자 3,960만 원을 배당받고 남는 재원은 없습니다. 그러면 나 임차의 미회수 보증금은 어떻게 될까요?

'대항력'이란 보증금을 모두 돌려받을 때까지 인도를 거부할 권리를 말합니다. 역으로 말하면 낙찰자가 인수하는 권리입니다. 그러므로 낙찰자는 낙찰대금 외에 나 임차의 미회수 보증금 6,000만 원을 추가로 인수합니다.

※ 낙찰자의 총비용 : 1억 9천만 원 + 6천만 원 = 2억 5천만 원

대항력있는 임차인이 존재하는 경매물건 권리분석은 세심한 주의가 필요합니다. 그러나 181쪽에서 정한 권리분석 순서를 잘 지킨다면 그리 어려운 일도 아닙니다. 그러면 실제 경매시장에 나온 물건을 토대로 권리분석을 진행해 봅니다.

▶ 대항력은 있으나 확정일자가 없다?

2020 타경 9xxx   [의정부지방법원 의정부6계]

소 재 지	경기 가평군 조종면 현리 400 - O 2동 2층 202호 [조종내길 OO-OO]				
물건용도	다세대	개 시 일	2020.06.08	감 정 가	160,000,000원
건물면적	60.25㎡ (18.23평)	소 유 자	민OO	감정일자	2020.06.24
대 지 권	99.7㎡ (30.16평)	채 무 자	민OO	배당종기	2020.08.26
매각대상	건물 및 토지전부	채 권 자	박OO	최 저 가	(49%) 78,400,000원
경매구분	강제경매	청 구 액	59,085,222원	보 증 금	(10%) 7,840,000원
기타사항	선순위임차인				

입찰진행 내역

입찰기일	최저매각가격	결과
2020-10-26	160,000,000	유찰
2020-11-30	112,000,000	유찰
2021-01-04	78,400,000	-

임차인 현황

임차인	점유현황	전입/확정/배당	대항력	보증금/차임	예상배당액	비 고
김OO	주거	전입 : 2019-01-30 확정 : - 배당 : -	있음	120,000,000	0	보증금 전액 인수

등기부 내역

구 분	접수일	권리내역	권리자	채권금액	기 타	인수/소멸
1	2019.03.27	소유권이전	민OO			
2	2019.03.28	근저당	가평군농협	36,000,000	말소기준권리	소멸
3	2020.04.02	가압류	인천수협	769,920,965	의정부지방법원 2020카단2010	소멸
4	2020.06.10	강제경매	박OO	59,085,222	2020타경9xxx	소멸

1. 선순위 임차인이 확정일자가 없다?

181쪽의 예는 소액임차인이면서 대항력도 갖춘 사례였습니다. 소액임차인은 확정일자가 없어도 배당요구를 할 수 있는 반면 이에 해당하지 않은 일반 임대차의 경우 우선변제를 받으려면 확정일자가 있어야 합니다. 확정일자가 없으면 배당요구를 하더라도 물권보다 순위가 밀려 다른 채권과 안분배당을 받아야 합니다.

183쪽의 2020타경 9xxx 경매사건입니다. 경매정보사이트 상의 내용은 말소기준권리인 근저당보다 앞서 임차인의 전입으로 대항력있는 임차인으로 판단됩니다. 원칙대로 분석합니다.

① 임차인, 등기부 갑구, 을구의 권리를 시간의 순서대로 배열한다.

①	2019년 3월 27일 : 민OO 현재 소유권자	
②	2019년 1월 30일 : 김OO 임차인 전입일, 확정일자 없음	대항력, 인수
③	2019년 3월 28일 : 가평군농협, 근저당권	말소기준권리
④	2020년 4월 2일 : 인천수협, 가압류	소멸
⑤	2020년 6월 10일 : 강제경매개시	소멸

② 말소기준권리를 찾는다. - 근저당

③ 임차인이 대항력이 있는지 확인한다. - 법원 서류 등 확인

현황조사서

● 기본정보
- 사건번호 : 2020타경9　　부동산강제경매
- 조사일시 : 2020년06월18일15시30분

[소재지] 경기도 가평군 조종면 조종내길 12-　2동 2층　호

	점유인	김		당사자구분	임차인
1	점유부분	전부		용도	주거
	점유기간				
	보증(전세)금	120,000,000		차임	
	전입일자	2019.01.30		확정일자	미상

의 정 부 지 방 법 원

2020타경9

매각물건명세서

사 건	2020타경9 부동산강제경매	매각 물건번호	5	작성 일자	2020.11.11	담임법관 (사법보좌관)	이	
부동산 및 감정평가액 최저매각가격의 표시	별지기재와 같음	최선순위 설정		2019.03.28.근저당권		배당요구종기	2020.08.26	

부동산의 점유자와 점유의 권원, 점유할 수 있는 기간, 차임 또는 보증금에 관한 관계인의 진술 및 임차인이 있는 경우 배당요구 여부와 그 일자, 전입신고일자 또는 사업자등록신청일자와 확정일자의 유무와 그 일자

점유자 성 명	점유 부분	정보출처 구 분	점유의 권 원	임대차기간 (점유기간)	보 증 금	차 임	전입신고 일자, 사업자등록 신청일자	확정일자	배당 요구여부 (배당요구일자)
김	전부	현황조사	주거 임차인	미상	120,000,000		2019.01.30	미상	

④ 배당요구 종기일 내에 배당요구를 신청했는지, 확정일자는 있는지 확인합니다.

사례 해설(2020타경9xxx)

본 사건은 가평군의 다세대주택의 박OO의 채권에 의한 강제경매사건입니다. 등기부상에 소유권 외에 최선순위인 근저당(가평군농협)이 말소기준권리이며, 이보다 앞선 날짜에 임차인 김OO이 전입 신고되어 있습니다. 대항력있는 선순위 임차인이 확정일자가 없고, 배당요구는 하지 않았지요. 물론 보증금 1억 2천만 원으로 최우선변제에 해당하지 않습니다.

선순위 임차인이 확정일자가 없으면 낙찰자가 임차인 보증금 전액을 인수해야 합니다. 위험한 물건이지요. 유찰이 거듭되어 임차인의 보증금을 지급하고도 시세 대비 수익성이 보장되면 그때서야 입찰 가능한 물건입니다. 임차인 분석 없이 최저매각가격만 보고 입찰하게 되면 낭패를 당하겠네요.

▶ 대항력 있고, 확정일자가 앞선 임차인이 배당요구를 안 했다?

2019 타경 649   [제주지방법원 제주2계]

소재지	제주 제주시 연동 258 연동뜨레모아 O층 OOO호 [연동4길 36]				
물건용도	아파트(33평형)	개시일	2019.01.25	감정가	552,000,000원
건물면적	84.9㎡ (25.68평)	소유자	김OO	감정일자	2019.02.08
대지권	43㎡ (13.01평)	채무자	김OO	배당종기	2019.04.29
매각대상	건물 및 토지전부	채권자	신OO	최저가	(49%) 270,480,000원
경매구분	임의경매	청구액	303,830,136원	보증금	(10%) 27,048,000원
기타사항	선순위임차인				

입찰진행 내역

입찰기일	최저매각가격	결과
2020-02-24	552,000,000	유찰
2020-03-30	386,400,000	낙찰

낙찰 431,030,000원 (78%)
(응찰 : 1명 / 낙찰자 : 송OO)
매각결정기일 : 2020.04.06 매각허가결정
대금지급기한 : 2020.05.14 / **미납**

2020-06-08	386,400,000	유찰
2020-07-13	270,480,000	낙찰

낙찰 311,000,000원 (56%)
(응찰 : 2명 / 낙찰자 : 정OO)
매각결정기일 : 2020.07.20 매각허가결정
대금지급기한 : 2020.08.27 / **미납**

2020-09-21	270,480,000	낙찰

낙찰 272,000,000원 (49%)
(응찰 : 1명 / 낙찰자 : 황OO)
매각결정기일 : 2020.09.28 매각허가결정
대금지급기한 : 2020.10.27
대금납부 : 2020.10.26
배당기일 : 2020.11.26
배당종결 : 2020.11.26

물건사진 및 위치도

임차인 현황

임차인	점유현황	전입/확정/배당	대항력	보증금/차임	예상배당액	비고
박OO	주거	전입 : 2016-01-26 확정 : 2016-01-26 배당 : -	있음	270,000,000	0	보증금 전액 인수

등기부 내역

구분	접수일	권리내역	권리자	채권금액	기타	인수/소멸
1	2016.01.27	소유권이전	김OO			
2	2016.07.08	담보가등기	신OO		말소기준권리	소멸
3	2018.12.10	근저당	허O	300,000,000		소멸
4	2019.01.28	임의경매	신OO	청구금액 : 303,830,136	2019타경649	소멸
5	2019.04.24	가압류	중소벤처기업 진흥공단	67,267,573	대구서부지원 2019카단50750	소멸
6	2020.04.07	압류	남대구세무서			소멸

2. 대항력 있고, 확정일자도 앞선 임차인이 배당요구를 안 했다?

좌측의 2019타경649 제주시 연동의 아파트 경매사건입니다. 확정일자도 다른 권리보다 앞선 대항력있는 임차인이 배당요구종기일까지 배당요구를 안 한 사례입니다. 본격적 분석에 앞서 법원의 대항력을 가진 임차인에 대한 원칙을 알아보겠습니다.

"최선순위 설정 일자보다 대항요건을 먼저 갖춘 주택·상가건물 임차인의 임차보증금은 매수인에게 인수되고, 대항력과 우선변제권이 있는 주택·상가건물 임차인이 배당요구를 하였으나 보증금 전액에 관하여 배당을 받지 아니한 경우에는 배당받지 못한 잔액이 매수인에게 인수됩니다."

풀이하면 이렇습니다.

- 대항력을 가진 선순위 임차인의 보증금은 낙찰자가 인수한다.
-> 선순위임차인이 확정일자가 없는 사례(184쪽)에서 봤습니다. - 전액 인수

- 대항력과 확정일자를 가진 임차인이 배당요구를 했으나 보증금 전부를 배당받지 못하면 나머지 잔액은 낙찰자가 인수한다.

위의 논리로 따진다면 대항력있는 임차인이 배당요구를 안 했다는 사실은 다른 권리와 경합하지 않겠다는 의미로 대항력만을 주장한다는 말과 같습니다. 결론적으로 낙찰자가 임차인 보증금 전액을 인수해야 합니다.
이런 지식을 알고 있는 임차인은 일부러 배당요구를 안 하기도 합니다. 어차피 전액 낙찰자가 인수하니 보증금 회수에는 문제가 없고, 또 법원의 여러 절차가 귀찮을 수도 있어 간혹 배당요구를 안하기도 합니다. 아무튼 선순위 임차인이 확정일자 없거나 배당요구를 안 한 경우 모두 전액 낙찰자가 보증금 전액을 인수해야 하니 꼼꼼한 권리분석이 필요합니다.

사례 해설 (2019타경649)
담보가등기권자인 신OO의 임의경매 물건입니다. 아시다시피 담보가등기는 저당권과 같은 권리로 간주, 말소기준권리가 되며 경매 절차 후 소멸하는 권리입니다. 물론 등기부상의 다른 권리들도 함께 소멸되겠지요. 그런데 임차인이 문제입니다. 앞서 언급한 순서대로 임차인분석을 해봅니다.
※ '가등기를 알아보자' 58쪽 | '담보가등기 이야기' 61쪽 | '가등기 사용설명서' 114쪽 참조하세요.

경매 검색정보에는 대항력있는 선순위 임차인이며 앞선 확정일자 또한 있으나, 배당요구를 안 한 것으로 표기되어 있네요. 정확히 확인하기 위해 법원의 현황조사서, 매각물건명세서 그리고 세대열람까지 차례로 확인합니다.

현황조사서

- **기본정보**
  - 사건번호 : 2019타경649 부동산임의경매
  - 조사일시 : 2019년02월08일

- 부동산 임대차 정보

번호	소재지	임대차관계
1	제주특별자치도 제주시 연동4길 36, 호 (연동,연동뜨레모아)	1명

- **부동산의 현황 및 점유관계 조사서**
  1. 부동산의 점유관계

소재지	제주특별자치도 제주시 연동4길 36, 호 (연동,연동뜨레모아)
점유관계	임차인(별지)점유
기타	현장에서 임차인 박　의 처 조문희를 만난바, 본건 전부를 임차인이 점유사용하고 있다고 함.

- **임대차 관계 조사서**
  1. 임차 목적물의 용도 및 임대차 계약등의 내용

[소재지] 제주특별자치도 제주시 연동4길 36, 호 (연동,연동뜨레모아)

	점유인	박		당사자구분	임차인
1	점유부분	본건 전부		용도	주거
	점유기간	2016년 1월 26일부터			
	보증(전세)금	이억칠천만원		차임	
	전입일자	2016.01.26		확정일자	2016.01.26

- 보증금 : 이억칠천만원
- 점유기간 : 2016.01.26
- 전입일자 : 2016.01.26
- 확정일자 : 2016.01.26

제 주 지 방 법 원

2019타경649

매각물건명세서

사건	2019타경649 부동산임의경매	매각물건번호	1	작성일자	2020.08.31	담임법관 (사법보좌관)	김
부동산 및 감정평가액 최저매각가격의 표시	별지기재와 같음	최선순위 설정	2016.7.8.소유권이전담보가등기			배당요구종기	2019.04.29

부동산의 점유자와 점유의 권원, 점유할 수 있는 기간, 차임 또는 보증금에 관한 관계인의 진술 및 임차인이 있는 경우 배당요구 여부와 그 일자, 전입신고일자 또는 사업자등록신청일자와 확정일자의 유무와 그 일자

점유자 성명	점유부분	정보출처 구분	점유의 권원	임대차기간 (점유기간)	보증금	차임	전입신고 일자, 사업자등록 신청일자	확정일자	배당 요구여부 (배당요구일자)
박	본건 전부	현황조사	주거 임차인	2016년 1월 26일부터	이억칠천만원		2016.01.26	2016.01.26	

<비고>
임차인 박　는 배당요구신청은 하지 않았으나, 대항력있는 임차인으로 파악됨.

배당요구 없음

※ 최선순위 설정일자보다 대항요건을 먼저 갖춘 주택·상가건물 임차인의 임차보증금은 매수인에게 인수되는 경우가 발생 할 수 있고, 대항력과 우선변제권이 있는 주택·상가건물 임차인이 배당요구를 하였으나 보증금 전액에 관하여 배당을 받지 아니한 경우에는 배당받지 못한 잔액이 매수인에게 인수되게 됨을 주의하시기 바랍니다.

등기된 부동산에 관한 권리 또는 가처분으로 매각으로 그 효력이 소멸되지 아니하는 것
해당사항 없음

매각에 따라 설정된 것으로 보는 지상권의 개요
해당사항 없음

비고란

```
                    전입세대 열람 내역(동거인포함)

행정기관 : 경기도 하남시 풍산동                          출력일시 :    2019년 5월 27
신청주소 : 제주특별자치도 제주시 연동4길 36,   호         출력자 :
                                                      페이지 :

순번  세대주성명    전입일자    등록구분  최초전입자  전입일자   등록구분  동거인  동거인사항
                          주 소                                        수     순번 성명  전입일자  등록

 1    박 **      2016-01-26   거주자    박 **    2016-01-26  거주자
      제주특별자치도 제주시 연동4길 36,  호 (연동,뜨레모아9차)

                                                                      - 이하여백 -
```

※ 참고 : 임차인은 배당요구 종기일까지 전입 상태를 유지했다면 그 이후에는 이사를 해도 대항력은 유지됩니다.

법원서류 등을 조사해보니 임차인은 대항력있는 임차인이며 배당요구종기일까지 배당요구를 안 한 상태입니다.

경매가 진행되어 2020년 03월 30일 송OO 씨가 단독으로 응찰하여 감정가보다 78% 저감된 431,030,000원에 낙찰받았습니다. 법원은 2020년 04월 06일에 매각허가결정을 했으나 송OO 씨는 잔금을 납부하지 않았습니다. 송OO 씨는 임차인의 보증금 전액을 인수한다는 내용을 간과한 것으로 보입니다. 결국 송OO 씨는 입찰을 포기했고, 입찰보증금 약 38,640,000원을 몰수당합니다. 물론 법원이 몰수한 이 금액은 배당 재원으로 사용합니다. 시세보다 싸다고 덜컥 낙찰 받아 포기한 사안으로 임차인 분석을 실패한 경매사고로 추정됩니다.

송 씨의 포기로 경매절차는 다시 진행됩니다. 이번에는 두 명이 응찰하여 정OO 씨가 311,000,000원(56%)에 낙찰받습니다. 정OO 씨 또한 대금지급기한인 2020년 8월 27일까지 낙찰대금을 납부하지 않아 정 씨의 입찰보증금 역시 몰수되어 이 건의 권리자들에게 배당됩니다. 이 사안 역시 경매사고로 송 씨와 같은 내용이겠지요. 낙찰대금에 임대차 보증금 2억 7천만 원을 더한 금액이 총매수금액으로 오히려 시세보다 비싸 입찰보증금을 포기한 안타까운 사건입니다.

또다시 시작된 경매절차에서 2020년 09월 21일 황OO 씨가 참여하여 응찰

가 272,000,000원(감정가 대비 49%)을 써내고 낙찰받게 됩니다. 황 씨는 감정평가일이 2019년으로 그간 부동산이 많이 상승했으며 임차인 보증금을 인수하고도 수익이 남는다고 판단, 참여한 것을 보입니다. 법원은 정상적으로 매각허가결정을 했고, 황OO 씨는 대금지급기한인 2020년 10월 27일 전에 대금을 납부함으로써 모든 경매절차는 종결됩니다. 참고로 이 사건의 배당이 어떻게 이루어지는지 알아보겠습니다.

예상 배당표 단위 원

[낙찰가 : 금 272,000,000원 + 65,688,000(전 경매 보증금)] = 337,688,000원

배당순위	권리자	권리 내용	청구금액	배당금	잔여액
0		집행비용	3,954,000	3,954,000	333,734,000원
1	남대구 세무서장	체납상당액	교부신청액	?	333,734,000원
2	신OO	담보가등기	303,830,136	303,830,136	29,903,864
3	허O	근저당	300,000,000	29,903,864	0원
4	중소벤처기업진흥공단	가압류	67,267,573	0	0원
5	박OO	주택임차인	임대차 보증금 270,000,000 전액 낙찰자 인수		

위와 같이 배당될 것으로 예상됩니다. 본서 '배당 편'에서 자세히 다루겠지만, 남대구세무서의 배당은 1순위가 되겠고, 금액은 알 수 없어 공란으로 넣었습니다.

이로써 대항력과 확정일자가 있는 임차인이 배당요구를 하지 않은 사례에 대해 배당까지의 모든 과정을 실제 사례를 통해 알아봤습니다. 이처럼 임차인에 대한 인수 여부는 부동산경매에서 가장 중요한 부분이겠지요. 이 밖에도 임차인의 존재는 많은 변수가 있습니다. 아차 하면 낙찰자가 큰 손해를 볼 수도 있으니 늘 조심해야 합니다. 또 다른 사례를 살펴봅니다.

▶ 확정일자가 기준권리보다 앞선 선순위 임차인이 배당요구한 사례

2019 타경 1957 [대구지방법원 안동2계]

소 제 지	경북 안동시 태화동 634-209 태화동현대아파트 ○○○동 4층 ○○○호 [광명로 227]				
물건용도	아파트(26평형)	개 시 일	2019.06.14	감 정 가	80,000,000원
건물면적	62.68㎡ (18.96평)	소 유 자	김○○	감정일자	2019.10.02
대 지 권	32㎡ (9.68평)	채 무 자	김○○	배당종기	2019.08.26
매각대상	건물 및 토지전부	채 권 자	국민카드	최 저 가	(49%) 39,200,000원
경매구분	강제경매	청 구 액	20,252,535원	보 증 금	(10%) 3,920,000원
기타사항	선순위임차인				

입찰진행 내역

입찰기일	최저매각가격	결과
2020-06-08	80,000,000	유찰
2020-07-06	56,000,000	유찰
2020-08-03	39,200,000	낙찰

낙찰 39,290,000원 (49%)
(응찰 : 2명 / 낙찰자 : 이○○)
매각결정기일 : 2020.08.10 매각허가결정
대금지급기한 : 2020.09.18 미납

| 2020-12-07 | 39,200,000 | - |

물건사진 및 위치도   더 보기

임차인 현황

임차인	점유현황	전입/확정/배당	대항력	보증금/차임	예상배당액	비 고
우○○	주거	전입 : 2016-10-14 확정 : 2016-10-14 배당 : 2019-08-02	있음	90,000,000	0	보증금 일부 인수

등기부 내역

구 분	접수일	권리내역	권리자	채권금액	기 타	인수/소멸
1	2012.10.05	소유권이전	김○○			
2	2019.06.18	강제경매	국민카드	청구: 20,252,535	말소기준권리 2019타경1957	소멸

3. 선순위 임차인이 확정일자가 앞서 있고, 배당요구를 했다?

확정일자에 기한 배당요구를 한 대항력 있는 임차인은 다른 후순위 채권에 우선하여 변제를 받겠다는 것을 의미합니다. 임차인의 보증금은 채권의 물권화로 다른 권리들과 경합하여 배당에 참여합니다. 이때 배당과정에서 전부를 배당받지 못하면 대항력이란 막강한 권력으로 배당받지 못한 금액은 새로운 매수인(낙찰자)에게 전가합니다. 즉 잔존금액은 인수하는 개념입니다.

사례 해설 (2019타경1957)

경북 태화동 소재 아파트 매각물건입니다. 국민카드에서 신청한 경매개시결정 등기가 말소기준권리가 되며 대항력이 있는 임차인이 있습니다. 법원은 통상 첫 매각기일 전 1개월로 '배당요구종기'를 정하여 임차인에게 통보합니다. 임차인은 배당을 받기 위해서는 반드시 종기내에 배당요구를 해야 합니다. 좌측 자료로 보아 임차인은 확정일자를 구비했고, 배당요구까지 마친 사례입니다. 어떻게 진행될까요?

　두 차례 유찰 끝에 2020년 8월 3일 이OO 씨가 39,200,000원에 본 물건을 낙찰받습니다. 그리고 대금 지급기한까지 미납한 상태입니다. 이번에도 임차인 분석을 제대로 하지 않은 결과로 추정됩니다. 예상 배당표를 작성해 보면 법원의 경매집행비용(편의상 300만 원으로 추정)은 제일 먼저 0순위로 배당받고, 임차인은 확정일자에 기한 우선변제금 약 3,600만 원을 우선 배당받습니다. 배당재원이 없으므로 국민카드는 한 푼도 배당받지 못합니다. 또한 임차인이 배당받지 못한 보증금 잔액이 낙찰자에게 인수되는 것을 볼 수 있습니다.

예상 배당표 단위 원 [낙찰가 : 금 39,290,000원]

배당순위	권리자	권리 내용	청구금액	배당금	잔여액
0		집행비용	3,000,000	3,000,000	36,290,000원
1	우OO	우선변제금	90,000,000	36,290,000	0
2	국민카드	채권	20,252,535	0	0
3	우OO	주택임차인	임대차 보증금 53,710,000원 낙찰자 인수		

결국 낙찰금과 인수되는 잔존 보증금을 합친 금액이 총 매수금이 되므로 낙찰자 이OO 씨는 입찰보증금을 포기하고 대금을 미납한 것을 보입니다.

전입일자, 확정일자가 말소기준권리보다 빠르고, 배당요구한 사례는 대부분 전액 배당될 가능성이 큽니다. 하지만 깡통전세 등 곳곳에 함정이 있을 수 있으니 대항력 있는 임차인은 한 번 더 살펴서 조심해야겠지요.

4. 배당요구를 했으나 배당요구종기 내에 배당요구를 철회한 경우?

대항력과 확정일자를 갖춘 임차인이 배당요구한 후 배당요구를 철회했다면 어떻게 될까요? '배당요구를 철회했다.'는 말은 '배당요구를 안 했다.'라는 것과 같습니다. 결국 앞선 사례와 같이 임차인보증금 낙찰자 전액인수 입니다.

대항력있는 임차인의 배당요구철회는 배당요구종기 내에만 할 수 있습니다. (민사집행법 제88조 2항) 배당요구를 철회한 내용은 법원의 물건송달내역 및 매각물건명세서에 기록됩니다. 사례를 가져왔습니다.

서울동부지방법원 매각물건명세서

2019타경52178

사건	2019타경52178 부동산강제경매		매각물건번호	1	작성일자	2020.06.26	담임법관(사법보좌관)	
부동산 및 감정평가액 최저매각가격의 표시	별지기재와 같음		최선순위 설정		2018.12.20. 가압류		배당요구종기	2019.07.23

부동산의 점유자와 점유의 권원, 점유할 수 있는 기간, 차임 또는 보증금에 관한 관계인의 진술 및 임차인이 있는 경우 배당요구 여부와 그 일자, 전입신고일자 또는 사업자등록신청일자와 확정일자의 유무와 그 일자

점유자 성명	점유 부분	정보출처 구분	점유의 권원	임대차기간 (점유기간)	보증금	차임	전입신고일자, 사업자등록 신청일자	확정일자	배당 요구여부 배당요구일자
최	미상	현황조사	주거 임차인	미상	미상	미상	2016.06.02	미상	
	전부(방 3칸)	권리신고	주거 임차인	2016.05.30.~	500,000,000원	400,000원	2016.06.02.	2016.06.02	2019.05.21

〈비고〉
최 :2019. 5. 24. 배당요구 철회서를 제출함.

-> 최OO : 2019. 5. 24 배당요구 철회서 제출함.

※ 배당요구 종기일 : 2019년 07월 23일 ㅣ 임차인 배당요구일자 : 2019년 05월 21일

▶ 선순위 임차인이 배당요구종기를 지나 배당요구를 했다?

2018 타경 2073   [서울북부지방법원 북부5계]

소 재 지	서울 강북구 수유동 130-25 O층 OOO호 [수유로17길 30]				
물건용도	다세대	개 시 일	2018.02.26	감 정 가	190,000,000원
건물면적	37.55㎡ (11.36평)	소 유 자	장OO	감정일자	2018.03.08
대 지 권	22.58㎡ (6.83평)	채 무 자	장OO	배당종기	2018.05.14
매각대상	건물 및 토지전부	채 권 자	(주)강남옥션	최 저 가	(17%) 31,877,000원
경매구분	임의경매	청 구 액	67,500,000원	보 증 금	(20%) 6,375,400원
기타사항	선순위임차인, 배당요구 무효				

입찰진행 내역

입찰기일	최저매각가격	결과
2019-08-26	190,000,000	유찰
2019-09-30	152,000,000	낙찰

낙찰 161,100,000원 (85%)
(응찰 : 1명 / 낙찰자 : 박OO)
매각결정기일 : 2019.10.07 매각허가결정
대금지급기한 : 2019.11.08 미납

2020-01-20	152,000,000	유찰
2020-02-24	121,600,000	유찰
2020-03-30	97,280,000	변경
2020-05-11	97,280,000	유찰
2020-06-08	77,824,000	유찰
2020-07-13	62,259,000	유찰
2020-08-31	49,807,000	변경
2020-10-12	49,807,000	유찰
2020-11-16	39,846,000	유찰

물건사진 및 위치도   더 보기

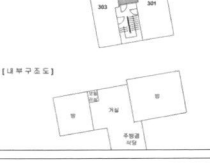

임차인 현황

임차인	점유현황	전입/확정/배당	대항력	보증금/차임	예상배당액	비 고
박OO	주거	전입 : 2015-01-27 확정 : 2015-01-27 배당 : 2018-06-20	있음	130,000,000	0	

등기부 내역

구 분	접수일	권리내역	권리자	채권금액	기 타	인수/소멸
1	2016.05.11	소유권이전	장OO			
2	2016.05.20	근저당	(주)강남옥션	67,500,000	말소기준권리	소멸
3	2016.05.31	근저당	박**	30,000,000		소멸
4	2018.02.27	임의경매	(주)강남옥션	청구금액 : 67,500,000	2018타경2073	소멸
5	2018.07.20	임의경매	박**		2018타경7306	소멸
6	2020.08.25	압류	도봉세무서장			소멸

5. 선순위 임차인이 배당요구종기를 지나 배당요구를 했다?

'배당종기일'이란 민사집행법에서 정한 배당신청서 접수를 마감하는 날입니다. 배당요구종기일을 지나서 배당신청을 하면 결국 배당요구를 안 한것으로 간주하여 임차인이 신청한 배당요구는 무효로 됩니다. 배당요구를 안했다는 것으로 간주, 186쪽의 사례와 같은 낙찰자가 임차인 보증금 전액 인수라는 결론이 나겠지요. 분석을 해보겠습니다.

사례 분석 (2018타경2073)

서울 강북구 수유동의 다세대 경매물건입니다. (주)강남옥션이 근저당에 기인한 임의경매 사건인데, 이외에 박**가 접수한 임의경매 (2018타경7306)가 또 있네요. 경매신청 채권자가 2명 이상인 경우를 중복사건 이라고 합니다. 이때는 먼저 접수된 경매사건(2018타경2073)을 모 사건으로 진행합니다.

　선순위 확정일자를 갖춘 대항력이 있는 임차인으로 배당요구를 마친 상황입니다. 그러나 195쪽의 배당요구종기일을 살펴보면 2018년 5월 14일로 임차인 박OO 씨는 배당요구종기일이 지난 2018년 6월 20일에 배당요구를 했습니다. 결국 배당요구를 안 한 것으로 판정되어 배당요구는 무효가 되고, 배당에 참여할 수 없으니 우선변제권을 행사할 수 없지요. 결국 임차인의 보증금은 전액(1억 3천만 원) 낙찰가가 인수해야 합니다.

  2019년 9월 30일 박OO 씨가 단독 응찰하여 본 물건을 낙찰받습니다. 법원은 이에 매각허가결정을 했고, 낙찰자는 임차인 보증금 전액 인수라는 사실을 뒤늦게 알고 대금을 미납, 낙찰을 포기한 것으로 추정됩니다.

  본 물건은 다시 경매 절차를 진행, 2020년 11월 현재까지 유찰이 거듭되고 있는 상황입니다. 임차인 보증금 전액을 물어주고 수익이 남을 때까지 유찰되겠지요. 2021년에 낙찰가 40,376,000원(21%) 낙찰됐네요. 매각물건명세서를 가져왔습니다.

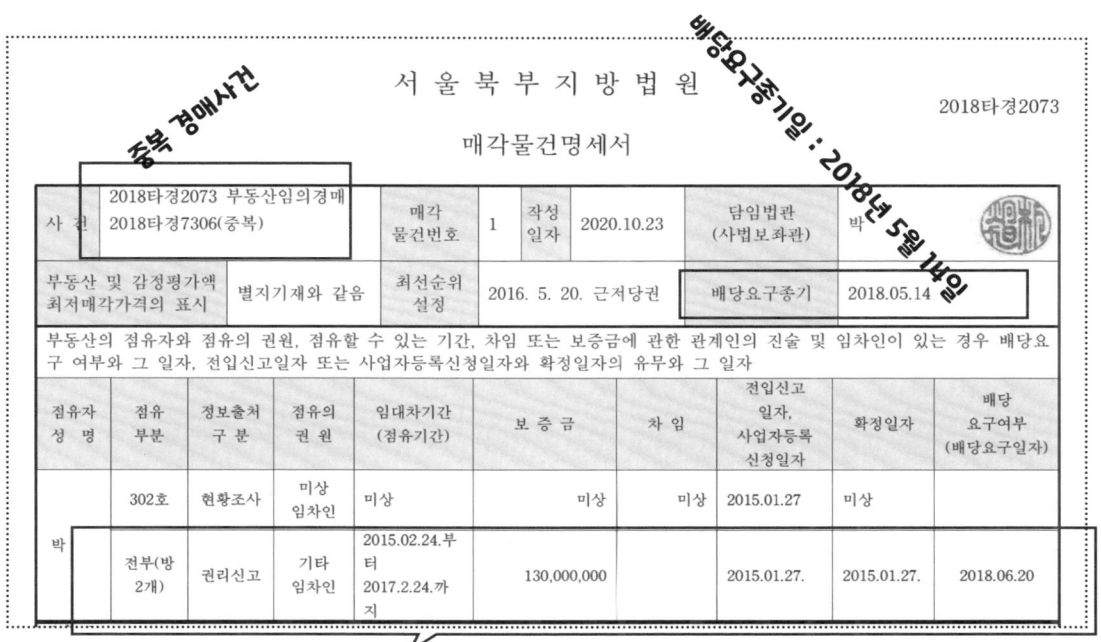

임차인 법원 권리신고 내역 : 보증금 1억 3천만 원, 배당요구일 2018년 6월 20일

▶ 선순위 임차인의 확정일자가 말소기준권리보다 늦은 사례

2019 타경 6354   [창원지방법원 진주5계]

소 재 지	경남 진주시 충무공동 230 혁신도시엘에이치아파트 O단지 OOO동 O층 OOO호 [사들로 126]				
물건용도	아파트(33평형)	개 시 일	2019.09.04	감 정 가	288,000,000원
건물면적	84.95㎡ (25.7평)	소 유 자	유OO	감정일자	2019.09.09
대 지 권	63.1㎡ (19.09평)	채 무 자	유OO	배당종기	2020.01.15
매각대상	건물 및 토지전부	채 권 자	진주축협	최 저 가	(51%) 147,456,000원
경매구분	임의경매	청 구 액	53,664,294원	보 증 금	(10%) 14,745,600원
기타사항	선순위 임차인, 임차권				

입찰진행 내역

입찰기일	최저매각가격	결과
2020-05-11	288,000,000	유찰
2020-06-15	230,400,000	낙찰

낙찰 268,907,000원 (93%)
(응찰 : 1명 / 낙찰자 : (주)OOOOO)
매각결정기일 : 2020.06.22 매각허가결정
대금지급기한 : 2020.07.30 미납

2020-08-31	230,400,000	변경
2020-10-12	230,400,000	유찰
2020-11-16	184,320,000	유찰
2020-12-21	147,456,000	-

물건사진 및 위치도 더 보기

임차인 현황

임차인	점유현황	전입/확정/배당	대항력	보증금/차임	예상배당액	비 고
이OO	주거	전입 : 2016-04-05 확정 : 2018-06-26 배당 : 2019-11-20	있음	260,000,000		

등기부 내역

구 분	접수일	권리내역	권리자	채권금액	기 타	인수/소멸
1	2017.02.28	근저당권	진주축협	60,000,000	말소기준권리	소멸
2	2017.07.20	근저당권	김OO	100,000,000		소멸
3	2018.10.04	소유권이전	유OO		상속	
4	2018.10.15	가압류	경남 신용보증재단	9,498,000	진주지원 2018카단1091	소멸
5	2018.10.29	임차권	이OO	260,000,000	미배당보증금 매수인 인수	인수
6	2019.09.05	임의경매	진주축협	청구금액 : 53,664,294		

6. 선순위 임차인의 확정일자가 말소기준권리보다 늦다?

대항력있는 선순위 임차인이 확정일자를 기준권리보다 늦게 갖춘 상태로 배당 요구까지 마쳤습니다. 임차인은 보증금의 전부 또는 일부를 순위에 밀려 배당받지 못할 가능성이 큽니다. 반대로 낙찰자의 입장에서 보면 임차인이 배당받지 못한 미배당 보증금을 인수해야 합니다.

사례 해설 (2019타경6354)

경남 혁신도시의 아파트 경매 물건입니다. 2017년 2월 28일 근저당권이 최선순위로 말소기준권리가 됩니다. 중간에 상속을 원인으로 한 소유권이전 등기로 보아 원래 소유주가 돌아가신 것 같습니다. 말소기준권리 이하 모든 권리는 경매 종결로 모두 소멸되어 문제는 없어 보입니다. 그러나 이번 사례도 임차인이 문제네요.

경매자료를 확인해보니 임차인 이OO 씨의 전입 일자가 말소기준권리 보다 앞서는 것을 보아 대항력있는 임차인입니다. 다만 확정일자가 2018년 6월 26일로 전입하고 한참 후에 확정일자를 받았네요. 그리고 2018년 10월 29일 임차권등기도 합니다. 그리고 본 물건이 경매 절차를 시작하자 배당요구종기 내에 배당요구까지 마친 상태입니다. 현재까지가 유료경매 정보지 상의 자료를 보고 판단한 내용입니다. 자료의 오류가 있을 수 있으니 경매에 참여하려면 기타 원본 자료를 좀 더 봐야겠지요(등기부 확인, 점유관계조사서, 매각물건명세서, 전입세대확인서 열람 등)

아무튼, 2020년 6월 15일 (주)OOOOO의 단독입찰로 감정가 대비 93%로 낙찰됩니다. (낙찰가 268,907,000원) 이 기준으로 예상 배당표를 만들어 봤습니다.

예상 배당표 단위 원 [낙찰가 : 금 268,907,000원]

배당순위	권리자	권리 내용	청구금액	배당금	잔여액
0		집행비용	3,742,000	3,742,000	265,165,000
1	진주축협	근저당	60,000,000	60,000,000	205,165,000
2	김OO	근저당	100,000,000	100,000,000	105,165,000
3	이OO	확정일자부 주택임차인	260,000,000	105,165,000	0
4	경남신용보증재단	가압류	9,498,000	0	0
3	이OO	주택임차인	임대차 보증금 154,835,000원 낙찰자 인수		

임차인 분석을 하기 위해서는 배당에 대한 이해가 필요합니다. 인수 여부 판단과 아울러 나중에 명도할 때의 저항성도 판단해야 하기 때문이지요.
※ 배당절차에 대한 자세한 내용은 본서 '배당의 원리 반드시 알아야 한다' 263쪽을 참조하세요.

예상 배당표를 작성해보니 낙찰자가 임대차보증금 154,835,000원을 낙찰가 외에 부담해야 합니다. (총비용 : 낙찰가 268,907,000원 + 인수 보증금 154,835,000)

결국 대금을 미납, 낙찰 포기한 사건입니다. 임차인분석을 간과, 최저매각가격만 확인 후 입찰한 결과입니다. 낙찰자는 입찰보증금 약 2,300만 원을 날린 사건입니다. 인수 보증금을 물어주고도 남는 금액에 도달하면 낙찰되겠지요. 참고로 2021년 낙찰가 125,236,000원(43%)에 낙찰됐습니다.

글을 마치면서 - 임차인 분석 요약

부동산 경매에서 임차인의 분석을 '경매의 큰 벽'이라고도 하고, '권리분석의 핵심' 또는 '권리분석의 꽃'이라는 등 여러 말로 회자되고 있습니다. 이는 임차인의 권리를 분석하는 일이 어렵다는 뜻일 수도 있습니다. 진행된 각종 경매사례를 들어봤는데요. 과거 오래된 자료뿐만 아니라 최근의 경매 절차에서도 임차인 분석 실패, 낙찰을 포기한 사례가 의외로 많습니다. 그만큼 조심해야 한다는 방증이겠지요.

경매는 시세보다 낮은 가격에 부동산을 낙찰받아 투자수익을 얻는 것이 기본 개념인데 권리분석 실패로 오히려 손해를 본다면 시작 안 하는 것이 오히려 낫겠지요. 그러나 임차인분석도 그 원리를 이해하고, 몇 가지 원칙만 지킨다면 그리 까다로운 일도 아닙니다. 이번 지면에는 그간 쭉 알아봤던 임차인에 대해 마무리하는 시간으로 활용하겠습니다.

임차인 분석의 시작은 민사집행법입니다. 그러나 특별법인 강력한 임대차보호법이 결합하여 좀 복잡해졌습니다. 특별법이란 일반법 위에 있는 법체계로 일반법 보다 우선 적용됩니다. 임대차보호법에서 말하는 임차인의 대항력이란 '대항요건(점유+전입)'을 갖춘 익일 0시부터 발생하는 특별한 힘으로 다른 여타 권리에 대항하여 임차인이 보증금 전부를 돌려받을 때까지 주장할 수 있는 권리입니다. 경매에서는 '대항력 있음'의 의미는 말소기준권리 보다 먼저 대항력을 갖춘 상태를 말하며 이를 '선순위 임차인'이라 통칭합니다. 확정일자와는 다른 개념입니다.

경매배당 절차에서는 근저당 등의 물권은 순서대로 배당받고, 일반채권은 안분배당 받습니다. 임차인의 보증금은 당연히 채권입니다. 그러나 이번에도 특별법으로 임차인의 채권에 확정일자를 더함으로 다른 물권과 경쟁할 수 있는 '물권화(준물권)'라는 또 다른 힘을 부여합니다. 선순위 임차인이든, 후순위 임차인이든 확정일자가 있는 임차인은 배당에서 다른 물권과 경쟁, 배당받을 수 있는 길을 열어준 겁니다. 즉 경매 배당에서 후순위 권리자보다 우선 배당받을 수 있는 권리를 갖는 것입니다.

우리는 민사특별법인 임대차보호법을 이해하면서 임차인에 대한 유형을 먼저 파악하고 각각의 대응 방안으로 경매에 참여, 리스크를 최소화해야 합니다. 그동안 알아본 부동산경매에서 등장하는 임차인의 유형에 대해 총정리할 겸 전부 나열해 보고, 분석 방법에 대해 알아봅니다. 좀 복잡할 수 있으나 우리 주변을 돌아보면 쉽게 알 수 있는 일반적인 내용입니다. 대항력있는 임차인을 '선순위임차인', 대항력이 없는 임차인을 '후순위 임차인'이라 칭합니다.

▪ **전입 및 확정일자가 말소기준권리 보다 늦은 후순위 임차인의 배당요구**
후순위이므로 말소기준권리가 되는 근저당 등이 먼저 배당받고, 남은 금액에서 임차인이 배당받습니다. 대항력이 없어서 낙찰자 인수는 없습니다.

▪ **후순위 임차인의 확정일자가 말소기준권리 보다 앞서있다**
전입 전에 확정일자를 먼저 받은 형태입니다. 우선변제권의 효력 발생일은 전입일과 확정일자 중 늦은 날이 기준이므로 말소기준권리가 되는 근저당 등이 먼저 배당받고, 남은 금액에서 배당받습니다. 대항력이 없으므로 낙찰자 인수는 없습니다. 다만 임차인은 후순위로 일부 또는 전액 배당받지 못할 가능성이 있어 명도할 때 어려움이 예상됩니다.

▪ **확정일자가 있는 선순위 임차인이 배당요구를 했다**
대항력과 우선변제권 있음으로 배당요구종기일 내에 배당요구를 했다면 다른 권리에 우선하여 배당을 받습니다. 일반적으로 낙찰금액이 임대차보증금보다 큰 경우가 많아 대부분 배당받고 종결됩니다. 그러나 그렇지 않은 경우도 간혹 있습니다. 결론적으로 낙찰가가 보증금보다 많으면 전액 배당받아 낙찰자 인수는 없고, 만일 낙찰 금액이 보증금보다 적으면 낙찰자가 나머지를 인수합니다.

▪ **확정일자 있는 선순위 임차인이 배당요구를 하지 않았다**
배당요구를 하지 않았다는 말은 우선변제권을 사용하지 않고, 대항력만을 주장한다는 의미로 임대차보증금 전액 낙찰자가 인수해야 합니다.

- **확정일자 있는 선순위 임차인이 배당요구 종기일을 지나 배당요구를 했다**

법으로 정한 종기일을 지나 배당요구를 하면 무효가 됩니다. 그러므로 임대차 보증금 전액을 낙찰자가 인수합니다.

- **확정일자 있는 선순위 임차인이 배당요구를 했으나, 배당요구종기 내에 배당요구 철회했다**

배당요구 종기일 내에 배당요구를 철회했다면 배당요구를 하지 않은 것으로 간주, 임대차보증금 전부를 낙찰자가 인수합니다.

- **선순위 임차인이 확정일자가 없다**

확정일자가 없으므로 우선변제권이 없습니다. 배당요구를 해도 채권으로 분리되어 물권인 근저당권 등이 먼저 배당 받고, 재원이 남으면 다른 채권과 안분배당됩니다. 거의 배당받지 못할 가능성이 큽니다. 그러나 대항력이 있어 임대차 전액 또는 일부가 낙찰자에게 인수됩니다. 배당요구를 하지 않았으면 보증금 전액이 낙찰자가 인수해야 하는 금액입니다.

- **선순위 임차인의 확정일자가 말소기준권리보다 늦다**

확정일자에 기한 우선변제권이 말소기준권리 보다 늦은 후순위로 말소기준권리인 근저당 등이 먼저 배당받고, 남은 금액이 있으면 배당받을 수 있습니다. 대항력은 여전히 유효하므로 배당받지 못한 나머지 보증금은 낙찰자가 인수합니다.

- **선순위 임차인이 있으나 정체불명(미상)의 경우**

확정일자도 없고, 배당요구도 하지 않은 제일 난감한 경우입니다. 세대열람에서 전입이 말소기준권리 보다 앞서니 분명히 대항력은 있습니다. 하지만 보증금 액수라던가 다른 정보가 없는 상태입니다. 조심해야겠지요.. 이런 경우라면 여러 각도로 따져봐야 합니다. 진정한 임차인이라면 임대차보증금은 낙찰자에게 전가하려는 의도로 본인의 정체를 숨기는 경우도 있겠습니다. 이런 경우 낙찰자가 미상의 보증금 전액을 인수해야 합니다.

또한 가짜로 임차인을 만드는 사례도 다수 발견됩니다. 경매 절차 특성상 당사자가 가장 임차인을 만드는 것은 그리 어렵지 않습니다. 가장 임차인으로 등재하는 예로는 공인중개사 없이 임대차계약서를 직접 허위로 제작하는 방법에서부터 소유자의 부인, 가족, 친인척, 지인을 임차인으로 둔갑시키는 행위 등 여러 형태입니다.

가짜인지, 진짜인지를 구분하는 일은 입찰자의 숙제입니다. 우선 손품을 팔아 법원 서류 등을 검색, 무상거주확인서가 제출되었는지 등을 파악하고, 실제 발품을 팔아 채권자도 만나보면서 진성 임차인 여부를 판정하는 노력이 필요합니다. 물론 이런 경우 경매 베테랑들도 어려운 건 마찬가지입니다. 이혼한 전 부인, 친인척, 지인의 등의 임대차 사례 중 실제로 임대차 계약을 체결한 경우도 다수 있으니 섣불리 판단할 일은 아닙니다. 확실한 증거가 필요한 사안이죠. 또 법률전문가가 가짜 임차인을 정교하게 만들어 주는 사례도 있으니 확실한 증거자료 없이 초보자 접근은 힘들 거라 예상합니다.

후순위 임차인이라면 낙찰자가 인수하는 부담은 없으므로 크게 문제가 없습니다. 결론적으로 표면상 대항력 있는 임차인으로 그 진위가 밝혀지지 않은 사람이 배당요구를 하지 않았다면 조심해야 합니다. 임차인을 직접 만나보는 노력이 필요하며 현장에서 그 답을 찾아야 합니다.

> **[무상거주확인서]**
>
> 은행 등에서 근저당 등을 설정, 대출 실행 직전 전입세대열람을 통해 선순위 임차인의 존재 여부를 파악합니다. 이때 전입자가 있으면 대항력있는 임차인이 존재함으로 후일 자금 회수가 곤란할 수 있음으로 대출실행을 보류, 소유자에게 그 진위를 파악합니다. 소유주가 대출을 받기 위해서는 현재 주민등록에 등재된 전입자를 전출 신고하는 방법이 최선입니다. 그러나 현재 전입해서 사는 사람이 친인척 등의 지인으로 돈을 받지 않고 무료로 빌려주고 있다는 사실을 은행에 알릴 수도 있습니다.
>
> 이때 증빙으로 제출하는 서류가 무상거주확인서입니다. 현 부동산의 소유자와 전입자에게 각각 받은 서류로 현재 전입해서 살고 있지만, 무료로 사용한다는 일종의 각서입니다. 증빙 서류 등이 첨부된 무상거주확인서를 수령한 은행은 안심하고 대출을 실행합니다.

임차인 분석을 마무리하면서 설명하는 필자도 어려움을 느낍니다. 처음 접하는 초보자라면 무척 어려울 겁니다. ^^;; 경매란 워낙 다양한 사건들로 얽혀 채무자와 채권자가 첨예하게 대립하고 있기 때문에 여기저기 함정 또한 같이 공존합니다. 그러므로 이론적으로만 해결하기에는 분명히 한계가 있습니다. 법원 문건, 등기부 등의 공적 서류 등을 기본으로 부지런히 발품을 팔아 현장에서 문제점을 해결하다 보면 실력도 쌓이면서 좋은 결과를 낳겠지요. 세상에 공짜는 없습니다. 포기하지 마시고 한발 한발 전진하는 투자자가 되시길 기원합니다.

Part
07
부동산 경매 절차의 모든 것

01 부동산 경매 절차 한눈에 보기
02 경매, 용어만 친숙해도 절반은 성공!
03 경매 절차에서 '이해관계인'이란
04 채권신고의 최고와 통지
05 무잉여경매와 채권자 매수신청
06 임차인 우선매수권 인정될까?
07 미등기 부동산, 무허가 건물 경매 절차 가능할까?
08 입찰할 때 준비물, 확인사항, 그리고 입찰 과정
09 입찰 무효사례와 치명적인 입찰 실수
10 지분경매와 공유자 우선매수권
11 매각불허가 신청, 즉시항고, 매각허가결정 취소신청의 이해
12 차순위 매수신고 해야 할까?
13 낙찰받은 부동산 소유권 이전하기

01 부동산 경매 절차 한눈에 보기

　은행에서 대출을 받거나 개인에게 돈을 빌리면 채권·채무 관계로 빌려준 사람은 채권자가 되고, 빌린 사람은 채무자가 됩니다. 채무자가 빌려준 돈을 정상적으로 갚으면 상황은 부드럽게 종결되겠으나, 그렇지 않으면 문제의 시발점이 되겠지요. 채권자는 돈을 받기 위해 갖가지 방법을 동원, 필사적으로 노력합니다. 그중 하나의 방법인 경매라는 절차도 선택할 수 있겠지요.

　경매 절차는 채권자가 '경매신청서'를 접수하면서부터 시작됩니다. 이때 경매에 필요한 송달료, 감정료, 현황조사료, 신문공고료, 매각 수수료 등의 비용을 미리 내야 합니다. 아울러 법원도 이때부터 분주하게 움직입니다.

　법원은 2일 내 경매개시결정과 함께 매각부동산의 압류 및 등기를 촉탁, 경매개시결정을 등기부에 기록하며 이 사실을 채무자에게 송달합니다. 경매개시결정일로부터 3일 이내에 집행관에게는 현장 조사, 감정평가사 또는 감정업체에는 부동산 시세 평가 명령을 내립니다.

※ 집행관은 직접 현장을 방문하여 임차인 등 전반적인 현황을 조사하게 되고 전입세대확인 및 주민등록등본을 발급받아 임차인의 대항력 유무 등을 판단하게 됩니다. 이때 만들어지는 문서가 '현황조사서'입니다. 또한 감정평가사는 해당 부동산의 시세를 조사 및 분석하여 감정평가서를 작성합니다. 이때 조사된 가격은 최저매각가격 결정에 반영되며, 평가 시점에 따라 현재의 시세와 괴리가 발생할 수 있습니다. 그러므로 실제 시세는 반드시 본인이 직접 알아봐야 하며, 감정평가서는 참고자료로만 활용하시기 바랍니다.

　이어 법원은 배당요구종기일을 결정하여 이를 공고하며 아울러 이해관계인에게 고지합니다. 배당요구종기일은 배당요구종기 결정일로부터 2~3개월 내로 정해집니다. 배당요구 마감일까지 경매신청을 한 채권자 이외에 다른 채권자들에게 필요 서류 제출을 통보하며 취지 및 배당요구 종기를 법원경매정보 홈페이지 또는 법원 게시판에 공고합니다. 그리고 법원은 감정평가사가 평가한 금액을 참작 '최저매각가격'을 결정하는 등의 매각 준비를 합니다. 매각기일, 시각, 장소 등을 법원 게시판, 일간신문, 홈페이지 등에 게시하며 매각에 대해 알립니다.

경매 절차 준비를 모두 마치고 약 2주 후(휴일까지 고려하면 약 20일 내) 최초매각기일을 정합니다. 채권자가 처음 경매를 신청하고 최초 매각기일까지 약 4개월~5개월 정도가 소요됩니다.

본격적인 매각이 실시되어 최고가매수신고인이 정해지면 매각일부터 1주 이내로 허가 여부를 결정합니다. 법원이 판단, 하자가 없으면 허가가 결정되며 다시 1주 내에 매각이 확정됩니다. 매각허가결정이 확정되면 대금지급기한(통상 1개월)이 지정되며 이때 최고가매수인(낙찰자)는 대금을 납부함으로써 소유자의 권한을 행사할 수 있습니다. 대금은 이 기간 내에 언제든지 낼 수 있습니다. 만약 최고가매수인이 미납하면 차순위매수신고인의 허가 여부를 결정하고, 안 된다면 재매각(재경매)을 실시합니다.

마지막으로 매수인의 매각대금 납부일로부터 1개월 내에 배당요구를 한 채권자를 불러 배당을 실시하게 됩니다. 배당이라는 본연의 임무를 완수하고 경매의 모든 절차가 마무리됩니다. 일반적으로 경매절차는 6개월 ~ 1년 정도가 소요됩니다.

경매 절차도 : 출처(법원 경매정보 사이트)

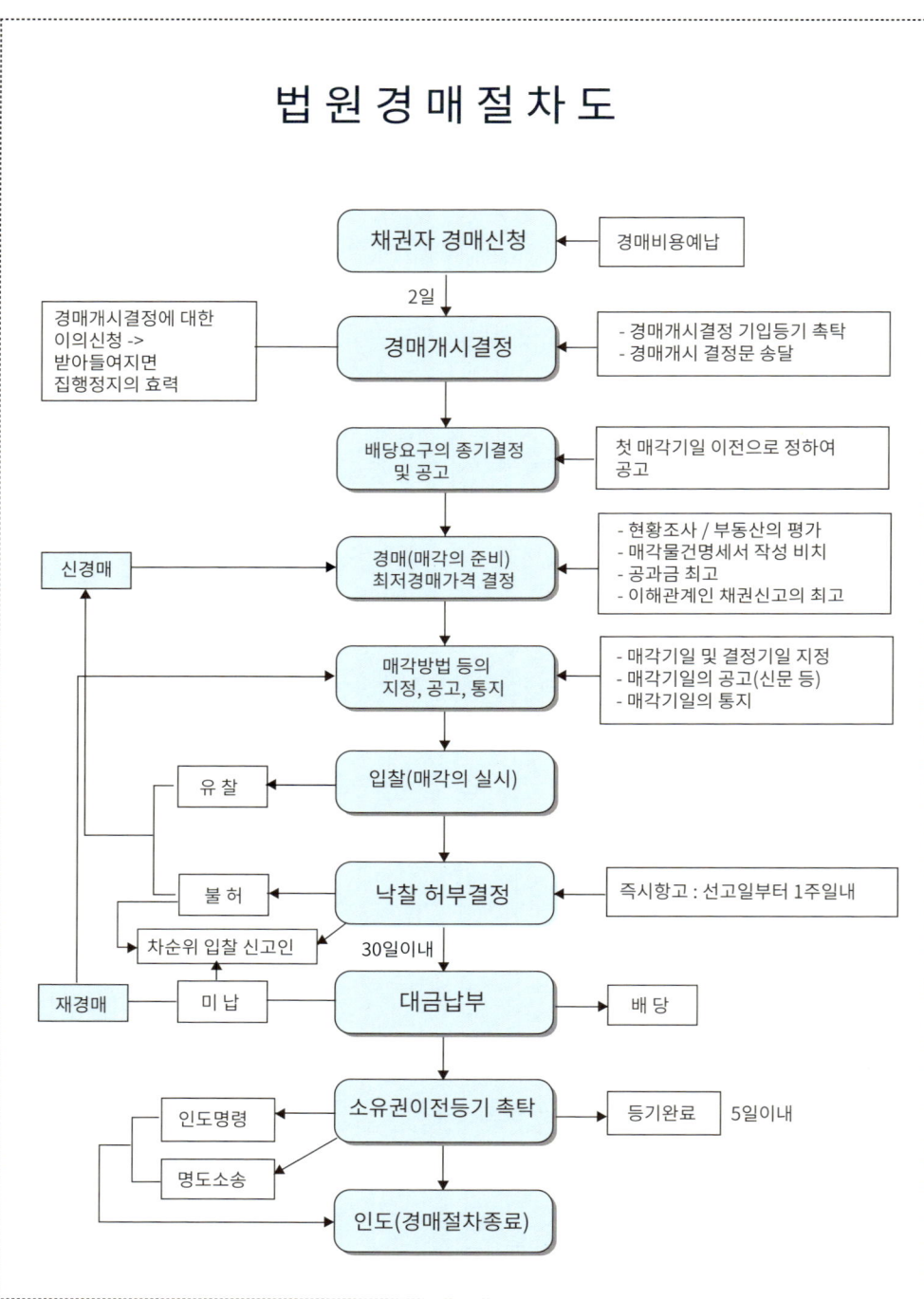

경매 참가자가 해당 부동산을 낙찰받아 대금까지 납부하면 법원은 낙찰자 명의로 소유권이전등기의 촉탁 및 배당으로 모든 일정은 끝나게 됩니다. 209쪽의 그림은 법원경매정보 사이트에서 가져왔고, 좌측의 '법원 경매 절차도'는 이해를 돕기 위해 직접 그렸습니다. 부동산 법원 경매의 모든 과정을 그림에 넣었으니 읽어보세요. 모든 일정을 정리했습니다. 하지만 모두 통상적인 기간이며 기타 절차 등의 지연 사유로 변동될 수 있습니다. 개략적인 참고로만 활용하세요.

02 경매, 용어만 친숙해도 절반은 성공!

경매는 채권자의 경매 신청으로 시작됩니다. 법원은 형식적 심사 후 적법하면 그 내용이 임의경매 또는 강제경매든 '경매개시결정' 후 부동산 등기부에 등기하게 됩니다. 경매개시결정에 대한 압류의 효력은 그 결정이 채무자에 송달된 때 또는 기입등기가 완료된 때 발생합니다. 이때부터 일반 사람들이 해당 부동산의 등기사항증명서를 발급받으면 경매개시 여부를 알 수 있으며, 동시에 법원은 경매 준비로 분주합니다. 이때부터 초보자가 많이 어려워하는 용어들이 마구 쏟아져 나옵니다.

【 갑 구 】 (소유권에 관한 사항)				
순위번호	등 기 목 적	접 수	등 기 원 인	권리자 및 기타사항
1 (전 2)	소유권이전	1998년5월21일 제29606호	1995년12월22일 매매	소유자 오정 610813-******* 서울 도봉구 창동 26 동아아파트
				부동산등기법 제177조의 6 제1항의 규정에 의하여 1999년 05월 21일 전산이기
1-1	1번등기명의인표시 변경	2005년9월29일 제90898호	2005년8월22일 전거	오정 의 주소 서울 도봉구 창동 26 동아아파트
1-2	1번등기명의인표시 변경	2014년10월21일 제68595호	2014년6월19일 전거	오정 의 주소 서울특별시 도봉구 노해로70길 12, 동 호 (창동,동아아파트)
2	소유권이전	2019년12월26일 제199797호	2019년3월21일 상속	소유자 오지 900911-******* 서울특별시 도봉구 노해로70길 12, 동 호(창동,동아아파트)
				대위자 주식회사국민은행 서울특별시 영등포구 국제금융로8길 26(여의도동) 대위원인 2014년 10월 21일 제68684호로 등기된 근저당권의 실행을 위한 경매에 필요함
3	임의경매개시결정	2020년5월6일 제77418호	2020년5월6일 서울동부지방법원의 임의경매개시결정(2019타경5301)	채권자 주식회사 국민은행 110111-2365321 서울 영등포구 국제금융로8길 26 (여의도동) (여신관리센터)

나~ 경매개시결정 등기

이번 장은 '경매용어'에 대하여 가볍게 접할 수 있게 정리했습니다. 대부분 법원 경매정보사이트 상의 내용을 편집한 겁니다. 용어에 익숙해지기 위해 반복 학습하는 차원에서 정리했고, 앞서 '권리분석 편'에서도 자주 언급됐으니 지금쯤 처음보다 편하실 겁니다. 한번 읽고 쓱 지나가시면 끝.

사건번호
경매가 시작되어 종결될 때까지 법원에서 사용하는 관리번호로 경매 물건마다 고유의 번호를 부여합니다. 사건번호 앞부분의 숫자는 사건이 접수된 년도를 표시하고, 부동산 등 경매사건은 「타경」이라는 부호를 중간에 사용합니다. 맨 뒤의 숫자는 해당 지원에서 접수된 번호입니다. 예) 2025타경12345

- 2024 : 사건접수 연도
- 타경 : 경매사건에 쓰는 부호
- 4308 : 서울 북부지방법원에서 접수된 번호

2024 타경 4308 [서울 북부지방법원 5계]

소 제 지	서울 성북구 종암동 104-1, OOO동 O층 407호 (종암동, 종암에스케이아파트)				
물건용도	아파트(21.86평)	개 시 일	2024.07.30	감 정 가	772,000,000원
건물면적	84.72㎡ (25.6평)	소 유 자	배OO	감정일자	2024.08.05
대 지 권	26.27㎡ (7.947평)	채 무 자	배OO	배당종기	2024.10.10
매각대상	건물 및 토지전부	채 권 자	케이에프OOO	최 저 가	(80%) 617,600,000원
경매구분	임의경매	청 구 액	92,887,846원	보 증 금	(10%) 61,760,000원
기타사항					

물건번호
부동산경매 물건을 검색하다 보면 사건번호는 같은데 접수번호 뒤 '( )'에 번호가 있는 경우가 간혹 있습니다. 예) 2024타경1234(1), 2024타경1234(2), 2024타경1234(3) …. 이를 '물건번호'라고 합니다. 하나의 사건에 물건이 여러 개라

면 물건번호를 붙입니다. 물건번호는 채무자가 여러 개의 부동산을 소유하고, 그 물건이 동시에 경매로 진행될 때 사용합니다. 이때 입찰표와 입찰 봉투 등에 해당 물건번호를 기재하지 않으면 입찰 무효되므로 주의하세요.

현황조사

경매개시결정이 내려지면 법원은 집행관에게 부동산의 현상, 점유관계, 차임 또는 보증금의 액수, 그 밖의 현황에 관하여 조사하도록 명령하는 것을 말합니다. 집행관은 전입세대열람 및 주민등록등본을 발급받아 임차인의 대항력 유무 등을 판단하게 됩니다. 이때 만들어지는 문서가 '현황조사서'입니다.

감정평가

법원이 감정평가사나 감정평가 업체에 해당 부동산에 대한 가격평가를 명하는 것을 의미합니다.

매각물건명세서

매각물건명세서는 법원이 조사한 부동산 점유자, 점유의 근원, 점유할 수 있는 기간, 임차인의 차임 또는 보증금에 관한 관계인의 진술 등이 기재되고, 부동산에 관한 주요 권리, 특수한 사항 등을 기록한 문서입니다. 법원은 매각물건명세서를 작성, 이를 매각기일 1주일 전까지 법원에 비치, 일반인이 열람할 수 있도록 합니다.

서울북부지방법원 매각물건명세서

2024타경4308

사건	2024타경4308 부동산임의경매	매각물건번호	1	작성일자	2024.12.18	담임법관(사법보좌관)	
부동산 및 감정평가액 최저매각가격의 표시	별지기재와 같음	최선순위 설정		2018. 1. 18. 근저당권		배당요구종기	2024.10.10

부동산의 점유자와 점유의 권원, 점유할 수 있는 기간, 차임 또는 보증금에 관한 관계인의 진술 및 임차인이 있는 경우 배당요구 여부와 그 일자, 전입신고일자 또는 사업자등록신청일자와 확정일자의 유무와 그 일자

점유자의 성명	점유부분	정보출처 구분	점유의 권원	임대차기간 (점유기간)	보증금	차임	전입신고일자·외국인등록(체류지변경 신고)일자·사업자등록신청일자	확정일자	배당요구여부 (배당요구일자)

조사된 임차내역없음

※ 최선순위 설정일자보다 대항요건을 먼저 갖춘 주택·상가건물 임차인의 임차보증금은 매수인에게 인수되는 경우가 발생 할 수 있고, 대항력과 우선변제권이 있는 주택·상가건물 임차인이 배당요구를 하였으나 보증금 전액에 관하여 배당을 받지 아니한 경우에는 배당받지 못한 잔액이 매수인에게 인수되게 됨을 주의하시기 바랍니다.

등기된 부동산에 관한 권리 또는 가처분으로 매각으로 그 효력이 소멸되지 아니하는 것

매각에 따라 설정된 것으로 보는 지상권의 개요

비고란

매각물건명세서는 경매를 참가하는 사람이라면 반드시 사전에 숙지해야 하는 중요한 문서로 매각물건명세서의 중대한 하자가 발생한 경우에는 매각허가에 대한 이의신청사유가 됩니다.

매각기일
경매법원에서 해당 경매부동산을 실제 매각하는 날로 시간, 장소 등과 함께 공고합니다.

배당요구 종기
부동산경매는 개인이 해결하지 못하는 채무 관계를 일정한 절차(민사집행)를 통해 매각하고, 그 대금으로 '배당(빚잔치)'하는 강제집행 절차입니다. 다시 말해 배당이란 낙찰자가 납부한 돈으로 채권자에게 골고루 나눠주는 중요한 절차인데, 부동산경매에 관련 채권자들은 배당요구종기일까지 배당요구를 해야 합니다. '배당요구종기일'이란 말 그대로 배당요구를 할 수 있는 마지막 기한을 의미합니다. 법원은 매각을 준비하는 과정에서 배당요구종기일(첫 매각기일 이전)을 공고합니다.

배당요구는 '권리신고'와는 다른데요. 권리신고는 경매부동산의 관련 권리자가 집행 법원에 신고 및 그 권리를 증명하는 절차입니다. 권리신고만으로 당연히 배당되는 것은 아니기 때문에 반드시 별도로 배당요구 신청을 배당요구종기일까지 해야 합니다.

매수 신청(입찰) 보증금
부동산경매에 입찰하고자 하는 사람은 최저매각가격의 10%에 해당하는 금액을 제공하는데 이를 '입찰보증금'이라 합니다. 입찰보증금은 입찰표와 함께 입찰 시 집행관에게 제출합니다.

신건
매각기일에 최초로 입찰이 진행되는 부동산 경매 물건을 의미합니다.

유찰
낙찰의 반대되는 말로 매각기일에 응찰자가 없거나 다른 사유로 매수인이 없는 상태를 말합니다. 이때 최저입찰가격이 저감(법원에 따라 20~30%)되어 다시 매각이 진행되는데 이를 새매각(신경매)라고 합니다.

차순위 매수신고인
최고가 매수신고인 이외의 입찰자 중 최고가 매수신고액에서 보증금을 공제한 액수보다 높은 가격으로 응찰한 사람은 차순위매수신고를 할 수 있습니다. 차순위 매수신고를 하게 되면 매수인은 매각대금을 납부하기 전까지는 보증금을 반환받지 못하는데요. 그 대신 최고가 매수신고인에 국한된 사유로 그에 대한 매각이 불허되거나 매각이 허가되더라도 그가 매각대금 지급 의무를 이행하지 않은 경우 다시 매각을 하지 않고, 집행법원으로부터 매각 허부의 결정을 받을 수 있는 지위에 있는 자입니다.

경매 절차가 결정될 때까지 보증금을 돌려받지 못합니다. 자금회전의 문제가 생길 수 있어 실익은 없는 편입니다.

재경매 (재매각)
낙찰 및 낙찰허가결정 확정 후 집행법원이 지정한 대금지급기일에 대금 지급 의무를 이행하지 않고, 차순위 매수신고인도 없는 경우에 법원이 직권으로 다시 실시하는 경매입니다. 재경매의 경우 법원에 따라 입찰보증금이 증가(10~30%) 될 수 있습니다.

재경매를 진행하는 경우 이전 낙찰자가 새로 지정된 입찰기일 3일 전까지 낙찰대금을 전부 납부하면 재경매는 취소됩니다. 이때 전 낙찰자는 낙찰대금 납부일 이후 부터 대금을 납부하는 날까지의 지연이자, 낙찰대금, 재경매공고 등의 비용을 납부해야 합니다.

경매개시결정에 대한 이의 신청
경매개시결정에 대한 이의는 절차상의 이해관계인이 할 수 있으며 내용은 다음과 같습니다. ※ '경매에서 이해관계인이란?' 219쪽 참조.

"경매신청 방법의 부적합, 신청인의 부적격, 대리권의 부존재, 목적 부동산의 표시 불일치 등 경매 절차상의 이유와 저당권 부존재, 저당권 등기 설정의 무효, 피담보채권의 불성립, 변제(변제공탁 포함) 등에 의한 채무 소멸 등 권리상의 문제로 이의를 제기할 수 있다."

경매개시결정에 대한 이의 신청은 매각대금 납부 전까지 할 수 있습니다. 경매 절차의 집행정지 효력은 없고, 법원의 직권으로 '일시 중지' 등을 명할 수 있습니다.

경매 취하
경매 절차의 취하는 매수인의 매각대금납부 이전까지 할 수 있습니다. 매각대금 완납과 동시에 소유권 이전의 효력이 있기 때문입니다. 매각 기일에 적법한 매수신고가 있기 전에는 신청채권자(경매신청인) 단독으로 취하할 수 있고, 매수신고 후에는 최고가 매수신고인 또는 차순위 매수신고인의 동의가 있어야 가능합니다.

경매 취소
경매 취하와 취소는 구별되는데, 경매취소는 주로 법원의 직권으로 이루어지고 주된 사유는 다음과 같습니다.

- 채무변제 또는 경매 원인 소멸
- 경매 목적물의 멸실
- 무잉여로 채권자의 배당이 없는 경우
- 경매와 공매가 동시에 진행할 때 한쪽이 낙찰될 경우 다른 절차는 취소

※ 매수 신고 후 매수신고인의 경매 취하 동의가 여의치 않으면 채무자가 경매개시결정에 대한 이의를 하면 경매 취소가 가능. (말소된 등기부 등본 첨부)

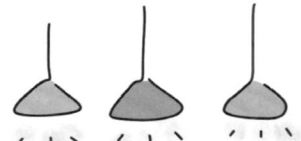

03 경매 절차에서 '이해관계인'이란?

경매 절차에서 이해관계인에 대한 설명입니다. 우선 '이해관계인'을 규정한 민사집행법 조항을 가져옵니다.

> **민사집행법**
> 제90조(경매절차의 이해관계인) 경매절차의 이해관계인은 다음 각호의 사람으로한다.
> 1. 압류채권자와 집행력 있는 정본에 의하여 배당을 요구한 채권자
> 2. 채무자 및 소유자
> 3. 등기부에 기입된 부동산 위의 권리자
> 4. 부동산 위의 권리자로서 그 권리를 증명한 사람

경매 절차의 이해관계인이란?
이해관계인은 '경매 절차에서 이해관계로 얽혀있는 사람'을 뜻합니다. 민사집행법 90조 1항의 압류채권자란 경매신청인을 의미하겠고, 3항의 등기부에 기입된 권리자는 경매개시결정등기 전에 등기부에 등기된 (근)저당권자, 지상권자, 가등기권리자, 전세권자, 임차권 등기한 사람 등을 말합니다. 경매개시결정 등기 후에 설정한 담보권자는 배당요구종기 전까지 배당요구를 해야 이해관계인이 됩니다. 또한 지분경매 시 다른 공유자도 이해관계인에 해당합니다.

그리고 이 조항에 특정되지 않은 임차인은 낙찰허가결정 전까지 권리신고를 하면 이해관계인이 됩니다. 즉 권리신고를 하지 않으면 이해관계인이 될 수 없겠네요. 권리신고는 본인이 직접 해야 하는 것으로 집행관의 현황조사와는 관련 없으며 배당에 참여할 수 있는 권리 또한 이해관계인과는 다른 개념입니다(대법원 2000.1.31. 자99마7663 결정). 같은 의미로 권리신고를 한 유치권자 등도 포함되겠네요.

이해관계인이 될 수 없는 자
권리신고를 하지 않은 임차인, 가압류, 가처분권자, 재매각에서 전 매수인, 배당요구한 임금채권자, 임차권등기를 하지 않은 토지 임차인, 종전 최고가 매수인, 집행력 정본 없는 배당요구 채권자도 이해관계인이 될 수 없습니다.

경매절차에서 이해관계인의 지위
경매에서 이해관계인의 권리는 다음과 같으며 절차에 관여할 권리가 있다고 하겠습니다.

- 경매개시결정에 대한 이의신청
- 매각조건 변경을 합의할 수 있는 권리
- 매각기일, 매각결정기일 통지 수령 (민사집행법 104조 제2항)
- 매각허부결정에 대한 즉시항고 제기
- 배당기일 통지수령 및 출석하여 배당표에 관한 의견 진술할 수 있는 권리
- 경매기록 열람 및 복사 신청
- 대위변제를 할 수 있는 권리 등

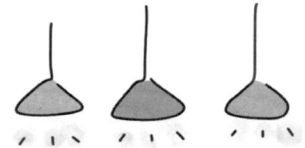

04 채권신고의 최고와 통지

　법원은 매각 준비단계에서 이해관계인에게 채권신고를 하도록 최고하고, 아울러 공과금을 주관하는 공공기관에 대한 최고도 함께 이루어집니다. 돈 받아 갈 사람은 얼마인지, 관공서에서 채무자가 미납한 세금이 얼마인지를 신고하라고 고지하는 겁니다. 물론 입찰자 입장이라면 이런 내용을 시시콜콜 다 알아야 할 필요성은 없지만 경매절차의 전반적인 시스템을 이해할 겸 기술합니다.

　소유자 및 채무자에게는 경매개시결정 정본 및 매각기일을 통지하고, 임차인에게는 권리신고와 배당요구를 해야만 배당받을 수 있다는 사실을 통지합니다. 채권신고의 최고는 채권 금액을 확인, 경매를 진행해도 남을 가망 유무를 법원이 판단하기 위한 목적으로 배당에 참여할 채권자들에게 채권신고를 하도록 통지하는 과정입니다. 결국 무잉여경매 가능성을 판단하고 아울러 조세 징수를 위한 목적입니다.

※ '무잉여경매'는 224쪽을 참조하세요.

채권신고의 최고와 통지의 대상 및 내용
- 저당권, 전세권 기타 우선변제청구권으로 첫 경매개시결정등기 전에 등기되었고, 매각으로 소멸하는 권리를 가진 채권자

- 소유권이전청구권 보전을 위한 가등기인지, 담보가등기인지 등기부로서는 확인이 안 될 수 있으니 '담보가등기'인 때에는 내용 및 채권 금액을, 담보가등기가 아닌 경우라면 그 내용을 법원에 신고할 것을 상당한 기간(통산 1~2주)을 정하여 최고합니다.

※ 가등기의 전체적인 내용은 58, 61, 114쪽 참조.

■ 집행관의 현황조사보고서 등을 근거로 임차인으로 확인된 사람, 임차인인지 불분명한 자, 임차인으로 권리신고를 하고 배당요구는 하지 않은 사람, 대항요건과 확정일자를 갖춘 임차인에게 배당요구를 해야만 우선변제 받을 수 있음을 통지하게 됩니다.

■ 경매계장은 공공기관(소유자 주소지 세무서, 부동산 소재지 관할 지자체, 관세청 등)에 경매대상 부동산 채권 유무, 원인 및 금액을 배당요구종기일까지 법원에 신고하도록 최고합니다.

■ 공유 부동산 중 일부 지분에 대한 경매의 경우 법원은 다른 공유자에게 그 사실을 통지합니다. 공유지분권자에게는 우선매수신청권이 있기 때문입니다.

채권신고 사례 (근저당권자)

채 권 계 산 서

사건번호 : 2024타경12345 부동산 임의경매
채 권 자 : ㈜KB 국민은행
채 무 자 : 홍 길 동

위 사건에 관하여 배당요구채권자 (주)KB 국민은행은 근저당권자로서 아래와 같이 채권계산서를 제출합니다.

- 아 래 -

1. 원금 : 금 이억삼천만 원정(₩230,000,000)
2. 이자 : 금 삼백만 원정(₩3,000,000)
   (단, 2023년 3월 20일부터 2024년 1월 10일까지의 이자금)
3. 합계 : 금 이억삼천삼백만 원정(₩233,000,000)

2024년 3월10일
채권자(배당요구채권자) : (주)KB 국민은행 (인)
연락처 :

서울중앙지방법원　　귀중

공유자 우선매수신고

공유자 우선매수신고서

사 건 : 2024타경12345 부동산강제(임의)경매
채권자 :
채무자 :
공유자 :
매각기일 : 2025.01.25 11:00
부동산의 표시 : 별지와 같음

　공유자는 민사집행법 제140조 제1항의 규정에 의하여 매각기일까지(집행관이 민사집행법 제115조 제1항에 따라 최고가 매수신고인의 성명과 가격을 부르고 매각기일을 종결한다고 고지하기 전까지) 민사집행법 제113조에 따른 매수신청보증을 제공하고 최고매수신고가격과 같은 가격으로 채무자의 지분을 우선매수하겠다는 신고를 합니다.

첨부서류
1. 공유자의 주민등록표 등본 또는 초본 1통
2. 기타(   )
200 . . .

우선신고매수인

임차인 (권리신고 및 배당요구 신청)

권리신고 및 배당요구신청서(주택임대차)

사건번호   타경   부동산강제(임의)경매
채 권 자
채 무 자
소 유 자

임차인은 이 사건 매각절차에서 임차보증금을 변제받기 위하여 아래와 같이 권리신고 및 배당요구신청을 합니다.

아 례

1	임차부분	전부(방 칸), 일부(층 방 칸) ※ 건물 일부를 임차한 경우 뒷면에 임차부분을 특정한 내부구조도를 그려 주시기 바랍니다.
2	임차보증금	보증금 원에 월세 원
3	배당요구금액	□보증금과 같음 □보증금과 다름 원 ※ 해당 □에 ✓표시하여 주시고, 배당요구금액이 보증금과 다른 경우에는 다른 금액을 기재하시기 바랍니다.
4	점유(임대차)기간	20 . . .부터 20 . . .까지
5	전입일자 (주민등록전입일)	20 . . .
6	확정일자 유무	유(20 . . .), 무
7	임차권·전세권등기	유(20 . . .), 무
8	계약일	20 . . .
9	계약당사자	임대인(소유자) 임차인
10	입주한 날 (주택인도일)	20 . . .

첨부서류
1. 임대차계약서 사본 1통
2. 주민등록표등·초본(주소변동사항 포함) 1통
　　　　20 . . .
권리신고인 겸 배당요구신청인   (날인 또는 서명)
(주소)   )
(연락처 :   )
지방법원   귀중

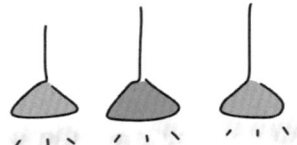

05 무잉여 경매와 채권자 매수신청

'부동산경매'란 채무를 갚지 않는 채무자의 부동산을 법원을 통해 매각하고, 그 대금을 채권자에게 배당하는 강제집행 절차입니다. 채권자의 요청(경매신청)이 있어야겠지요. 그런데 이 절차에서 경매신청인이 배당을 전혀 받지 못하는 상황이 올 수도 있습니다.

이때 법원은 경매신청인에게 이 내용을 통지하고, 경매신청인의 매수신고가 없을 시에 직권으로 경매 절차를 취소할 수 있습니다. 이를 '무잉여경매'라고 합니다. 절차 자체가 취소되므로 입찰자 입장에서는 그간의 손품, 발품 등의 모든 노력이 헛수고가 될 수도 있겠네요. 무잉여에 대한 단서로 법 조항을 살펴봅니다.

> **민사집행법 제102조(남을 가망이 없을 경우의 경매취소)**
>
> ① 법원은 최저매각가격으로 압류채권자의 채권에 우선하는 부동산의 모든 부담과 절차비용을 변제하면 남을 것이 없겠다고 인정한 때에는 압류채권자에게 이를 통지하여야 한다.
>
> ② 압류채권자가 제1항의 통지를 받은 날부터 1주 이내에 제1항의 부담과 비용을 변제하고 남을 만한 가격을 정하여 그 가격에 맞는 매수신고가 없을 때에는 자기가 그 가격으로 매수하겠다고 신청하면서 충분한 보증을 제공하지 아니하면, 법원은 경매절차를 취소하여야 한다.

이해하기 좀 그렇죠? 그래서 사례를 준비했습니다. 정확한 속 사정은 잘 모르겠는데, 우측의 등기부 내용을 그대로 인용하여 사례를 추출합니다.

[사례]
김용O는 집을 살 때 국민은행에서 돈을 빌려 근저당을 설정했고, 몇 년이 지

난 후 한황O의 근저당과 김희O의 근저당이 순차적으로 설정된 상태다. 상황이 어려워지자 은행 및 개인에게 이자 및 원금을 연체 중이다. 이에 2순위 근저당권자 한황O이 임의경매를 신청한 사건임.

[등기부내역]

순위	접수일	권리내역	권리자	채권금액	기타	인수/소멸
1	2019.07.25	소유권 이전	김용O			
2	2019.07.25	근저당	국민은행	367,200,000	말소기준 권리	소멸
3	2023.07.10	근저당	한황O	45,000,000		소멸
4	2024.09.03	근저당	김희O	200,000,000		소멸
5	2024.09.26	임의경매신청	한황O	45,000,000	2024타경xxxx	소멸
주의사항	신청채권자 한황O으로부터 2025.1.14.자 매수신고서(통지서에 의한 답변서)가 제출되었으며, 매수신청금액은 금 339,000,000원임.					

무잉여경매와 채권자 매수신청 (사례의 해설)

은행 및 개인 채권자는 이자 등을 연체하면 경매를 신청할 수 있습니다. 본 사례에서 경매를 신청할 수 있는 채권자는 누구일까요? 물론 채권자인 국민은행, 한황O, 김희O 모두 임의경매를 신청할 수 있겠지요. 중복해서 신청할 수도 있습니다.

결국 김용O의 집은 후순위 근저당권자 한황O이 경매신청을 합니다. 본건은 최초 감정가 3억 9,500만 원에 경매 절차가 진행됩니다. 1회 유찰되면서 30% 저감(법원에 따라 저감률 다름), 현재 최저매각가격은 276,500,000원입니다. 이번 회차에 매각이 되어 선순위 국민은행에서 모두 가져가면 경매신청인 한황O은 한 푼도 배당 못 받는 상황이 올 수도 있습니다. 이를 '무잉여'라고 합니다.

이런 상황이 도래하면 법원은 무잉여라고 판단, 경매신청 채권자에게 본 경매물건을 매수하라는 통지서를 발송하고, 신청채권자의 매수신청이 없으면 경매절차를 취소합니다. 법원이 경매절차에서 취소하지 않고 쓱~ 지나간다면 매각불허가 사유가 되겠지요.

신청채권자는 법원으로부터 매수신청 통지서를 받을 날부터 7주일 이내 매수신청을 해야 하며 부담과 절차비용(경매비용)을 변제, 남을 만한 가격을 정해 매수신청 및 보증금을 제공해야 합니다. 채권자의 매수신청 접수가 되면 법원은 입찰전 '매각물건명세서'에 기록합니다. 본 건의 매수신청서가 아래와 같이 접수되었네요.

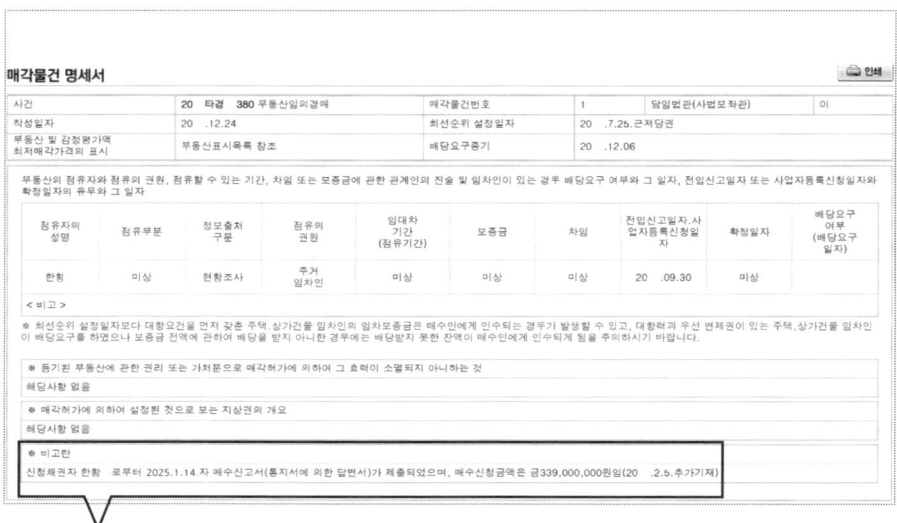

-> 신청채권자 한황O로부터 2025.1.14.자 매수신고서(통지서에 의한 답변서)가 제출되었으며, 매수신청금액은 금 339,000,000원임.

본 사례에서 국민은행이 경매를 신청한다면?
무잉여경매의 기본개념은 '경매신청인'이 경매절차에서 배당을 전혀 못 받는 경우입니다. 즉 돈을 받기 위해 경매를 신청했는데 한 푼도 받지 못한다면 아무런 실익이 없겠지요. 그래서 법원에서 판단, 직권으로 경매를 취소시키는 겁니다.

그런데 상기 사례에서 국민은행이 경매신청인이 된다고 가정한다면 무잉여가 아닌 잉여경매로 상황이 바뀝니다. 국민은행은 분명 배당을 받아 정상적인 경매이므로 취소될 리 없지요.

'채권자매수신고'가 있으면?

입찰자는 채권자가 신고한 금액 이상으로 입찰에 참여해야 합니다. 그렇지 않으면 채권자매수신고를 마친 한황O이 본 부동산을 낙찰받겠지요.

결론 : 무잉여 가능성이 있는 경매에 참여하는 입찰자 입장에서

지금까지 '무잉여경매'의 개념과 '신청채권자매수'에 대해 알아보았는데요. 민사집행법상 법원은 '무잉여 경매'로 판단되면 신청채권자에게 매수통지를 하고, 의사가 없으면 경매절차를 취소하게끔 되어있습니다. 그러나 간혹 그대로 진행하는 경우도 있는데요. 결국 매각불허가 사유로 다시 원점이 되곤 합니다. 어떤 경우도 입찰자는 '헛수고'를 하는 셈이지요. 그러면 이런 상황이 오면 입찰자는 어떤 액션을 취해야 할까요?

첫째, '매각물건명세서'에서 신청채권자의 '채권자매수신고'를 확인합니다. 매수신고금액 이상으로 입찰해도 매력이 있으면 진행합니다. 둘째, 채권자매수신고가 없다는 가정하에 1순위 채권자에게 적극적으로 이 사실을 설명, 경매신청을 유도하는 방법도 있겠지요. 1순위 채권자도 채권 정리가 지지부진하면 그 또한 손해겠지요. 무잉여경매가 예상되면 입찰 경쟁자가 줄어들어 수익이 증가한다는 장점도 있습니다. 절묘한 시차를 두고 1순위(국민은행)을 설득하여 경매를 신청하도록 하는 방법도 좋아 보입니다. 이때 등기부에는 경매신청인으로 국민은행과 한황O으로 각각 기록됩니다. 중복경매신청도 가능하거든요.

사례의 결론입니다. 9명이 참여하여 신청채권자 매수신고 금액인 339,000,000원보다 높은 금액인 356,800,000원에 낙찰되었네요.

입찰 진행 내용

구분	입찰기일	최저매각가격	상태
1차	2025-01-07	395,000,000	유찰
2차	2025-02-11	276,500,000	낙찰

낙찰 356,800,000원 (90%)
(응찰 : 9명 / 낙찰자 : 설   )

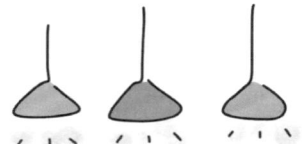

06 임차인의 우선매수권 인정될까?

"제가 임차인으로 사는 집이 경매 절차가 진행되고 있습니다. 제가 이 집을 우선적으로 구입할 수 있는 임차인 우선매수청구권이 있다고 인터넷에서 본 것 같은데 가능한지요?"

가끔 이런 질문을 하시는 분들이 계십니다. 불안해서 그러시겠지요. 이럴 때 출처불명의 오류도 등장합니다. 그래서 '임차인매수청구권'에 대한 이야기를 간단하게 이야기하고 넘어갑니다.

경매 절차에서 임차인이 우선매수권을 행사할 수 있나?
결론적으로 일반 주택에 세 들어 사는 임차인이 경매에서 우선매수권을 행사할 수 있는 방법은 없습니다.

다만 2023년 전세사기가 만연하자 정부는 '전세사기피해자 지원 및 주거안정에 관한 특별법(약칭: 전세사기피해자법)'이 공포됐습니다. 이 법으로 임차인이 우선 매수할 수 있는 길이 현재는 열려있지만, 원칙적으로 2년 존속하는 한시법으로 운용하고 있으니 참조하십시오. 2025년 현재 2년 연장되어 2027년 5월 30일까지 유지됩니다.

부동산경매에서 임차인 '우선매수청구권'을 인정하는 예외는 있다
일일이 나열하면 복잡해지니까 단순하게 정리하겠습니다. 법이 정한 임대주택에 거주한 사람만이 경매 시 '임차인 우선매수청구권'이라는 권리가 생깁니다.

임대주택이란 국가, 지방자치단체, 한국토지주택공사, 지방공사, 법에 따라 주택임대 사업을 하기 위해서 등록한 자 혹은 임대주택조합 등이 건설 및 공급을 한 임대주택을 말합니다. '임대주택법'이 '민간임대주택에 관한 특별법'으로 개정되면서 매입 임대주택까지 대상은 확대되었습니다.

일반 주택에서 거주 중인 임차인은 경매 시 우선매수청구권이 없으므로 만일 경매가 진행되고 있는 주택을 매입하고자 한다면 일반 경쟁입찰에 참여해야겠지요. 반면 본인이 법으로 정한 임대주택 거주 중에 경매가 진행된다면 아래의 법 조항을 꼼꼼히 따져 '임차인이 우선매수'를 청구할 수 있습니다. 경과조치에 따라 연도별 적용 범위 등의 차이가 발생할 수 있으니 '민간임대주택에 관한 특별법'을 참조하시면 됩니다. 임대주택에 관한 법률이 매우 세밀하게 변동됐습니다. 깊이 파고들면 복잡해지니 간단하게 알아두시면 좋을 것 같습니다. 앞서 잠시 언급한 전세사기피해자도 경매 시 '우선매수권'을 행사할 수 있습니다.

[관련 법 조항]
- 민간임대주택에 관한 특별법 부칙 제8조(부도 등에 관한 경과조치) 등

- 전세사기피해자 지원 및 주거안정에 관한 특별법(약칭: 전세사기피해자법) 제20조(경매절차에서의 우선매수권)

- 전세사기피해자법 부칙 제2조(유효기간) : 이 법은 시행 후 2년이 경과하는 날까지 효력을 가진다. 2025년 2년 연장, 2027년 5월 30일까지 유지.

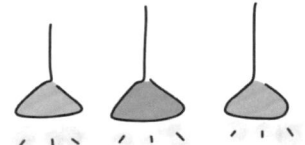

07 미등기 부동산, 무허가건물 경매절차 가능할까?

미등기 부동산은 무엇일까?
우리나라 부동산은 등기부로 각종 권리를 공시합니다. '미등기'란 어떤 사연으로(?) 등기사항증명서가 없는 건축물을 의미합니다.

아시다시피 부동산 경매는 등기부상의 근저당 등을 근거로 '임의경매', 채권 등의 권원으로 '강제경매'를 신청할 수 있습니다. 물론 등기부 갑구에 'OO 경매개시결정'이 등재되면서 경매의 시작을 알립니다. 그러므로 등기부 자체가 없으면 시작조차 할 수 없는 논리지요.

미등기 부동산의 형태는?
미등기 부동산의 대표적인 유형은 다음과 같습니다.

- 정상적으로 건축 허가 후 건물을 완성하였으나 현재 '보존등기' 또는 '사용승인'을 받지 않은 경우
- 건축 중인 미완성 건물
- 무허가 건물

미등기 부동산, 경매신청 가능할까?
결론부터 말하자면 <u>사용 승인받지 않은 완공된 건물, 미완성 건물은 촉탁 등기로 경매를 진행할 수 있습니다. 그러나 누가 지었는지 알 수 없는 '무허가 건물'은 불가능합니다.</u>

판례는 사용승인 없는 완공된 건물뿐만 아니라 미완성된 건물도 채무자의 소유로 건물의 실질과 외관을 갖추고, 지번, 구조, 면적 등이 건축 허가 또는 건축신고의 내용과 사회 통념상 동일하다고 인정되는 경우에는 부동산 경매

절차를 이행할 수 있다는 입장입니다. (대법원 2005. 9. 9. 2004마696 결정)
 독립된 부동산의 기준은 건축법 제2조 '건축물의 정의'를 인용하고 있는데요. 즉 기둥에 지붕 또는 벽이 있으면 건축물로 봅니다. 그러므로 미완성된 건물도 절차상의 서류가 충족된다면 경매를 진행할 수 있겠네요.

> **건축법 제2조(정의)**
> '건축물'이란 토지에 정착(定着)하는 공작물 중 지붕과 기둥 또는 벽이 있는 것….

미등기 부동산 경매신청 절차에 대하여

'무허가 건물'은 앞서 말씀드린 대로 경매 절차가 불가능합니다. 그러므로 다음은 적법한 건축 허가 후 '보존등기'가 미 경료된 건물과 건축 중인 미완성 건축물에 대한 절차입니다.
 등기부가 존재하지 않는 상태이므로 우선 본 건축물이 채무자의 소유라는 사실을 증명하는 절차가 필요합니다. 민사집행법 제81조에서 절차 규정을 별도로 두었습니다.

민사집행법 제81조(첨부서류)

> ①강제경매신청서에는 집행력 있는 정본 외에 다음 각호 가운데 어느 하나에 해당하는 서류를 붙여야 한다. <개정 2011. 4. 12.>
>
> 1. 채무자의 소유로 등기된 부동산에 대하여는 등기사항증명서
>
> 2. 채무자의 소유로 등기되지 아니한 부동산에 대하여는 즉시 채무자명의로 등기할 수 있다는 것을 증명할 서류. <u>다만, 그 부동산이 등기되지 아니한 건물인 경우에는 그 건물이 채무자의 소유임을 증명할 서류, 그 건물의 지번·구조·면적을 증명할 서류 및 그 건물에 관한 건축허가 또는 건축신고를 증명할 서류</u>
>
> ②채권자는 공적 장부를 주관하는 공공기관에 제1항제2호 단서의 사항들을 증명하여 줄 것을 청구할 수 있다.
> ③제1항제2호 단서의 경우에 건물의 지번·구조·면적을 증명하지 못한 때에는, 채권자는 경매신청과 동시에 그 조사를 집행법원에 신청할 수 있다.
> ④제3항의 경우에 법원은 집행관에게 그 조사를 하게 하여야 한다.

등기되지 않는 건물의 경매는 건물이 채무자 소유임을 증명할 서류 등을 제출하면 되는데요. 주로 건축 허가 당시 제출한 건축주 명의 서류 등을 들 수 있습니다. 지자체에서 관리하고 있습니다. 이 증빙서류의 입수가 어려우면 그 조사를 집행 법원에 신청할 수 있습니다. 경매가 가능한 경우는 적법한 건축허가나 건축신고를 한 경우만 대상입니다.

부동산이 등기되지 않았더라도, 채무자의 소유임을 증명한다면 강제경매를 신청할 수 있습니다. 물론 맘대로 지은 무허가 건물은 소유권을 입증하기 어려우므로 해당하지 않겠지요.
등기되지 않은 부동산에 경매신청이 있으면 등기관은 직권으로 소유권보존등기를 하고, 경매개시결정등기를 하게 됩니다. 법원이 미등기 부동산에 대하여 경매 개시결정으로 '소유권보존등기와 경매개시결정 등기'를 등기소에 촉탁하게 되는 것이지요.
다만 사용승인이 나지 않은 건물은 입찰 시 최초의 건축 허가대로 제대로 지어졌는지 여부는 확인해야겠습니다. 건축법상 사용승인이 가능한 건물이어야 나중에 문제가 발생하지 않겠지요. 낙찰 후 건축법을 위반한 내용이 있어 정상적인 사용승인이 나지 않으면, 원상복구 의무가 낙찰자에게 있으니 주의해야 합니다.

08 입찰할 때 준비물, 확인 사항 그리고 입찰 과정

매각물건의 권리분석과 아울러 현장 방문 조사를 마친 후 드디어 경매법정 가는 날입니다. 무엇을 어떻게 준비하고, 입찰 과정은 어떨까요?

입찰할 때 어떤 서류가 필요할까?
본인이 직접 참석하면 신분증과 도장이 있으면 됩니다. 도장은 막도장이나 인감도장이나 모두 가능합니다. 물론 입찰보증금(최저매각가의 10%)도 준비해야 합니다. 매각대금 미납으로 다시 경매에 나온 물건은 집행법원의 원칙에 따라 최저매각가의 10%~30%를 준비합니다.

개인이 아닌 법인이 입찰한다면 법인대표 신분증, 도장, 법인 대표임을 증명할 법인등기사항증명서를 준비. 제출서류는 아니지만, 사업자등록번호를 기재해야 하므로 사업자등록증 사본을 지참하는 것이 좋습니다.

본인을 대신할 대리인이 참여하면 입찰서류에 본인의 인감이 날인된 위임장, 위임인의 인감증명서, 입찰보증금, 대리인의 신분증, 대리인의 도장을 구비합니다. 또한 법인을 대리한다면 위임장, 법인 인감증명서, 법인등기사항증명서, 입찰보증금을 준비합니다.

공동입찰의 경우 공동입찰자 전원의 신분증과 도장을 구비해야 하며 각각의 인적사항, 지분 등을 기재한 공동입찰자 목록을 별도로 제출합니다. 공동입찰자 중 출석하지 않은 사람은 인감이 날인된 위임장과 인감증명서를 첨부합니다.

법원에 도착하면 무엇을 해야 할까?
법원경매정보 사이트에서 송달 등의 확인 등등 최종점검을 마쳤는데도 입찰 당일 급히 변동된 경우도 종종 있습니다. 법원에 도착하면 입찰 법정 좌우에

게시된 입찰사건 목록 게시판을 먼저 확인합니다. 입찰사건 목록 게시판에는 경매사건의 취하, 연기, 변경 등에 관한 사항을 고지하는 데 이를 확인하지 않고 입찰을 참여할 시 헛수고가 될 가능성이 큽니다. 또한 입찰 법정 안에서 매각물건명세서, 현황조사서 등을 다시 한번 확인합니다.

입찰표 등의 작성 원칙
입찰표 작성 전에 법원에서 입찰표와 입찰봉투, 보증금봉투를 나누어줍니다. 이 세 가지가 한 세트입니다. 입찰표는 현장에서 작성하는 것도 무방하지만, 되

도록 인터넷에서 내려받아 미리 작성해 가는 것이 좋습니다. ※ 법원경매 홈페이지 또는 www.know25.com (지식거래소 홈피 자료실)에서 다운로드 가능.

입찰표를 작성할 때 물건마다 별도의 용지를 사용해야 하며 하나의 물건에 여러 개의 물건 번호가 있으면 사건번호 외에 물건번호를 반드시 기재해야 합니다. 사실 모든 물건은 물건번호가 있습니다. 개별적인 하나의 사건이라면 물건번호가 '1'이 되는 데 법원에 따라 '1'을 기재하는 때도 있으니 참고하십시오. 입찰표 작성 시 입찰가격은 절대 수정하면 안 됩니다. 입찰가격을 수정하면 무효가 되므로 새로운 용지를 사용, 다시 작성해야 합니다. 시간에 쫓길 위험도

[전산양식 A3360] 기일입찰표(흰색) 용지규격 210mm×297mm(A4용지)

(앞면)

기 일 입 찰 표

서울 중앙지방법원 집행관 귀하   입찰기일: 년 6월 3일

| 사건번호 | 20 타경 1234 호 | 물건번호 | 5 ※ 물건번호가 여러개 있는 경우에는 꼭 기재 |

입찰자	본인	성 명	김길동 ㊞	전화번호	031-953-1234
		주민(사업자)등록번호	960210-1001710	법인등록번호	
		주 소	서울특별시 강남구 도산대로 100길 15-00 (청담동)		
	대리인	성 명	대리인 입찰 시 기재 ㊞	본인과의 관계	
		주민등록번호		전화번호	-
		주 소			

입찰가격: 9 6 2 5 0 0 0 0 0 원
보증금액: 9 6 2 5 0 0 0 0 원

보증의 제공방법 ☑ 현금·자기앞수표 □ 보증서

보증을 반환 받았습니다.
입찰자 김길동 ㊞

있으니 되도록 미리 작성할 것을 권합니다.

　입찰표의 작성이 모두 끝났으면 보증금봉투와 입찰봉투를 작성합니다. 전면 내용을 작성한 후 날인란에 도장을 찍고, 뒷면에 표시된 모든 곳에 날인한 후 보증금을 보증금 봉투에 넣습니다. 입찰봉투에 입찰표, 보증금봉투, 대리입찰의 경우라면 대리인 서류를 첨부하여 마무리합니다.

　참고로 입찰법정은 대개 오전 10시 정도에 개정합니다. 물론 좀 늦게 개정하는 곳도 있습니다. 개정 후 약 10분 정도 절차 및 주의사항을 설명하고 약 1시간 정도 입찰 시간을 줍니다. 물론 이 시간은 법원마다 차이가 있으니 개별적으로 확인하십시오.

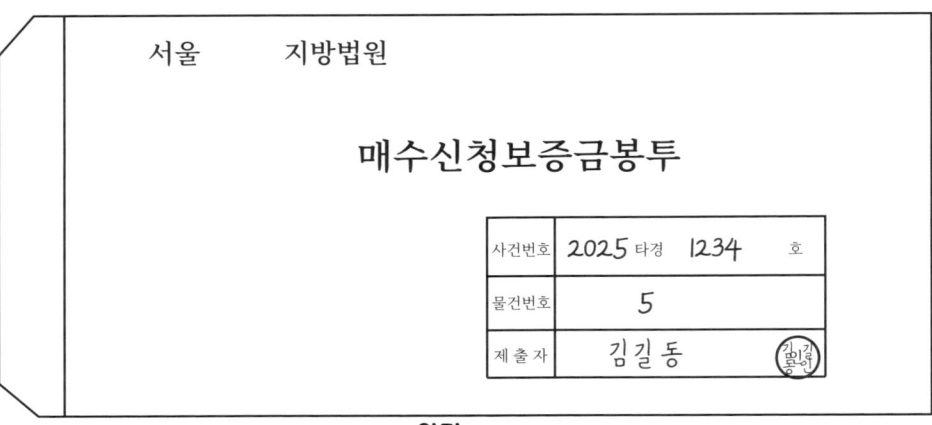

앞면

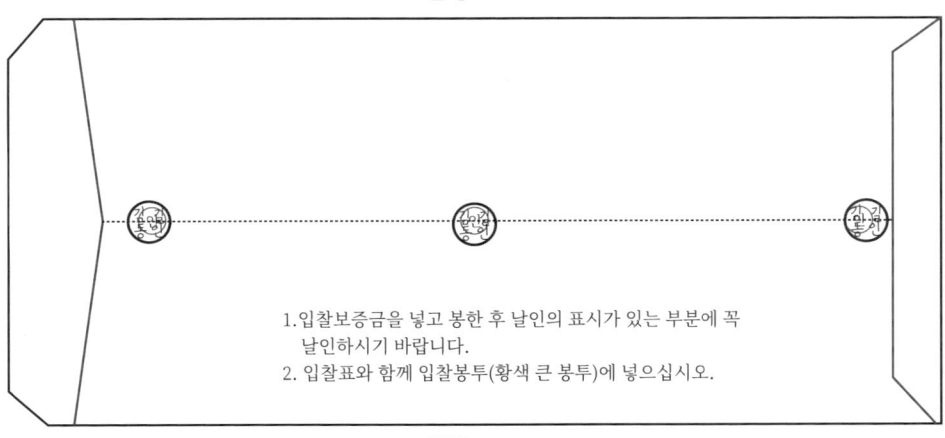

뒷면

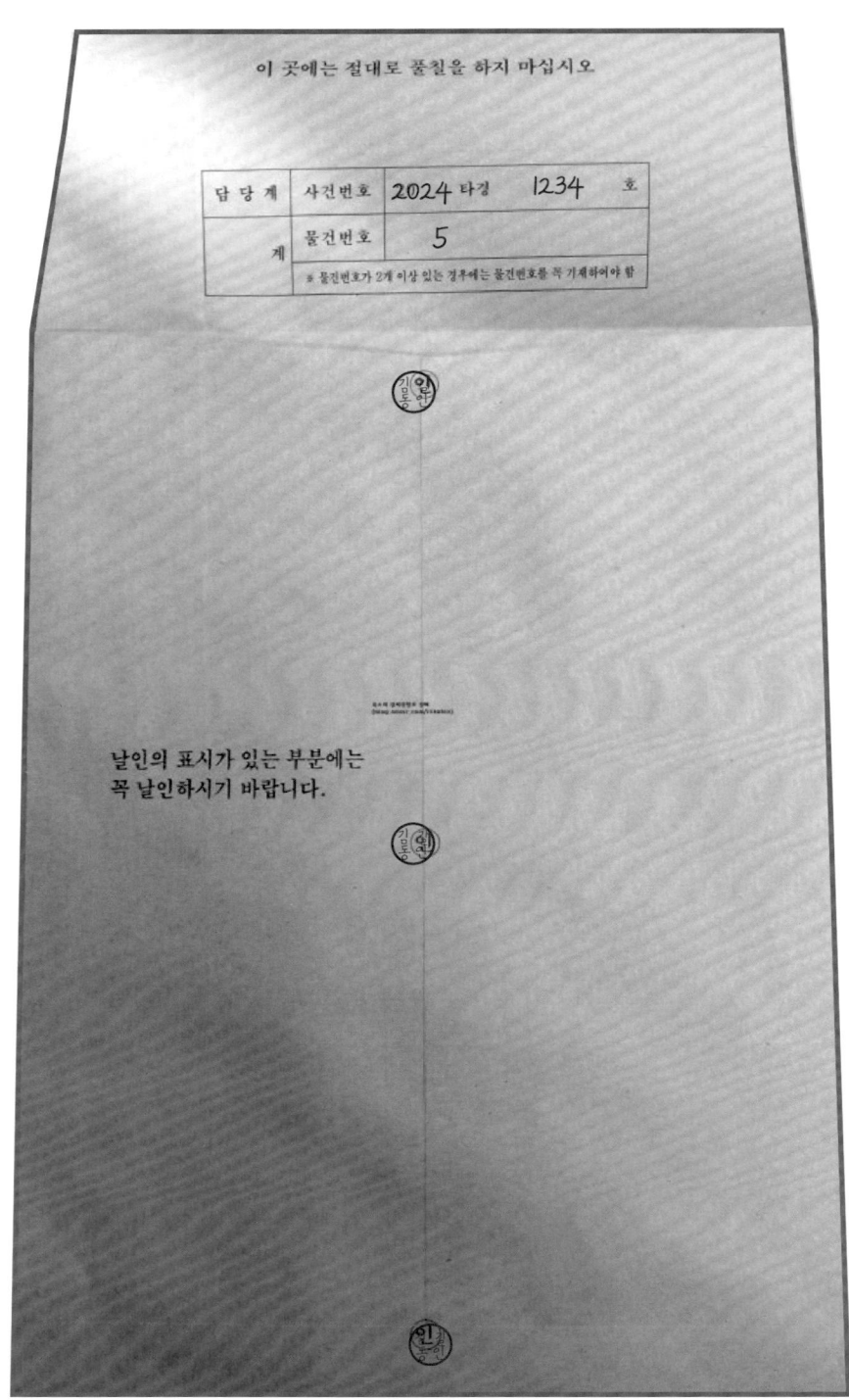

입찰봉투 제출

입찰서류를 마무리한 후 집행관 쪽에 가서 접수하면 집행관은 입찰봉투 상단에 붙어있는 '입찰자용 수취증'을 떼어주고, 응찰자는 수취증이 제거된 입찰봉투를 입찰함에 넣어주면 됩니다.

　　수취증은 패찰 시 보증금을 되돌려받아야 하므로 잘 보관합니다. 또한 낙찰되면 수취증을 제시, 입찰보증금 영수증을 챙기면 끝.

부동산 경매 절차 전체 흐름도

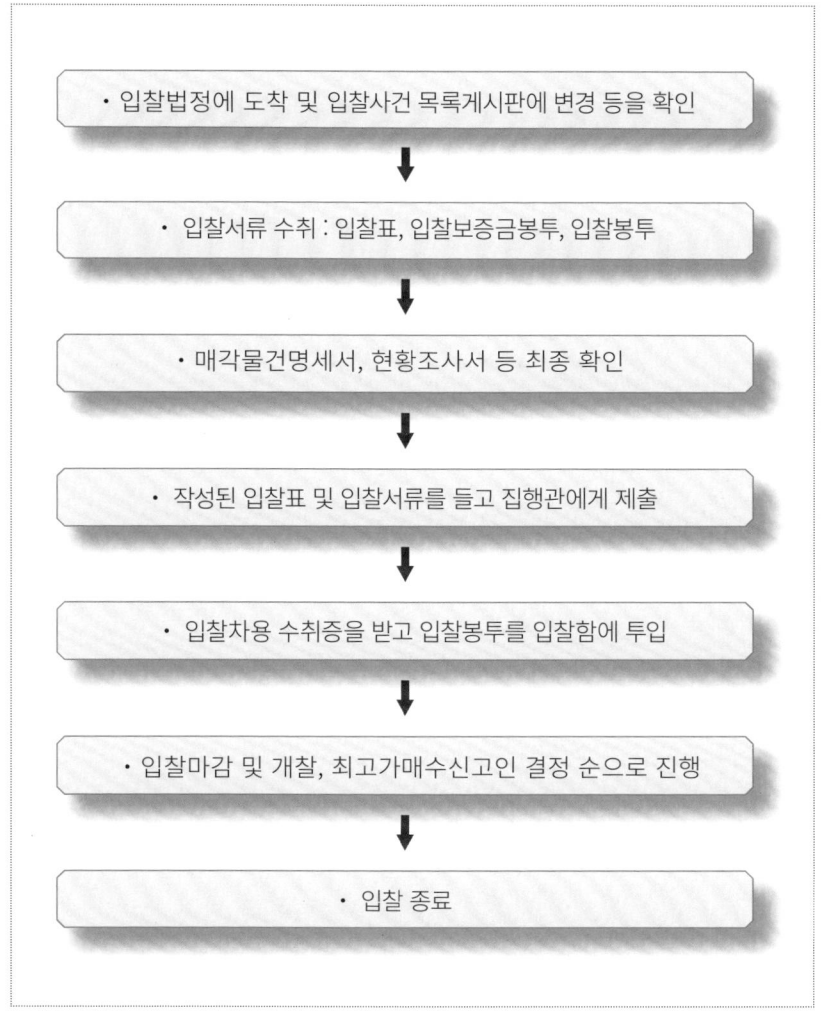

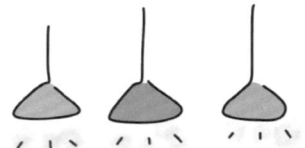

09 입찰 무효 사례와 치명적인 입찰 실수

경매를 하는 주된 목적은 수익을 내기 위함입니다. 부동산을 시세보다 싸게 사기 위해 어려운 부동산 법률 공부와 손품, 발품 파는 노력도 마다하지 않고 여기까지 왔습니다. 이런 고된 과정을 겪었음에도 경매가 무효가 된다든지 혹은 작은 실수로 금전적인 손해가 발생하는 치명적인 결과로 돌아오면 참 비극적이겠지요. 조금만 주의해도 피할 수 있는 상황이었다면 더욱더 억울할 겁니다. 이번 주제는 경매 절차에 경각심을 갖고자 준비했습니다. 입찰 무효가 되는 사례와 치명적인 입찰 실수에 대해 알아보겠습니다.

경매절차가 진행되지 않는 물건에 입찰
경매란 채무자와 채권자의 첨예한 대립 현장으로 언제든 상황이 변화될 수 있습니다. 매각 당일에도 변경되거나 연기, 취하되는 등의 사례는 비일비재합니다. 입찰기일 전에 법원경매 사이트 등에서 수시로 알아보고 대응해야 합니다. 또한 법원에 도착했으면 먼저 입구에 있는 '입찰사건 목록 게시판'에서 변동 유무를 꼭 확인해야 합니다. 입찰물건이 취하나 변경이 된 사실을 모르고 입찰에 참여하면 무효가 됩니다.

입찰보증금 부족으로 인한 무효
입찰보증금은 최저매각가격의 10%입니다. 또한 전 낙찰자의 미납으로 인한 재경매의 경우 법원마다 차이(대개 20%~30%)는 있지만, 이 금액에 못 미치는 금액을 제공하는 경우 무효가 됩니다. 깜빡해서 아예 금액을 넣지 않은 사례도 가끔 등장합니다. 금액이 초과하는 경우는 괜찮습니다.

입찰표 작성 시 금액을 수정하거나 작성 오류

입찰표를 작성할 때 다른 부분의 수정은 삭선 후 본인의 도장을 날인하면 어느 정도 용납됩니다. 하지만 입찰금액의 수정은 입찰 무효 사유입니다. 입찰가격은 절대 수정하지 말고, 새로운 용지에 다시 작성하기 바랍니다.

하나의 사건번호에 다른 물건번호가 있다면 반드시 물건번호를 기재해야 합니다. 이 또한 입찰무효 사유 중의 하나입니다.

입찰서류의 미비는 입찰 무효 사유가 된다

첨부되는 입찰서류의 미비는 무효 사유가 됩니다. 예컨대 대리입찰, 공동입찰, 법인입찰 시 위임장, 법인등기부등본 등의 서류(233쪽)를 첨부하지 않은 경우와 위임장에 날인된 인감과 인감증명서의 인감이 상이한 경우도 있겠고, 입찰표에 필수 기재사항 누락 등을 들 수 있습니다.

돌이킬 수 없는 치명적 입찰 실수에 관하여

언론에 등장하는 이야기가 있습니다. 매년 8~10건 정도의 실수가 나오는데요.

"법원 경매에서 황당한 실수가 속출하고 있다. 입찰표에 '0'을 하나 더 적어 원하는 가격보다 열 배 높은 가격에 낙찰받는 사고가 끊이지 않고 있다. 9억짜리 땅을 90억 원에 응찰하는 식이다." [출처 : 한국경제], "은평뉴타운 아파트 6700억에 낙찰...외제차 한 대 날리게 된 사연."[출처 : 이데일리 2024년 11월]

이 밖에도 "4억짜리 아파트를 41억에 써내 미납 속출" 등등 …. 오래전부터 이런 실수가 참 많았습니다. 너무 억울한 낙찰자가 소송으로 대법원까지 간 적이 있으나 결국 받아들여지지 않았습니다.

> **대법원 2009마2252 결정**
> 민사집행법에 의한 부동산 경매절차에서 민사집행법 제121조 각 호 및 제124조 제1항에 규정된 사유가 아닌 이상 매각을 불허할 수 없고, 최고가매수신고인이 착오로 자신이 본래 기재하려고 한 입찰가격보다 높은 가격을 기재했다는 사유는 민사집행법 제121조 각 호 및 제124조 제1항의 어디에도 해당한다고 볼 수 없으므로, 결국 그러한 사유로는 매각을 불허할 수 없다.

입찰금액에 '0'을 하나 더 붙인다는 내용은 황당할 수도 있습니다. '어떻게 그럴 수 있을까?'라는 의구심마저 듭니다.

▶ 입찰금액을 잘못 기재한 사례

3차례 유찰 후 최저매각가격이 63,455,000원입니다. 그런데 낙찰금액은 812,665,000원이네요. 누가 봐도 낙찰자 정OO 씨가 생각했던 입찰금액에 '0'을 하나 더 붙인 입찰 실수로 보입니다. ㅠㅠ

법원의 매각허가결정은 완료된 상태이며 2021년 1월 8일까지 대금을 납부하랍니다. 결국 실수한 낙찰자는 미납했고, 다른 사람에게 낙찰된 사례입니다.

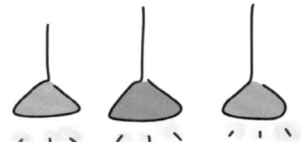

10 지분경매와 공유자 우선매수권

경매 물건을 검색하다 보면 부동산 전부가 아닌 일부 지분만 경매로 나오는 경우가 가끔 있습니다. 이를 '지분경매'라고 합니다. 지분이 경매 나왔을 때 다른 지분을 소유한 공유자가 우선하여 매수할 수 있는 권리를 주고 있습니다. 공동소유개념에 대해 잠깐 언급하고 가겠습니다.

부동산 공동소유란?
공동소유란 말 그대로 하나의 부동산을 2명 이상이 공동으로 소유하고 있는 것을 의미합니다. 요즘에는 부부가 공동명의로 집을 장만하는 형태가 많아졌는데, 이 또한 공유의 한 유형입니다.

부모님이 돌아가신 후 생전에 가지고 계셨던 부동산이 그 자녀분들에게 상속되면 하나의 부동산을 여러 사람이 소유하는 공동소유가 되겠지요. 그 밖에 공동 투자하여 부동산을 매입하는 경우 등 공유에 관한 사례는 여러 가지 있겠지만, 주변에 흔히 있는 공동소유는 부부 공동명의와 상속이 많습니다.

등기사항증명서 : 부부공동명의 사례

[갑 구] (소유권에 관한 사항)				
순위번호	등기목적	접 수	등 기 원 인	권리자 및 기타사항
6	소유권이전	2025년 1월 3일 제67132호	2024년 11월 2일 매매	공유자 지분 2분의 1 김철수 640201 - 1001819 서울시 OO로 50, 402동 1004호 지분 2분의 1 이영희 690407 - 2345874 서울시 OO로 50, 402동 1004호

공동소유를 확인하는 방법은 등기사항증명서의 소유권 내용을 보면 알 수 있습니다. 등기사항증명서를 열람하면 사례와 같이 지분 '몇 분의 몇'으로 표기됩니다. 소유권에 대한 사항이므로 '갑구'를 보면 되겠네요.

등기사항증명서 : 세 사람에게 상속된 사례

순위번호	등기목적	접 수	등 기 원 인	권리자 및 기타사항
		[갑 구] (소유권에 관한 사항)		
1	소유권이전	1997년 10월 6일 제47132호	1997년 9월 5일 매매	소유자 김O식 421204 - ******* 경기도 고양시 OO길 105동 1001호 (OO동, 현대아파트)
2	소유권이전	2025년 4월 3일 제49987호	2025년 2월 1일 상속	공유자 지분 3분의 1 김O화 68040* - ******* 경기도 파주시 OOO길 88 지분 3분의 1 김O주 70714* - ******* 인천시 부평구 OO로 777번길 34, 101동 1004호 (OO동 경남아파트) 지분 3분의 1 김O태 74021* - ******* 대구시 남구 OO4길 74, 301호(OO동)

공유의 개념을 확인했으니 이제 공유자 우선매수에 대해 알아봅니다.

'공유자 우선매수신고' 제도란?

'공유자 우선매수신고'라는 제도는 세계에서 유일하게 우리나라에만 있는 제도입니다. 이는 공유물 대부분이 부부, 형제, 친척, 지인 등이므로 혈연 및 지연을 중요시하는 우리나라에 적합한 제도이기 때문입니다. 생판 남에게 팔기 이전에 다른 공유자에게 매수의 기회를 줌으로써 공동소유 부동산의 효율적

이용을 위한 법의 배려라고 할 수 있습니다.

공유자 매수신고에 대한 법조문 일부를 다음과 같이 해석해봅니다.

민사집행법 제140조(공유자의 우선매수)

①공유자는 매각기일까지 제113조에 따른 보증을 제공하고 최고매수신고가격과 같은 가격으로 채무자의 지분을 우선매수하겠다는 신고를 할 수 있다.
-> 매각기일까지 우선매수신고 할 수 있다.

②제1항의 경우에 법원은 최고가매수신고가 있더라도 그 공유자에게 매각을 허가하여야 한다.
-> 경매절차에서 누군가에게 낙찰되었더라도 그 가격에 공유자가 매수할 수 있다.

④제1항의 규정에 따라 공유자가 우선매수신고를 한 경우에는 최고가매수신고인을 제114조의 차순위매수신고인으로 본다.
-> 공유자가 우선매수 신고를 한 경우 낙찰자는 차순위 매수신고인이 된다.

민사집행규칙 제76조(공유자의 우선매수청구권 행사절차 등)

①법 제140조제1항의 규정에 따른 우선매수의 신고는 집행관이 매각기일을 종결한다는 고지를 하기 전까지 할 수 있다.
-> 우선매수신고는 매각기일을 종결한다는 고지(집행관이 낙찰자를 호명하기 전까지)를 하기 전까지 할 수 있다.

②공유자가 법 제140조제1항의 규정에 따른 신고를 하였으나 다른 매수신고인이 없는 때에는 최저매각가격을 법 제140조제1항의 최고가매수신고가격으로 본다.
-> 공유자가 우선매수신고를 미리 했을 때 경매가 유찰되었다면 최저매각가격으로 매수해야 한다(입찰 보증금 까지 납부한 경우).

각 공유자의 개별 소유인 지분이 경매나 공매로 매각되는 사례는 꽤 많습니다. 경매에서의 공유부동산은 각 공유권자(지분권자)가 본 부동산을 사용·수익·처분에 대한 제약이 따르고, '공유자 우선매수'라는 제도가 있기 때문에 지분경매 부동산은 다른 물건에 비교하여 낙찰가가 많이 떨어지는 경우가 대부분이지요. 과거 법원에서는 제한 없이 '공유자 우선매수청구권'을 허용, 다른 입찰예정자들이 입찰을 포기하게 만들어 아주 싼 가격에 지분을 취득한 경우가 많았습니다. 이런 폐단을 막고자 법원에서는 공유자우선매수권을 1회로 제한하고, 그밖에 내용을 담은 '특별매각조건'을 붙입니다. 그 내용은 아래와 같습니다.

[공유자 우선매수청구권 제한 사례]

"공유자의 우선매수권(민사집행법 제140조) 행사에 따른 매수신고가 매수보증금의 미납으로 실효되는 경우, 그 공유자는 해당 부동산의 다음 매각기일에서는 우선매수청구권을 행사할 수 없다."

"지분매각임. 공유자 우선매수신고 제한 있음. (공유자 우선매수신청을 한 공유자는 당해 매각기일 종결전까지 보증금을 제공하여야 하며, 매수신청권리를 행사하지 않는 경우에는 차회 기일부터는 우선권이 없음)"

"공유자의 우선매수신청권 행사는 신고한 첫 기일에만 유효하고, 다음기일부터는 행사할 수 없음"

"지분매각임. 공유자 우선매수권 있으며 1회로 제한. (공유자 우선매수신청을 한 공유자는 당해 매각기일 종결전까지 보증금을 제공하여야 하며, 매수신청권리를 행사하지 않는 경우에는 차회 기일부터는 우선권이 없음)"

공유자 우선매수신고 언제까지 해야 되는가?

공유자 우선매수는 해당 경매사건의 매각 절차가 종료되기 전까지 인정되며, 우선매수청구의 방법은 집행관이 낙찰자를 부른 뒤 "공유자우선매수신청 하실 분 있으면 하기 바랍니다."라고 말하면 "네! 우선매수 신청하겠습니다."라고 외치면 됩니다. 우선매수를 신청하는 방법은 일반 입찰과 같이 입찰표를 작성해 보증금을 첨부하고 있어야 합니다. 낙찰된 금액으로 공유자가 매수할 수 있으니 낙찰자는 헛수고하는 셈이지요.

'공유자 우선매수청구권 제한'의 특별매각조건이 붙어있는 물건에 미리 신고하면 보증금 제공 등의 강제조항이 첨가되므로 공유자는 해당 기일에 매수해야하는 입장이 놓이게 됩니다. 결국 공유자라면 미리 신고하지 않고, 보증금을 준비하고 있다가 입찰자가 있으면 보증금과 함께 우선매수신고를 하고, 최고가매수인이 없어 유찰되면 안 하고 다음 기일을 기약하는 것이 현재로선 유리합니다.

매각물건명세서							
사 건	2020타경3085 부동산임의경매		매각물건번호	1	작성일자	2020.11.12	담임법관(사법보좌관)
부동산 및 감정평가액 최저매각가격의 표시	별지기재와 같음		최선순위 설정	2017.4.19.근저당설정		배당요구종기	2020.05.06
부동산의 점유자와 점유의 권원, 점유할 수 있는 기간, 차임 또는 보증금에 관한 관계인의 진술 및 임차인이 있는 경우 배당요구 여부와 그 일자, 전입신고일자 또는 사업자등록신청일자와 확정일자의 유무와 그 일자							
점유자의 성 명	점유부분	정보출처 구 분	점유의 권 원	임대차기간 (점유기간)	보 증 금	차 임	전입신고일자,사업자등록 신청일자 / 확정일자 / 배당요구여부(배당요구일자)
조사된 임차내역없음							
※ 최선순위 설정일자보다 대항요건을 먼저 갖춘 주택·상가건물 임차인의 임차보증금은 매수인에게 인수되는 경우가 발생 할 수 있고, 대항력과 우선변제권이 있는 주택·상가건물 임차인이 배당요구를 하였으나 보증금 전액에 관하여 배당을 받지 아니한 경우에는 배당받지 못한 잔액이 매수인에게 인수되게 됨을 주의하시기 바랍니다.							
등기된 부동산에 관한 권리 또는 가처분으로 매각으로 그 효력이 소멸되지 아니하는 것							
해당사항없음							
매각에 따라 설정된 것으로 보는 지상권의 개요							
해당사항없음							
비고란							
1.지분매각임. 공유자 우선매수신고 제한있음(공유자 우선매수신청을 한 공유자는 당해 매각기일 종결 전까지 보증금을 제공하여야 하며,매수신청권리를 행사하지 않은 경우에는 차회기일부터는 우선권이 없음)							

지금까지 지분경매에서 공유자우선매수에 대해 알아봤습니다. 지분경매라 해도 수익을 내는 방법이 있습니다. 입찰자 입장이라면 반쪽짜리 지분경매라 그냥 지나칠 것이 아니라 해당 물건의 '매각물건명세서'를 숙지하여 적극적으로 참여하는 것도 좋겠습니다.

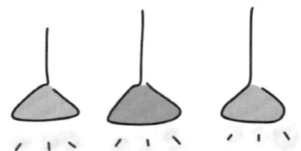

11 매각불허가신청, 즉시항고, 매각허가결정 취소신청의 이해

되도록 순서대로 부동산 경매 절차를 기술하고 있습니다. 우리는 법원에 도착, 입찰표 등을 작성, 최고가매수인(낙찰자)이 되는 데 성공했습니다. 그런데 '경매 부동산'이란 워낙 특별한 변수가 있기 때문에 입찰전에 미처 확인하지 못한 권리나 물건의 각종 하자가 존재할 수 있습니다. 일반 매매로 부동산을 구입했다면 계약해제와 하자담보책임으로 매도인을 압박할 수 있는데 반해 경매는 그럴 수도 없습니다. ※경매는 하자담보책임이 없음. 이때 낙찰자나 이해관계인이 할 수 있는 일이 없을까요?

이런 경매의 하자에 대한 구제 방법으로 법원은 '매각불허가신청(매각허가에 대한 이의)'과 '즉시항고', '매각허가 결정 취소신청'이라는 제도를 규정하고 있습니다. 시차적으로 진행되는 이유로 같은 지면에 묶었습니다.

매각불허가신청(매각허가에 대한 이의 신청)
매각일에 최고가매수인(낙찰자)이 결정되어 매각기일이 종료되면 법원은 통상 7일 이내에 매각허가 또는 불허가 결정을 합니다. 매각불허가신청은 이 기간 내에 해야 합니다. 또한 매각에 대한 이의신청은 이해관계인만이 할 수 있으며 최고가매수인은 이해관계인에 속합니다. - 민사집행법 120조
※ '이해관계인이란?' 219쪽 참조.

민사집행법 121조에서 매각 허가에 대한 이의신청 사유를 다음과 같이 규정하고 있습니다. 매각에 대한 불허가는 직권 또는 이해관계인의 이의신청으로 진행됩니다. 관련 법 조항을 가져옵니다.

> **민사집행법 제121조(매각허가에 대한 이의신청사유)**
>
> 매각허가에 관한 이의는 다음 각호 가운데 어느 하나에 해당하는 이유가 있어야 신청할 수 있다.
>
> 1. 강제집행을 허가할 수 없거나 집행을 계속 진행할 수 없을 때
> 2. 최고가매수신고인이 부동산을 매수할 능력이나 자격이 없는 때
> 3. 부동산을 매수할 자격이 없는 사람이 최고가매수신고인을 내세워 매수신고를 한 때
> 4. 최고가매수신고인, 그 대리인 또는 최고가매수신고인을 내세워 매수신고를 한 사람이 제108조 각호 가운데 어느 하나에 해당되는 때
> 5. 최저매각가격의 결정, 일괄매각의 결정 또는 매각물건명세서의 작성에 중대한 흠.
> 6. 천재지변, 그 밖에 자기가 책임을 질 수 없는 사유로 부동산이 현저하게 훼손된 사실 또는 부동산에 관한 중대한 권리관계가 변동된 사실이 경매절차의 진행중에 밝혀진 때
> 7. 경매절차에 그 밖의 중대한 잘못이 있는 때

직권 또는 이의신청에 따른 법원의 대표적 불허가 사유는 다음과 같습니다.

- 재경매에서 전 매수인이 최고가매수신고를 한 경우
- 최고가매수신고인이 부동산을 매수할 능력이나 자격이 없을 때
- 법원 공적 서류 기재 착오
- 공고된 부동산 면적의 차이가 큰 경우, 매각물건명세서 작성의 중대한 하자, 감정평가서의 오류
- 농지취득자격증명 미제출
- 각종 송달여부의 적법성 여부
- 무잉여경매의 경우
- 경매 절차 중에 부동산의 현저한 훼손 및 중대한 권리관계 변동
- 기타 경매 절차상의 중대한 잘못이 있을 때

매각허부 결정에 대한 즉시항고

법원의 매각허가 또는 불허가 결정에 대해 이해관계인이 법원의 결정에 대하여 불복할 수 있는 방법입니다. 즉시항고는 매각허부결정일로부터 7일 이내에 할 수 있습니다. 과거에는 별다른 이익이 없음에도 즉시항고를 남발, 경매절차 자체를 지연시키는 사례가 많았습니다. 이런 이유로 현재 법원은 매각에 대한 이의신청과 달리 매각허가결정에 대한 즉시항고를 제기하는 사람은 매각대금의 10% 금액 또는 유가증권의 공탁을 함으로써 절차의 지연을 방지하고 있습니다. 반면 매각허가결정에 대한 즉시항고와 달리 매각불허가결정에 대한 즉시항고 시에는 보증을 제공하지 않는 점도 알고 계시면 좋겠습니다.

또한 채무자 및 소유자가 제기한 항고가 법원에서 기각(거절)되면 항고보증금은 몰수됩니다. 채무자 및 소유자는 즉시항고를 신중하게 선택해야 하는 이유입니다. 반면 채무자 및 소유자가 아닌 사람의 항고는 항고일부터 항고기각 결정이 확정된 날까지 매각대금에 대한 법정이자만을 제하고 돌려주는 것도 참고하십시오.

매각허가결정의 취소신청

법원은 '매각허가결정의 취소신청' 제도로 이해관계인을 마지막으로 구제할 수 있는 길을 열어두고 있습니다. 매각허가결정의 취소신청은 민사집행법 127조에서 규정하고 있는데요. 그 내용은 다음과 같습니다.

" 제127조(매각허가결정의 취소신청) ①제121조 제6호에서 규정한 사실이 매각허가결정의 확정 뒤에 밝혀진 경우에는 매수인은 대금을 낼 때까지 매각허가결정의 취소신청을 할 수 있다."

매각허가결정 확정일 이후부터 대금납부일까지 매각허가결정의 취소신청을 할 수 있습니다. 중요한 내용은 민사집행법 121조 제6호(249쪽)의 사유로만 할 수 있도록 제한하고 있습니다. 취소신청을 엄격히 규제하고, 웬만한 건 하지 말라는 의미입니다.

예컨대 매각허가결정 후 현장에 가보니 그동안 없었던 유치권을 행사하고 있거나 혹은 부동산이 현저하게 훼손된 경우에 신청할 수 있습니다.

지금까지 매각불허가신청(매각허가에 대한 이의), 매각허부 결정에 대한 즉시항고, 매각허가결정의 취소신청을 알아봤습니다. 입찰자가 경매절차에서 뜻하지 않은 난관에 봉착했을 때 그 함정에서 빠져나올 수 있는 방법 정도로 이해하시면 되겠네요. 용어가 비슷비슷해서 혼란이 올 수도 있습니다. 그래서 시간의 순서대로 이해하시면 더 편할 듯하여 그림으로 그립니다.

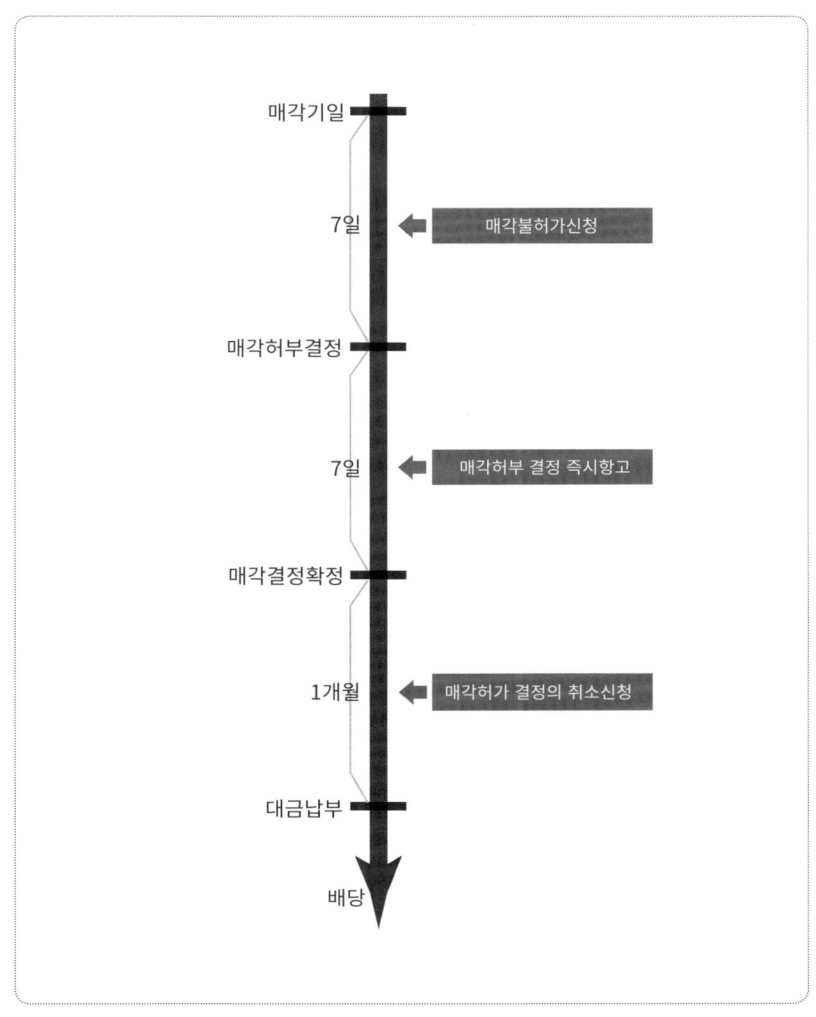

▶ 매각허가결정에 대한 이의신청서(매각 불허가 신청서) 양식

매각허가에 대한 이의신청서

사건번호 : 20 타경1234 부동산 임의경매
채무자 : ○ ○ ○
　　　　서울시 ○○구 ○○동 ○○번지
채권자 : ○ ○ ○
　　　　서울시 ○○구 ○○동 ○○번지
신청인(최고가매수인) : 김 길 동
　　　　경기도 파주시 ○○길 6-7

위 사건에 관하여 다음과 같이 이의 신청합니다.

신 청 취 지

별지목록 기재 부동산에 대한 매각은 이를 불허한다 라는 재판을 구함.

신 청 이 유

위 사건에 대하여 본인은 최고가매수신고인으로 매각결정기일 전입니다. 본인이 현장을 재차 방문하여 현황을 조사한 바 귀 법원의 현황조사서 및 매각물건명세의 내용과 다른 대항력있는 임차인의 존재로 본인은 예기치 못한 손해를 볼 처지에 놓여있습니다. 이는 경매 절차상의 중대한 권리의 하자 문제임이 분명하므로 매각 불허가 신청을 하오니 부디 숙고하시기 부탁드립니다.

첨부서류
1. 매각물건명세서
2. 증빙서류 1, 2

　　　　　　　　　　　　　　　　　　　　20 년 12월 ○○ 일

　　　　　　　　이의신청인(최고가 매수인)　김 길 동　　(인)
　　　　　　　　연락처(☎) : 010-9609-1234

　　　　서울중앙지방법원　　　　　　　　　　　　　　귀중

▶ 항고장 양식

<h1 align="center">항 고 장</h1>

사건번호 : 20 타경1234 부동산 임의경매

항고인 : O O O

주 소 : 서울시 OO구 OO동 OO번지

위 사건에 관하여 귀 법원에서 20 . . . 에 한 결정에 대하여 불복하므로 항고를 제기합니다.

원 결 정 의 표 시

항 고 취 지

원심법원이 별지목록 기재 부동산에 관하여 결정을 취소하고 다시 상당한 재판을 구합니다.

항 고 이 유

추후 제출하겠습니다.
또는 항고 이유를 밝힘

첨부서류
1.
2.

20 년 12월 OO 일

위 항고인 O O O   (인)
연락처☎ : 010-9609-1234

서울중앙지방법원   귀중

▶ 매각허가결정에 대한 취소신청서 양식

매각결정취소 신청서

사건번호 : 20 타경1234
매수인 : 김길동

매수인이 매수한 위 부동산에는 아래와 같은 사유가 있으므로 위 사건에 관한 매각허가결정을 취소하여 주시기 바랍니다.

아 래

위 사건에 대하여 신청인 본인은 최고가매수신고인으로 매각허가결정이 완결된 상황입니다. 그러나 신청인이 현장을 재차 방문한바 신청하지 않은 유치권자 OOO가 공사대금을 이유로 현장을 점유하고 있습니다. 민사집행법 제127조 1항에는 '제121조 제6호 에서 규정한 사실이 매각허가결정의 확정 뒤에 밝혀진 경우에는 매수인은 대금을 낼 때까지 매각허가결정의 취소신청을 할 수 있다고' 규정하고 있습니다. 이는 제121조 6호의 내용인 '부동산에 관한 중대한 권리관계가 변동된 사실이 경매절차의 진행중에 밝혀진 때'라는 사실에 해당한다고 할 것입니다. 유치권자의 존재로 본인은 예기치 못한 손해를 볼 처지에 놓여있습니다. 이에 매각허가결정 취소를 신청하오니 부디 숙고하시기 부탁드립니다.

소명자료 및 첨부서류
1.
2.
3

20 년 12월 OO 일

위 신청인 (최고가 매수인) 김 길 동   (인)
연락처(☎) : 010-9609-1234

서울중앙지방법원   귀중

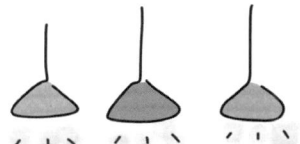

12 차순위매수신고 해야 할까?

입찰 법정에 가면 자주 들려오는 말이 있습니다. 낙찰자를 발표한 뒤 집행관이 "차순위매수신고 하실 분 계십니까? 없으면 이 사건은 종결됩니다!"라고 말합니다. 또 처음 들어보는 용어가 나왔네요. ^^;

'차순위매수신고'란?
경매에서 가격을 가장 많이 써낸 사람을 '최고가매수인'이라고 합니다. 또 다른 말로 '낙찰자'라고도 합니다. 최고가매수인이 1등이라면 차순위매수인은 당연히 2등이겠죠. 집행관이 차순위매수신고를 언급할 때 차순위매수인이 이에 "하겠다~"라고 응답하면 차순위매수신고가 이루어집니다.

최고가매수인이 낙찰대금을 납부하지 않으면 통상적으로 1~2개월 후 다시 경매가 진행됩니다. 이때 차순위매수신고를 했으면 이 절차를 생략하고 차순위매수신고인에게 바로 매각을 허가합니다. 이 제도의 장점이라 볼 수 있지요.

차순위매수신고 요건
민사집행법에서 신고 요건을 따로 정했기 때문에 경매에서 2등이라고 무조건 차순위매수신고를 할 수 없습니다. 관련 법 조항을 가져옵니다.

> **민사집행법 제114조(차순위매수신고)**
> ② 차순위매수신고는 그 신고액이 최고가매수신고액에서 그 보증액을 뺀 금액을 넘는 때에만 할 수 있다.

차순위매수신고의 요건은 '최고가매수신고액'에서 보증액을 뺀 금액을 초과해야 할 수 있다'고 규정합니다. 요건에 충족된다면 해도 되고, 안 해도 되는 게 차순위매수신고입니다. 말이 좀 어려울듯하여 예를 들어봅니다.

차순위매수신고 예제

예제 1)
Q : 최저매각가격이 1억 원(입찰보증금 : 1천만 원)일 때 개찰 결과 최고가매수인 A의 매수신고가격이 1억 3천만 원이고, 차순위 B가 1억 1천만 원이라면 B는 차순위매수신고 할 수 있을까?

A : (낙찰가 : 1억 3천만 원) - (입찰보증금 : 1천만 원) = 1억 2천만 원
낙찰가에서 입찰보증금을 뺀 금액은 1억 2천만 원이다. B가 써낸 금액으로는 차순위 매수신고를 할 수 없다.

예제 2)
Q : 최저매각가격이 1억 원일 때 개찰 결과 최고가매수인 A의 매수신고가격이 1억 3천만 원이고, 차순위 B가 1억 2천만 원이라면 B는 차순위매수신고를 할 수 있을까?

A : (낙찰가 : 1억 3천만원) - (입찰보증금 : 1천만 원) = 1억 2천만 원
낙찰가에서 입찰보증금을 뺀 금액은 1억 2천만원이다. B가 써낸 금액은 1억 2천만 원을 넘지 않으므로 차순위매수신고를 할 수 없다.

위의 예제에서 B는 1억 2천만 원을 초과(이상 X)하여 매수 신고를 한 경우에만 차순위매수신고를 할 수 있다는 결론입니다.

차순위매수신고 해야 할까?

경매절차에서 패찰 시 입찰자의 보증금은 즉시 돌려줍니다. 그러나 차순위매수신고를 한다면 그 보증금은 최고가매수인이 대금을 완납한 후에나 찾아갈 수 있습니다. 자금이 묶이게 되는 셈이죠. 큰 실익은 없어 보입니다. 법원에는 다른 경매 물건은 늘 풍부하니 확실한 물건이 아니라면 차라리 차순위매수신고 대신에 보증금을 회수, 그 시간에 다른 물건에 공을 들이는 것이 더 좋은 방법이라 생각합니다.

13 낙찰받은 부동산 소유권 이전하기

앞서 우리는 부동산 매각물건의 검색, 임장, 권리분석을 마치고 실제 경매 법정에서의 절차에 관하여 알아보았습니다. 지금부터는 낙찰받은 부동산의 소유권이전에 대해 알아봅니다.

부동산을 경매가 아닌 일반매매로 거래하면 거래 당사자가 등기소에 소유권이전등기를 신청해야 합니다. 물론 현실에선 법무사가 대부분 대행하고 있습니다. 그러나 경매는 등기소에 직접 소유권이전등기를 신청하는 것이 아니라 이전등기에 필요한 서류를 해당 법원에 제출하면 법원은 등기소에 소유권이전등기를 해달라는 촉탁을 합니다. 일반매매와 다른 점이지요.

부동산 경매에서 매각대금납부, 소유권이전과 촉탁 과정이 절차 및 규칙에 따르기 때문에 다소 번거로울 수 있습니다. 그러나 경매물건을 매입할 때 낙찰자는 대개 대출로 처리하기 때문에 이런 과정은 은행권 법무사가 대행합니다. 따라서 낙찰자는 금융사 직원의 안내에 따른 담보대출 서류 제출 및 자서만 참여, 법원에 가지 않아도 됩니다.

다만 대출이 안 나오는 물건 등은 낙찰자가 직접 모든 과정에 관여하는 '셀프등기'에 도전하는 사례도 있고, 비용을 들여 법무사에게 의뢰하는 때도 있습니다. 법무사 대행 비용은 다양하니까 협상하기 나름이겠지요. 본 지면은 본인이 모든 과정을 직접 처리하는 내용으로 구성했습니다. 비용도 아낄 겸 한 번 도전해 보는 것도 좋겠습니다.

매각대금납부의 효력

경매절차에서 매각일에 최고가매수인이 결정되며, 매각기일이 종료되면 법원은 통상 7일간 매각허부결정을 하게 되고 다시 7일 후면 매각이 확정됩니다. 즉 낙찰되면 14일 후 매각확정, 이로부터 1개월 이내가 대금납부 기한입니다.

매각허가결정이 확정되면 지급기한에 관계없이 즉시 납부도 가능합니다. 낙찰대금을 납부하면 등기가 없어도 법률상 온전한 소유권을 갖는 효력이 있습니다. 빠른 명도와 변동될 가능성이 있는 물건이라면 하루라도 빨리 대금납부를 하는 것이 유리하겠지요.

대금납부 절차
매각대금을 납부하려면 낙찰일 날 법원에서 받은 입찰보관금 영수증과 통지된 대금납부통지서(입찰보증금을 뺀 잔금을 납부하라는 통지서)를 지참, 해당 경매계에 가면 '법원보관금납부명령서'를 발급해줍니다. 보증금을 제외한 잔액이 기재되어 있는 명령서로 법원 내 은행에 납부하면 은행에서 '법원보관금영수필통지서'를 발급해 줌으로써 대금납부 절차가 끝납니다.

소유권이전등기 절차
매각대금을 모두 납부했으면 이제 소유권이전 절차를 진행할 차례입니다. 이 과정의 모든 것이 절차에 준하는 내용으로 생소한 용어가 대거 등장, 인내가 좀 필요합니다.

1. 매각대금완납증명원 작성 및 발급
대금완납증명원을 발급받아야 하는데 이 서류는 법원에서 자동으로 출력해주지는 않습니다. 비치된 대금완납증명원 2부를 직접 작성하여 수입인지(500원)와 함께 법원 경매계에 제출, 법원은 내용 확인 도장을 찍어 돌려줍니다. 이 서류는 소유권이전등기 완결 전 소유자임을 증명하는 서류로도 활용됩니다.

2. 취득세 및 등록면허세 납부
법원에서 발급받은 매각대금완납증명원을 지참, 시·군·구청 세무과로 이동하여 소유권이전에 관한 취득세 및 등록면허세 신청서를 각각 작성해 제출하면 고지서를 줍니다. 이 고지서로 세금을 납부하고 '영수필 확인서'를 받으면 끝. 참고로 '등록면허세'는 말소할 등기의 개수로 처리하므로 미리 등기사항증명서의 말소목록을 산정해야 합니다.

매 각 대 금 완 납 증 명 원

사　　건　　2024타경1234 부동산임의경매
채 권 자　　OO 은행
채 무 자　　나채무
소 유 자　　채무자와 같음
매 수 인　　김길동

　　위 사건의 별지목록기재 부동산을 금　　　　원에 낙찰받아　　．
．　．에 그 대금전액을 납부하였음을 증명하여 주시기 바랍니다.

2025년 2월 20일

매수인 : 김 길 동　　　　(인)
연락처☎ : 010-9609-1234
매각물건의 표시 : 별지기재 부동사표시와 같음

OO 지방법원　　　　귀중

☞유의사항
1) 매각부동산 목록을 첨부합니다.
2) 2부를 작성합니다(원본에 500원 인지를 붙임).

3. 국민주택채권 매입 또는 할인 매도

소유권이전등기를 하려면 '국민주택채권매입필증'은 필수로 제출해야 합니다. 국민주택채권은 정부가 국민주택 사업에 필요한 자금을 조달하기 위하여 발행하는 채권으로 부동산을 사면 의무적으로 매입해야 하는 채권입니다. '국민주택채권매입대상 금액표'를 기준으로 매입할 수 있으며 대부분 채권할인율에 해당하는 비용만 부담합니다. 국민주택채권 할인율은 인터넷에서 쉽게 알아볼 수 있습니다. 국민주택채권 매입 금액은 주택도시기금 사이트(nhuf.molit.go.kr)에서 쉽게 계산할 수 있으며 할인하여 매도할 경우 그 금액을 조회할 수 있습니다.

4. 등기 촉탁 신청서와 첨부 서류를 법원 경매계에 제출

그간 준비했던 서류와 함께 '소유권이전등기촉탁신청서'를 작성하여 촉탁 신청을 하면 됩니다. 소유권이전등기 촉탁 시 법원에 제출하는 구비서류를 모두 나열합니다.

소유권이전등기 촉탁 시 제출서류

- 부동산 소유권이전등기촉탁 신청서
- 매각허가결정 등본(정본) - 해당 경매계
- 매각대금완납증명원 1부
- 부동산 등기사항전부증명서, 토지대장등본, 건축물관리대장 각 1부
- 부동산목록
- 말소할 목록 1부(등기사항 요약표의 갑구, 을구 참조)
- 주민등록초본(법인의 경우 법인등기사항증명서) 1부
- 취득세 영수필 확인서, 등록면허세 영수증(말소 등록세)
- 국민주택채권매입필증
- 등기 신청 시 수수료는 소유권이전 OOO원, 말소 1건당 OOO원의 수입증지(구내 은행)
- 등기 서류를 우편으로 받기 위해 우체국에서 우표(바코드)와 대봉투를 구매 함께 제출

위의 서류를 모두 제출하면서 과정이 모두 종결됩니다. 우표(바코드)를 첨부했으니 등기권리증을 우편으로 수령하면 모든 게 끝. 물론 법원의 절차상 약간의 변동은 직접 확인하세요.

휴~ 복잡하지요. 법원 규칙에 의한 과정으로 꼼꼼하게 잘 챙겨가시기 바랍니다. 법원마다 약간씩 제출서류 수량 등이 상이할 수도 있으니 가기 전에 해당 법원의 고시 내용을 점검, 낭패를 당하는 일이 없도록 합니다. 물론 셀프등기는 법무사 비용을 절약할 수 있는 장점이 있지만, 과정을 돌아보면 시간을 잡아먹는 단점과 기타 귀차니즘을 감당할 수 있어야 합니다. 직접 한번 해보시지요! ~

Part
08

배당의 원리 반드시 알아야 한다!

01 경매는 몰라도 배당은 알아야 한다!
02 경매의 배당에는 일정한 원칙이 있다
03 배당에는 일정한 순서가 있다 ㅣ 필요비와 유익비 이게 도대체 뭘까?
04 소액임차인 배당사례 (1)
05 소액임차인 배당사례 (2)
06 낙찰자가 미납한 이유는?

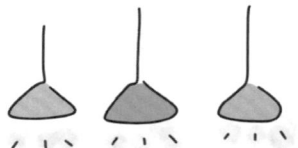

01 경매는 몰라도 배당은 알아야 한다!

부동산 경매의 목적을 완성하는 최종 단계인 '배당'입니다. 제목을 '경매는 몰라도 배당은 알아야 한다!'로 정했습니다. 지금까지 경매 투자자 입장에서만 경매기초에서 권리분석, 경매절차 등을 알아봤습니다. 그러나 이번엔 배당이 갖는 의의에 대하여 경매를 당하는 입장까지 전체적 시각으로 논점을 확장하고자 합니다.

배당의 이면
부동산 경매란 개인이 해결하지 못한 각종 채무 관계를 법원에서 민사 집행을 통해 매각하고, 그 돈으로 '배당(관련된 채권자에게 원칙에 따라 나누어줌)'이라는 결과로 마무리됩니다. 채권을 정리하는데 더없이 훌륭한 시스템입니다.
하지만 이 과정에서 모든 채권을 충족할 수 없어 한 푼도 못 받고 길거리에 내 쫓기는 임차인, 보증금 중 일부만 받아 갑자기 빈곤해진 사람, 지인을 믿고 돈을 빌려주었는데 받지 못하는 상황이 된 채권자 등등 피해자가 속출합니다. 그래서 부동산이 경매에 나왔겠지요. ㅠㅠ

우리가 경매는 몰라도 '배당'을 알아야 할 이유는?
금수저를 물고 태어났다면 모를까 우리의 일생은 단순합니다. 태어나서 배우고, 익혀 사회에 첫발을 내디디면서 시작됩니다. 거주 공간을 월세로 얻고, 여유가 되면 전세 그리고 내 집 마련의 단계로 진행됩니다. 월세는 소액의 보증금이라 부담 없이 구했는데, 전세로 넘어오니 불안합니다. '퇴거할 때 내 보증금을 온전히 돌려받을 수 있을까?'라는 단순한 불안감에서 시작되고, 최악의 시나리오는 이 부동산이 경매에 넘어가는 것이겠지요. 이때 '배당'이라는 경매 절차를 먼저 이해하고, 공적서류 발급과 아울러 그 부동산의 시세, 저당권, 선순위 임차인 등을 간단히 분석하면 '내 보증금을 돌려받을 가능성' 파악이 어느 정도 해결됩니다.

돈을 빌려줄 때도 배당을 알면 좋겠지요. 지인이 돈을 빌려달라 애원합니다. "이자, 차용증 공증까지 해줄게! 그것도 못 믿겠다면 내 집 담보로 저당권도 설정해 줄 테니 아무 걱정하지 말고.... 빌려주면 꼭 갚을게~~ 응~"

아는 사람과의 금전 거래는 하지 않아야 하는 게 맞습니다. 그래도 꼭 해야만 한다면 부동산 담보로 근저당 설정을 맹신, 쉽게 빌려줄 게 아니라 등기부를 통한 권리분석, 부동산 시세, 그 집에 세 들어 사는 임차인의 최우선변제, 우선변제의 내용 등을 파악하여 '최악의 경우 내 돈을 회수할 수 있는지' 여부를 파악하는 것이 우선이라 생각합니다.

경매까지 진행됐다면 채권이 낙찰액보다 훨씬 많은 경우가 대부분입니다. 차용증 공증, 저당권도 '배당' 시 돈이 남이야 법원이 나눠줄 수 있겠지요.

부동산 유통을 담당하는 공인중개사도 '배당'을 알아야 하는 건 마찬가지입니다. '중개 보수'는 생계와도 연관되어 중요합니다. 먼저 계약이 우선돼야 생활이 되겠지요. 하지만 전세보증금은 세입자 입장에선 전 재산이며, 잘못되면 화살은 반드시 중개사님에게 돌아갑니다. 실무에서 전세 계약 시 논리적 설명을 첨부함으로써 임차인의 불안을 제거하는 역할을 하셨으면 합니다.

마지막으로 경매투자자는 배당절차에 어떤 의미가 있을까요? 입찰자도 배당을 알아야 낙찰 후 인수할 금액을 미리 계산하고 준비할 수 있겠지요. 또한 충분히 배당받은 임차인은 명도할 때 부드럽지만, 그렇지 못하면 큰 저항을 받기 때문에 특히 경매투자자라면 반드시 배당을 알아야 합니다.

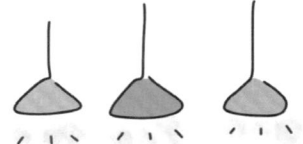

02 경매의 배당에는 일정한 원칙이 있다

부동산 경매 배당에는 일정한 원칙이 있습니다.

[배당의 원칙]

배당순위의 원칙은 저당권, 전세권 등의 물권 상호 간에는 등기 설정일에 따라 우선 배당되고, 채권 상호 간에는 채권자 평등의 원칙에 따라 안분 배당된다.

물권과 채권이 동시에 있을 경우 압류권자나 가압류권자와 같은 채권이 선순위 권리자라면 총채권액에 대한 자기 채권 비율만큼만 배당(안분배당)받게 되고, 다음 순위인 물권의 경우는 물권우선주의 원칙에 따라 다른 채권의 금액과는 무관하게 우선적으로 전액 배당받게 된다. 달리 말하면 채권액 비율에 따른 안분배당을 우선하게 되지만, 후순위 배당을 흡수하는 형태로 채권액 전액을 보전 받을 수 있다는 것이다.

이는 물권의 우선변제권은 후순위권리에게만 주장할 수 있는 것이어서 앞선 순위인 가압류에 우선변제를 주장할 수 없고, 가압류는 선순위이지만 채권이므로 평등주의에 의해 후순위에 대한 우선변제권이 없어 순위를 가릴 수 없기에 안분배당 된다.

위의 내용은 인터넷에 소개된 '배당의 원칙(출처 : 네이버 지식백과)'에서 쏙 가져왔습니다. 대충 읽으면 무슨 말인지 잘 모르겠죠? 풀어서 정리해봅니다.

물권과 채권은 알아본 바 있습니다. ※ 물권과 채권의 차이점? 36쪽 참조. 이 두 권리는 아주 특별한 원칙을 가지고 있는데, 이는 '물권 우선주의'와 채권은 상호 평등하다는 '채권자 평등의 원칙'이 바로 그것입니다. 이 원칙들은 부동산 경매의 배당에서 중요한 역할을 합니다. 즉 경매에서는 물권은 순위 배당되고, 채권은 전체 금액을 공평하게 나누어준다는 대원칙에서 출발합니다. '물권과 채권의 차이점'에서 언급했듯이 물권은 등기설정일 순서에 따라 다른 채권에 우선하여 배당되며, 채권은 '안분배당' 되는 것이 원칙입니다.

다만 물권과 채권이 공존할 때 압류나 가압류 같은 채권이 물권보다 선순위로 존재한다면 선순위채권은 자기 비율만큼 우선 안분배당되고, 다음 순위의 물권은 후순위 배당액을 흡수하는 형태로 배당됩니다. 여기서 '안분배당'과 '흡수배당'이란 용어가 갑자기 등장, 좀 어렵게 느껴지네요. 그래서 사례를 만들었습니다. 소액임차인의 최우선변제 등은 본서의 내용을 참조하시고 여기서는 논외로 합니다.

배당사례 - 순위에 따른 배당

예상 배당표   단위 원 [배당 재원 : 금 520,000,000원]

배당순위	권리자	권리 내용	청구금액	배당금	잔여액
1	A	근저당	250,000,000	250,000,000	270,000,000
2	B	확정일자부 임차인	250,000,000	250,000,000	20,000,000
3	C	근저당	50,000,000	20,000,000	0
4	D	가압류	20,000,000	0	0

물권과 채권이 혼합된 가장 일반적인 사례입니다. 배당순위는 등기부등본상 권리의 설정순위(날짜)에 따라 배당되며 물권화된 확정일자부 임차인도 같은 범주에 포함됩니다. 물권우선주의에 입각, 설정 순서대로 물권이 먼저 배당됩니다.

위의 사례에서 A의 근저당이 최선순위이므로 가장 먼저 배당, 이어 확정일자부 임차인(전입 + 확정일자) B가 두 번째로 배당됩니다. C의 근저당은 배당재원이 모자라 2천만 원만 배당받습니다.

후순위 가압류는 채권으로 남는 금액이 있어야 배당받습니다. 그러나 본 사례에서는 한 푼도 못 받는 상황이네요.

배당사례 - 순위에 따른 물권 배당과 채권의 안분배당

예상 배당표   단위 원 [낙찰가 : 금 130,000,000원] /집행비용은 편의상 300만 원

배당순위	권리자	권리 내용	청구금액	배당금	잔여액
0		집행비용	3,000,000	3,000,000	127,000,000
1	A	근저당	100,000,000	100,000,000	27,000,000
2	B	가압류	30,000,000	?	
3	C	가압류	20,000,000	?	

간단한 사례를 만들어 봤습니다. 경매집행 비용은 항상 0순위입니다. 집행비용은 경매 물건에 따라 다르며 가장 먼저 제합니다. 그리고 물권인 근저당권 청구액은 '물권우선주의'에 입각 시간의 순서대로 우선 배당됩니다. 그리고 일반 채권인 B와 C는 순위와 관계없이 자기 비율만큼 안분배당됩니다. 그러면 법원은 어떤 방법으로 나누어 줄까요? 게다가 남아있는 잔여액은 27,000,000원인데, B와 C의 청구액 합계는 5천만 원으로 부족한 상황이네요.

물권을 우선 배당 후 남은 재원을 일반 채권자에게 공평하게 안분(비율대로 나누어) 분배하는데 다음과 같은 공식이 필요합니다.

[안분 배당 공식]

$$\text{안분 배당액} = \frac{\text{당사자 채권액}}{\text{안분 채권금액의 전체합계}} \times \text{배당재원}$$

B : (30,000,000 / 50,000,000) x 27,000,000 = 16,200,000원
C : (20,000,000 / 50,000,000) x 27,000,000 = 10,800,000원

공식에 대입하면 B와 C는 본인의 비율대로 각각 금액을 배당받을 수 있습니다.

배당사례 - 안분과 흡수배당

예상 배당표   단위 원 [낙찰가 : 금 80,000,000원]

순위	권리자	권리 내용	청구금액	안분배당	흡수배당	최종배당
1	A	가압류	30,000,000	24,000,000		24,000,000
2	B	근저당	50,000,000	40,000,000	+10,000,000	50,000,000
3	C	가압류	20,000,000	16,000,000	−10,000,000	6,000,000

흡수배당은 담보물권보다 가압류가 선순위인 경우 주로 나타납니다. 즉 선순위 가압류를 기준으로 채권을 나누어 1차 배당하고, 후순위 가압류보다 앞선 물권(근저당)의 배당이 부족할 경우 후순위 가압류 배당액을 흡수하여 충족하는 방식입니다.

A : 3,000만 원 / (3,000만 원 + 5,000만 원 + 2,000만 원) x 8,000만 원
  = 2,400만 원 배당

B : 5,000만 원 / (3,000만 원 + 5,000만 원 + 2,000만 원) x 8,000만 원
  = 4,000만 원 + 1,000만 원 (C로부터 부족액 흡수)

C : 2,000만 원 / (3,000만 원 + 5,000만 원 + 2,000만 원) x 8,000만 원
  = 1,600만 원 - 1,000만 원 = 600만 원

마치면서....

부동산 경매에서 배당은 합법적인 '빚잔치'를 하는 곳이다 보니 채권자들의 이해관계가 첨예하게 대립하는 현장입니다. 개별적인 원칙이 존재하겠죠. 배당

에 관한 원칙들이 광범위하게 여러 분야에 걸쳐 있어 단편적인 민사집행법의 내용만으로는 이해하기 부족합니다.

0순위로 배당되는 경매집행비용, 1순위인 임차인 최우선변제, 임금채권, 당해세 등 '임대차보호법'과 조세 등의 내용도 포함되며 우선변제, 물권과 채권 성질 등 알아야 할 소소한 것이 많습니다. 지금 이 시간에도 수많은 부동산이 경매시장에서 처분됩니다. 배당에 관한 사례도 천차만별이겠지요. 배당에 대해 본 지면만으로는 부족합니다. 그래도 이런 원칙을 어느 정도 숙지함으로써 중요한 배당에 대한 상식을 추가해 봅니다. 가장 기본적인 '순위배당', '안분배당', '흡수배당'에 관한 내용을 말씀드렸습니다.

- 순위배당 : 물권(담보물권, 전세권, 확정일자부 임차권 등)의 설정순위에 따른 배당

- 안분배당 : 담보물권들의 배당순위가 같을 때, 최우선변제, 임금채권이나 일반채권 간의 배당순위가 같을 때 하는 배당 방식

- 흡수배당 : 채권(가압류) -> 물권 -> 채권(가압류) 혼재 시 1차 안분 후 물권이 후순위 가압류의 배당금을 흡수하는 방식

이외에도 세금 먼저 챙기려는 '순환배당(조세채권이 포함된)' 등 다른 원칙들도 존재합니다. 이런 몇 가지 원칙으로 배당의 모든 것을 알기는 어렵습니다. 하지만 기본 원칙을 알면 다른 복잡한 사례들도 응용할 수 있겠지요.

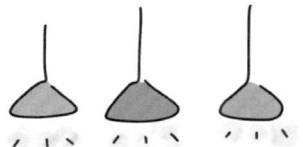

03 배당에는 일정한 순서가 있다

앞서 우리는 '배당의 원칙'에 대해 기술했습니다. 물권과 채권에 대해서도 언급했는데요. 그런데 '왜 또 다른 순서가 필요한가?'라고 반문하시는 분도 계시겠지요. 배당에는 원칙 외에 예외적인 순서가 존재합니다.

특히 경매는 민법에서부터 민사특별법인 임대차보호법, 상법, 조세법, 민사집행법 등 여러 법률이 복잡하게 얽혀있습니다. 사회적 논점에서 바라보면 약자인 소액임차인을 보호, 경매 시 일정 금액을 최우선으로 보장하라는 내용이 있겠고, 급작스럽게 직장을 잃은 근로자를 위해 최종 3개월분의 임금, 그리고 퇴직금은 배당 시 가장 먼저 지급하라는 내용도 있습니다. 상식선에서 접근하면 이해가 가는 부분입니다. 순서대로 나열해 봅니다.

0순위 - 집행비용
가장 먼저 배당되어 '0순위'라고 기록합니다. 집행비용은 해당 부동산의 경매절차를 위해 쓰는 비용입니다. 법원은 경매가 접수되면 감정평가와 현황조사를 하게 되며 각종 송달, 공고, 경매개시등기 등의 비용을 지출하게 되며, 이 비용은 경매신청자가 대납하고 배당 시 먼저 변제(민사집행법 53조). 경매물건에 따라 금액 차이가 있습니다.

1순위 - 제3 취득자의 필요비와 유익비
제3 취득자란 소유권자, 지상권자, 전세권자, 등기한 임차권자 등을 지칭합니다. 이들이 지출한 필요비와 유익비는 우선 상환받을 수 있습니다. 이 비용은 해당 부동산의 보존 및 개량 등을 통해 가치를 증대시키기 위해 지출한 금액을 의미합니다. ※ 필요비와 유익비는 276쪽을 참조하세요.

필요비와 유익비는 지출된 금액 또는 부동산 가액 증가액을 증빙, 배당요구 종기일까지 배당요구해야 합니다. 예컨대 필요비와 유익비를 받기 위해서는 비용지출 계산서 등의 영수증, 공사의 진행 사진 등 엄격한 증거자료가 필요합니다. 현실적으로 증빙하기란 쉽지 않겠지요. 이 금액을 배당받지 못하는 상황이면 유치권행사를 해야 하며 성립 여부는 법리를 따져봐야겠지요.

2순위 - 소액임차인 최우선변제, 근로자의 3개월 임금 및 3년간의 퇴직금

소액임차인은 보증금 중 일정액을 다른 담보물권자 보다 우선 변제받습니다. 최우선변제금은 배당요구가 필수 조건이며, 주택 또는 상가 매각대금의 2분의 1 범위 내에서 배당합니다. 부동산담보대출을 경험한 분들은 잘 아시겠지만, 은행에서 대출금액을 산정할 때 방 갯수대로 최우선변제금액을 빼는 조건은 이런 이유에서입니다. ※ '최우선변제' 162쪽 참조.

근로자의 최종 3개월의 임금, 최종 3년간의 퇴직금 및 (산업)재해보상금은 소액임차인과 같은 순위로 최우선변제의 대상입니다. 다만 소액임차인과는 달리 매각대금의 한도 기준이 없다는 것은 참고하십시오.

3순위 - 당해세(국세, 지방세와 그 가산금)

'당해세'란 매각부동산 자체에 부과된 국세, 지방세 및 그 가산금을 말합니다. 국세는 상속세, 증여세, 종합부동산세 등이 있으며 지방세는 재산세, 도시계획세, 공동시설세, 지역자원시설세 등이 있습니다. 이런 당해세는 다른 담보물권보다 우선하여 변제하기 때문에 배당에서 변수로 작용합니다.

위에서 소액임차인 최우선변제의 위험을 줄이기 위해 은행은 방 갯수대로 금액을 제한다고 했지요. 같은 이유로 은행은 대출실행 전 국세·지방세완납증명을 요구하기도 합니다. ※ 확정일자가 당해세 법정기일보다 빠른 임차인(2023년 시행 : 국세기본법 35조)은 당해세 금액 한도 내에서 먼저 배당됩니다.

4순위 - 법정기일과 납부기한이 설정 등기보다 앞선 조세채권 등

당해세 외 일반 조세채권은 다른 공과금과 기타 채권에 우선 처리합니다. 경매 원인이 된 저당권 등의 설정등기보다 선순위여야 합니다. 압류한 조세는 '압류선착주의'에 의거 다른 조세에 우선합니다. 이때 국세와 지방세 간의 우열 기준은 없습니다. 조세채권 등은 타 채권(저당권, 전세권, 확정일자부 임차인 등)과의 경합 시 압류일이 아닌 법정기일을 기준으로 순위를 결정합니다.

[법정기일 기준]

- 신고로 납세의무가 확정되는 조세는 신고일이 법정기일
- 신고의무를 하지 않은 경우는 고지서 발송일
- 신고와 무관한 세금은 발송일이 법정기일
- 압류한 조세채권은 압류일과 법정기일 중 먼저 도래한 기일이 유효

5순위 - 설정변제(저당권, 전세권, 확정일자부 임차인 등)

국세 및 지방세의 법정기일 전에 설정된 저당권 등은 다른 채권에 우선하여 변제합니다. 확정일자부 임차인은 점유와 확정일자를 받음으로써 물권화되어 다른 저당권 등 담보물권과 동등한 지위로 배당받습니다.

저당권과 같은 담보부 채권의 설정일자가 조세채권 등의 법정기일보다 빠르다면 당연히 먼저 배당받게 되겠지요.

6순위 - 최우선 변제에 해당하지 않는 일반 임금채권

말 그대로 2순위인 최우선변제에 해당하지 않는 일반 임금에 대한 채권을 의미합니다.

7순위 - 공과금변제(건강, 연금, 고용, 산재보험료)

공과금 중에 대표적인 건강보험료, 연금보험료, 고용보험료 등과 같은 필수적 보험은 우선변제를 받을 수 있는 순위에 포함됩니다. 그러나 과태료, 벌금 등의 재산형 공과금은 우선변제 받을 수 없고, 일반채권(가압류 등)과 같은 순위로 분류됩니다.

8순위 - 보통 변제 (가압류 등의 일반채권)
가압류 채권자, 근저당권의 채권최고액을 초과하는 금액, 집행권원이 있는 채권자가 배당요구한 채권, 과태료, 벌금, 추징금 등등 일반채권은 마지막 순위로 모두 안분 배당됩니다.

마치면서.... (최종 정리)
부동산 경매의 낙찰자가 대금을 납부하게 되면 그 재원으로 채무자들의 빚을 청산하는 절차를 가지는 데 이를 배당이라고 합니다. 부동산 경매의 배당은 민사집행법에서 정한 절차를 통해 이루어집니다.
　　물권 우선주의에 입각 물권 순위에 따른 배당이 먼저 이루어지고, 뒤에 일반 채권들이 평등하게 안분되어 배당되는 순서가 일반적 원칙입니다. 그러나 사회적 현실과 조세우선주의를 고려한 예외적 배당 순서가 존재합니다.

첫째, 해당 부동산의 경매 절차에 소요된 비용은 가장 먼저 0순위로,

둘째, 사회적 약자인 소액임차인의 보증금은 최우선으로 변제하고,

셋째, 확정일자가 당해세 법정기일보다 빠른 임차인(2023년 시행)은 당해세 금액 한도 내에서 먼저 배당됩니다.

넷째, 해당 부동산 자체에 부과된 국세 등의 세금(당해세) 먼저 배당하며,

다섯번째, 물권과 확정일자를 받아 물권화된 임차권(확정일자부 임차인)은 일반채권보다 우선하여 배당하는 등의 배당 순서가 존재합니다.

　　조세 관련 용어에서 공과금까지 등장하니 참 어렵지요? 그리고 세금이나 임금채권 등은 현재로선 응찰자가 그 금액을 알 수 없어 대응하기 더욱더 어렵습니다. 원칙이 제각각이니 이해가 쉽지 않을 겁니다.
※ 세금 등의 내용은 현재로선 알 수 있는 방법이 없으니 최고가매수인이 된 후(이해관계인) '경매기록 열람 및 복사신청' 하여 반드시 교부 청구된 금액을 확인해야 합니다.

　　오른쪽 표는 배당순위에 대한 전체 내용을 넣었으니 참조하세요.

경매 배당순위표

순위	변제 방법	채권 내역	내 용
0	비용변제	집행비용	공고 비용, 등록면허세, 인지, 등기신청수수료, 송달료, 감정료, 현황조사료 등
1	비용변제	필요·유익비	제3 취득자(소유권자, 지상권자, 전세권자, 등기한 임차권자)가 해당 부동산의 보존·개량 등 부동산의 가치를 증대시키기 위한 지출한 비용
2	최우선변제	소액임대차보증금	
		최종 3개월분 임금 / 최종 3년간의 퇴직금 및 재해보상금	
3	당해세 변제	당해세	경매대상 부동산에 대하여 부과된 국세, 지방세와 가산금
4	법정기일 순위 변제	조세채권 공과금	① 법정기일이 저당보다 앞서는 조세 ② 납부기한이 저당권·전세권 설정등기보다 앞서는 보험료(국민연금, 국민건강보험 등)
5	설정변제	저당권, 전세권, 확정일자부 임차인	(근)저당권, 전세권에 의하여 담보되는 채권 등
6	일반임금 채권 변제	일반임금채권	최우선변제 임금을 제외한 일반 임금채권
7	법정기일 순위변제	조세채권	법정기일이 저당보다 늦은 조세
8	공과금변제	보험료	고용보험료, 산업재해보상보험, 국민건강보험, 국민연금
9	보통변제	일반채권	가압류채권 등 일반채권

※ 참고사항 : 확정일자가 당해세 법정기일보다 빠른 확정일자부 임차인(2023년 4월1일 이후 매각 결정되는 경공매 적용) 은 당해세 변제 규정의 예외이다. 즉 당해세 배분한도 내에서 먼저 배당된다.

법정기일 기준 : - 신고에 의해 납세의무가 확정되는 조세는 신고일이 법정기일.
- 신고의무를 해태한 경우 고지서 발송일.
- 신고와 무관한 세금은 발송일이 법정기일.
- 압류한 조세채권은 압류일과 법정기일 중 먼저 도래한 기일이 유효하다.

[상식 더하기] 필요비와 유익비 이게 도대체 뭘까?

법률 용어를 상식 차원에서 정리합니다. 이런 용어들은 한글임에도 불구하고 그 전체 내용을 정확히 이해하지 못한다면 다른 나라 언어보다 훨씬 어려울 수 있습니다. 예컨대 누가 이렇게 말합니다.

"이미 지출된 필요비와 유익비를 근거로 유치권 행사를 할 수 있습니다!~"

분명 한글이고, 단순한 문장이지만 '유익비', '필요비' 그리고 '유치권'이라는 단어의 함축적 의미를 모르면 위의 내용을 단 1도 이해할 수 없는 혼돈에 빠집니다. 그래서 이번 상식 더하기의 주제는 '유익비와 필요비'로 정합니다.
※ 유치권에 대한 내용은 64쪽을 참조하세요.

우선 법적 근거를 봐야겠네요. 법 조항을 찾는 것은 다소 귀찮을 수 있지만 뿌리는 이곳에 있으니 찾아봐야 합니다. 사실 인터넷의 정보는 정말 유용하지만, 종종 잘못된 오류도 발견되므로 근원인 법 조항을 먼저 보는 습관은 중요합니다. 법제처로 가서 민법 중 일부를 가져왔습니다.

> **[민법의 필요비·유익비 관련 법 조항]**
>
> 제623조(임대인의 의무) 임대인은 목적물을 임차인에게 인도하고 계약 존속 중 그 사용, 수익에 필요한 상태를 유지하게 할 의무를 부담한다.
>
> 제626조(임차인의 상환청구권) ① 임차인이 임차물의 보존에 관한 필요비를 지출한 때에는 임대인에 대하여 그 상환을 청구할 수 있다.
>
> ② 임차인이 유익비를 지출한 경우에는 임대인은 임대차 종료 시에 그 가액의 증가가 현존한 때에 한하여 임차인의 지출한 금액이나 그 증가액을 상환하여야 한다. 이 경우에 법원은 임대인의 청구에 의하여 상당한 상환 기간을 허여할 수 있다.

민법 조항은 임대인의 임차물에 대한 수선 의무와 임차인의 상환청구권인 '유익비와 필요비'를 거시적(?)으로 언급했습니다. 관점의 차이로 그간 많은 소송이 발생했고, 법원에서 수시로 해결한 판례도 많은 편이지요.

서론이 길었네요. 이번엔 주로 필요비와 유익비에 관한 내용만을 모아 용어를 정의하고자 합니다.

필요비란 무엇인가?
민법 623조에 의하면 임대인은 임차주택을 임차인이 사용 및 수익할 수 있도록 그 시설을 유지할 의무가 있습니다. 더 구체적인 내용은 판례에 있습니다.

"수선하지 않아 임차인이 계약에 의해 정해진 목적에 따라 사용·수익을 할 수 없는 상태로 될 것이라면 임대인은 수선 의무를 부담한다."

필요비란 '임대인의 수선 의무'에 해당하는 사항으로 건물의 큰 파손의 수리, 건물 주요부의 대수선과 시스템적인 요소인 각종 설비를 의미합니다. 반면 임차인이 쉽게 해결할 수 있는 전등 및 수도꼭지의 교체 등은 필요비에 포함되지 않습니다.

유익비는?
필요비가 건물의 보존에 필요한 비용이라면, 유익비는 '부동산 물건의 가치를 증대시킨 비용'이라고 정의합니다. 좀 더 자세히 살펴보면 이렇습니다.

주택의 경우 내부 방의 증축, 중문, 이중창 설치, 발코니 확장, 담장 등의 축조 등을 들 수 있습니다. 또한 수목원을 운영할 목적을 가진 토지 임차인이 진입로 공사로 토지의 가치가 현저하게 증가했다면 그 차액만큼 유익비에 해당합니다. 이외에도 여러 형태의 유익비가 존재하겠지요. 입증 책임은 임차인에게 있으므로 실무상 주택의 경우 청구 자체가 어려운 것도 사실입니다. 임대인의 동의 및 계약서 자체에 원상회복에 관한 조항이 이미 활자화되어 있어 더욱더 힘들겠지요.

임대인의 승낙을 요건으로 임차인은 임차물의 증, 개축 등을 할 수 있습니다. 그러나 임대차 계약 기간 종료 시 시설물의 원상복구를 약정했다면, 임차인은 유익비 상환청구권을 포기한 것으로 판단합니다. 유익비와 원상복구의 두 법률이 충돌한 사례지요.

필요비와 유익비는 언제 청구할 수 있으며 임대인이 이를 거부하면?
필요비는 임대차 기간 중이라도 즉시 청구가 가능합니다. 다만 유익비 상환청구권은 임대차 기간이 종료되어야 가능합니다. 만일 임대인이 이를 거부한다면 지급명령, 소송, 경매 배당절차 참여, 여의치 않으면 유치권 행사 등으로 임대인이나 제3 취득자에게 청구할 수 있습니다.

결론
'필요비와 유익비'에 관한 단순 용어 정리가 목적이었는데, 하다 보니 장황하게 늘어졌네요. 좀 어렵다면 필요비는 '임차물의 보존을 위한 비용', '유익비는 부동산 가치를 증가시킨 비용' 정도로 이해하시면 됩니다.

이에 관련된 판례(소송)가 많다는 것은 민법에서 세부적 지침이 없다는 방증입니다. 그래서 그간 소송으로 진행됐고, 판사가 판단을 내려줬겠죠. 다음의 내용은 일반인이 읽기 부담스러운 관련 판례를 모았습니다. 그냥 한번 쓱 보고 갑니다. 그래도 필요비와 유익비에 관한 내용을 쪼금~ 이해하고, 판례를 접하면 한결 부드러워질 겁니다. 부동산경매에서 유치권을 판단하는 데 도움 되는 관련 판례를 가져옵니다.

필요비 및 유익비 관련 판례
1. 임대차계약서에 원상회복하기로 약정했다면 임차인은 필요비 청구권과 유치권을 낙찰자에게 주장할 수 없다. (서울남부지방법원 84가합837판결)

2. 임차인이 영업 시설로 지출한 비용은 유익비가 아니다. (대구고법 79나1082판결)

3. 임차보증금과 임대료를 깎아주는 조건으로 임차인이 설치한 시설비·필요비·권리금을 청구하지 않기로 약정했다면 임차인이 스스로 매수청구권을 포기한 것이므로 필요비·유익비 상환청구권이 인정되지 않는다. (대법 82다24998 판결)

4. 상가임차인이 영업을 목적으로 설치한 인테리어 비용은 건물의 가치를 증가시키기 위한 비용이 아니므로 필요비 및 유익비로 볼 수 없다. 따라서 이를 이유로 임대인을 상대로 유치권을 행사할 수 없고, 원상복구 의무가 있다. (대법원 95다12927)

5. 민법 제626조에서 임대인의 상환 의무를 규정한 유익비라 함은 임차인이 임차물의 객관적 가치를 증가시키기 위하여 투입한 비용이고, 필요비라 함은 임차인이 임차물의 보존을 위하여 지출한 비용을 말한다고 할 것인바, 이 사건에서 피고가 위 건물에 지출한 공사비가 여기에 해당하지 않는다고 판단한 원심의 조치는 정당한 것으로 수긍이 가고, 거기에 소론과 같은 법리 오해의 위법이 있다고 할 수 없다. (대법원 1993.10.8, 선고, 93다25738, 판결)

6. 건물의 임차인이 임대차 관계 종료 시에는 건물을 원상으로 복구하여 임대인에게 명도하기로 약정한 것은 건물에 지출한 각종 유익비 또는 필요비의 상환청구권을 미리 포기하기로 한 취지의 특약이라고 볼 수 있어 임차인은 유치권을 주장할 수 없다. (대법원 1975. 4. 22. 선고 73다2010 판결, 1995. 6. 30. 선고 95다12927 판결)

7. "임차인이 임차건물을 증·개축하였을 시는 임대인의 승낙 유무를 불구하고 그 부분이 무조건 임대인의 소유로 귀속된다"고 하는 약정은 임차인이 원상회복 의무를 면하는 대신 투입 비용의 변상이나 권리 주장을 포기하는 내용이 포함되었다고 봄이 상당하다 할 것이고, 이러한 약정의 특별한 사정이 없는 한 유효하다. (대법원 1983.2.22., 80다589)

8. 갑이 을에게 건물 부분을 임대할 때 그 임차보증금과 임료를 시가보다 저렴하게 해 주고 그 대신 을은 임대차가 종료될 때 그가 설치한 부속물에 대한 시설비나 필요비, 유익비, 권리금 등을 일체 청구하지 아니하기로 약정하였고, 병 등이 을로부터 위 임차권을 양수할 때에도 갑에게 위 시설비 등을 일체 청구하지 아니하기로 약정하였다면 을이나 병 등은 매수청구권을 포기하였다 할 것이고 또 위와 같은 약정이 임차인에게 일방적으로 불리한 것이라고 볼 수도 없다. (대법원 1992.9.8. 선고 92다24998, 92다25007 판결)

9. 건물 임차인이 자신의 비용을 들여 증축한 부분을 임대인 소유로 귀속시키기로 하는 약정은 임차인이 원상회복 의무를 면하는 대신 투입비용의 변상이나 권리 주장을 포기하는 내용이 포함된 것으로서 특별한 사정이 없는 한 유효하므로, 그 약정이 부속물매수청구권을 포기하는 약정으로서 강행규정에 반하여 무효라고 할 수 없고 또한 그 증축 부분의 원상회복이 불가능하다고 해서 유익비의 상환을 청구할 수도 없다.
(대법원 1996. 8. 20. 선고 94다44705 판결)

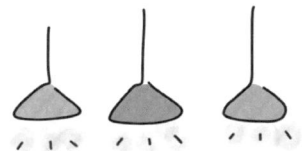

04 소액 임차인 배당사례 (1)

부동산 경매에서 권리분석의 중요한 자료는 주택 및 상가임대차보호법의 내용입니다. 임대차보호법의 주요 내용을 정확하게 알고 있어야 기본적인 권리분석이 가능하며, 이후의 명도에도 많은 도움이 됩니다.

다음 표를 기준으로 경매절차가 진행된다면 배당은 어떻게 진행되고, 소액임차인은 과연 얼마나 배당을 받는지 단순 사례를 통해 알아보겠습니다.

임차인 현황	등기부 권리 내용	기타 사항
법원의 임차조사내용 임차인 : 나 임 차 전입일 : 2021.03.07. 확정일자 : 2021.03.07. 배당요구 : 2025.01.24 보증금 : 110,000,000원	소유권자 나 주 인 2020년 10월 10일	- 배당요구종기일 : 2025년 2월 04일 - 낙찰가 : 금 274,000,000원 - 경매 집행비용 : 금 4,000,000원 ※ 지역은 서울특별시 기준임.
	근저당권 OO 은행 2020년 10월 10일 금 150,000,000원	
	근저당권 XX 저축은행 2023년 6월 20일 금 70,000,000원	
	임의경매신청 XX 저축은행 2024년 12월 6일 청구액 : 금 70,000,000원	

권리분석의 핵심은 등기부 '갑구' 및 '을구'에 흩어져 있는 권리와 임차인을 조사하여 시간의 순서대로 나열하는 것에서부터 시작입니다. 등기사항증명서를 가장 먼저 보고, 임차인의 대항력 유무 판단과 아울러 임차인의

최우선변제, 우선변제 등을 파악하면 후일 명도에 대한 그림이 보입니다.
위의 등기부상의 권리관계와 임차인을 시간의 순서대로 배치해봅니다.

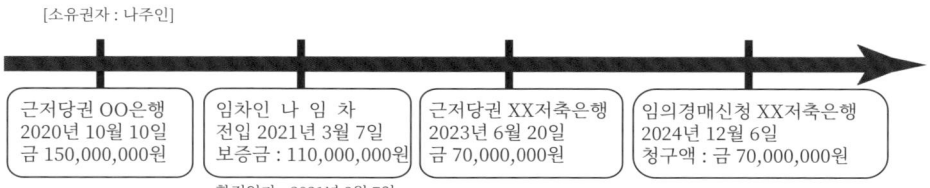

가장 앞에 있는 OO 은행 근저당권이 '말소기준권리'가 되고, 후순위 권리자인 XX 저축은행이 근저당권에 기한 임의경매 신청을 한 사례입니다.

임차인 나임차는 근저당권자인 OO 은행보다 후순위이므로 낙찰자에게 보증금반환에 대한 대항력이 없습니다.

※ 만일 임차인 '나임차'가 근저당권자 OO 은행(말소기준권리) 보다 선순위라면, 대항력 있는 임차인으로 배당신청하여 배당에 참여할 수 있고, 배당신청을 하지 않거나 미배당 금액은 낙찰자가 인수하는 권리가 됩니다. 말소기준권리보다 시간이 앞선 권리가 되기 때문이지요.

소액임차인 '최우선변제금'은 다음의 표를 봐야 합니다. 최우선변제에 해당하려면 경매개시신청등기 전까지 대항력을 갖추고, 주택임대차보호법에서 정한 소액보증금에 해당되야 합니다. <u>단, 소액보증금은 임대차 전입 시점이 아닌 담보물권 설정일 기준입니다.</u> 이때 확정일자는 없어도 무관함.

※ 담보물권(은행근저당) 설정일이 2020년 10월 10일이라면 표의 '10차 개정'에 해당하므로 경매 시 다른 권리자보다 가장 우선해서 받을 수 있는 최우선변제금은 보증금의 액수가 1억 1,000만 원 이하라면 3,700만 원(서울의 예)입니다. 담보물건 설정일 기준이라 주의해야 합니다.

주택임대차보호법 소액보증금 적용 표

담보물건 설정일	지 역	보증금의 범위	최우선변제금액
2014.01.01~ (8차 개정)	서울특별시	9,500만 원 이하	3,200만 원
	수도권, 과밀억제권역	8,000만 원 이하	2,700만 원
	광역시(군지역 제외)	6,000만 원 이하	2,000만 원
	그 밖의 지역	4,500만 원 이라	1,500만 원
2016.03.31 ~ (9차 개정)	서울특별시	1억 원 이하	3,400만 원
	수도권, 과밀억제권역	8,000만 원 이하	2,700만 원
	광역시(군지역 제외)	6,000만 원 이하	2,000만 원
	그 밖의 지역	5,000만 원 이하	1,700만 원
2018.09.18 ~ (10차 개정)	서울특별시	1억 1,000만 원 이하	3,700만 원
	수도권, 과밀억제권역	1억 원 이하	3,400만 원
	광역시(군지역 제외)	6,000만 원 이하	2,000만 원
	그 밖에 지역	5,000만 원 이하	1,700만 원
2021.05.11 ~ (11차 개정)	서울특별시	1억 5,000만 원 이하	5,000만 원
	수도권, 과밀억제권역	1억 3천만 원 이하	4,300만 원
	광역시(군지역 제외)	7,000만 원 이하	2,300만 원
	그 밖에 지역	6,000만 원 이하	2,000만 원
2023.02.22~ (12차 개정)	서울특별시	1억 6,500만 원	5,500만 원
	수도권, 과밀억제권역	1억 4,500만 원	4,800만 원
	광역시(군지역 제외)	8,500만 원	2,800만 원
	그 밖에 지역	7,500만 원	2,500만 원

최초의 담보물권 설정일인 OO 은행의 근저당권이 2020년 10월(10차 개정) 이므로 3,700만 원까지 최우선변제를 받을 수 있습니다. 나임차의 보증금은 1억 1,000만 원이고, OO 은행 근저당설정 시점에 소액임차인에 해당하므로 OO 은행보다 먼저 3,700만 원을 최우선 변제받습니다. 가장 후순위인 근저당권자인 XX 저축은행이 마지막으로 배당받게 됩니다.

그러므로 OO 은행은 채무 금액 1억 5,000만 원 전액을 변제받을 수 있습니다. 소액임차인 '나임차'는 최우선변제금과 확정일자부 우선변제로 임대차보증금 1억 1,000만 원 전액을 배당받을 수 있으며, 반면 저축은행은 가장 후순위로 1,000만 원만 배당받습니다. 위의 사례로 배당표를 만들었습니다.

예상 배당표 [낙찰가 : 금 274,000,000원] (근저당 금액을 실제 청구 채권액이라 가정)

배당순위	권리자	권리 내용	청구금액	배당금	잔여액
0		경매집행비용	400만 원	400만 원	2억 7천만 원
1	나임차	최우선변제금	1억 1천만 원	3,700만 원	2억 3천 3백만 원
1	OO 은행	근저당	1억 5천만 원	1억 5천만 원	8,300만 원
2	나임차	확정일자부 우선변제	7,300만 원	7,300만 원	1,000만 원
3	XX 저축은행	근저당	7,000만 원	1,000만 원	0

※ 유료 경매사이트에는 배당과 권리분석에 관한 자료가 잘 만들어져 있어 전문지식이 없어도 접근은 가능합니다. 본 지면의 기획 의도는 경매의 배당 원리를 이해하고자 하는 의미입니다.

※ 본 자료의 소액임차인의 최우선변제가 '전입일이 아닌 은행 담보설정일을 기준'으로 한다는 것을 강조하기 위해 편의상 구성했습니다.

05 소액 임차인 배당사례 (2)

앞서 '소액임차인 배당사례 (1) 281쪽'과 같은 내용인데 날짜와 금액을 일부 조정했고, 임차인이 확정일자를 받지 않았다고 가정했습니다. 어떻게 달라지는지 보겠습니다.

임차인 현황	등기부 권리 내용	기타 사항
법원의 임차조사내용 임차인 : 나 임 차 전입일 : 2021.03.07. 확정일자 : 없음 배당요구 : 2025.01.24 보증금 : 120,000,000원	소유권자 나 주 인 2018년 10월 10일	- 배당요구종기일 : 2025년 2월 04일 - 낙찰가 : 금 274,000,000원 - 경매 집행비용 : 금 4,000,000원 ※ 지역은 서울특별시 기준임.
	근저당권 OO 은행 2018년 10월 10일 금 150,000,000원	
	근저당권 XX 저축은행 2023년 6월 20일 금 70,000,000원	
	임의경매신청 XX 저축은행 2024년 12월 6일 청구액 : 금 70,000,000원	

앞의 사례와 마찬가지로 등기부 '갑구' 및 '을구'에 흩어져 있는 권리와 임차인을 조사하여 시간의 순서대로 나열합니다.

권리관계를 시간 순서대로 배치해보면,

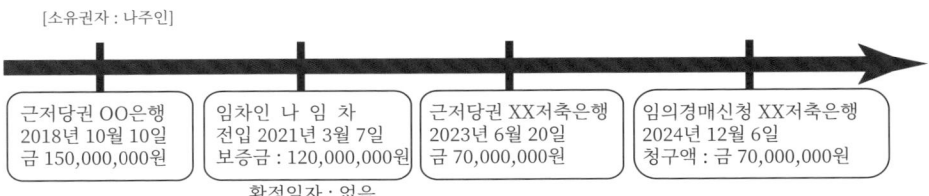

최우선변제에 해당하려면 경매개시신청등기 전까지 대항력을 갖추고, 주택임대차보호법에서 정한 소액보증금에 해당되야 합니다. 단, 소액보증금은 임대차 전입 시점이 아닌 담보물권설정일을 기준으로 합니다. 이때 확정일자는 없어도 무관함.

최초의 담보물권 설정일인 OO 은행의 근저당 설정일이 2018년 10월(선순위)이므로 말소기준권리가 됩니다. '소액보증금 적용 표'에서 보면 서울시/보증금(10차 개정) 1억 1,000만원 이하이면 3,700만 원까지 최우선변제를 받을 수 있습니다. 하지만 임차인 '나임차'의 보증금은 1억 2,000만 원이라 OO 은행 근저당권설정 시점(2018년 10월 10일)에 소액임차인에 해당하지 않지요. OO 은행보다 먼저 최우선변제를 받을 수 없습니다.

하지만 두 번째 근저당권자인 XX 저축은행 근저당설정일이 2023년 6월(그 당시 12차 개정)로 5,500만 원을 XX 저축은행 보다 먼저 배당받게 됩니다. 배당하고 남은 재원이 없음으로 '나임차'는 보증금 총 1억 2,000만 원에서 5,500만 원만을 배당받게 되었습니다. 확정일자의 중요성이 부각된 사례입니다.

※ 우선변제권(이사 + 전입신고 + 확정일자)은 사례에서 보듯이 '일반 전세(채권)'에 강력한 '임대차보호법'이 장착되어 '물권화'되는 특별법의 영향을 받습니다. 임차인이라면 확정일자 꼭 받으세요.~

주택임대차보호법 소액보증금 적용 표

담보물건 설정일	지역	보증금의 범위	최우선변제금액
2014.01.01~ (8차 개정)	서울특별시	9,500만 원 이하	3,200만 원
	수도권, 과밀억제권역	8,000만 원 이하	2,700만 원
	광역시(군지역 제외)	6,000만 원 이하	2,000만 원
	그 밖의 지역	4,500만 원 이라	1,500만 원
2016.03.31~ (9차 개정)	서울특별시	1억 원 이하	3,400만 원
	수도권, 과밀억제권역	8,000만 원 이하	2,700만 원
	광역시(군지역 제외)	6,000만 원 이하	2,000만 원
	그 밖의 지역	5,000만 원 이하	1,700만 원
2018.09.18~ (10차 개정)	서울특별시	1억 1,000만 원 이하	3,700만 원
	수도권, 과밀억제권역	1억 원 이하	3,400만 원
	광역시(군지역 제외)	6,000만 원 이하	2,000만 원
	그 밖에 지역	5,000만 원 이하	1,700만 원
2021.05.11~ (11차 개정)	서울특별시	1억 5,000만 원 이하	5,000만 원
	수도권, 과밀억제권역	1억 3천만 원 이하	4,300만 원
	광역시(군지역 제외)	7,000만 원 이하	2,300만 원
	그 밖에 지역	6,000만 원 이하	2,000만 원
2023.02.22~ (12차 개정)	서울특별시	1억 6,500만 원	5,500만 원
	수도권, 과밀억제권역	1억 4,500만 원	4,800만 원
	광역시(군지역 제외)	8,500만 원	2,800만 원
	그 밖에 지역	7,500만 원	2,500만 원

사례 내용을 근거로 배당표를 만들어 봅니다.

예상 배당표 [낙찰가 : 금 274,000,000원] (근저당 금액을 실제 청구 채권액이라 가정)

배당순위	권리자	권리 내용	청구금액	배당금	잔여액
0		경매집행비용	400만 원	400만 원	2억 7천만 원
1	○○ 은행	근저당	1억 5천만 원	1억 5천만 원	1억 2천만 원
2	나임차	최우선변제금	1억 2천만 원	5,500만 원	6,500만 원
3	XX 저축은행	근저당	7,000만 원	6,500만 원	0

※ 본 자료의 소액임차인의 최우선변제가 '전입일이 아닌 은행 담보설정일을 기준'으로 한다는 것을 강조하기 위해 편의상 구성했습니다.

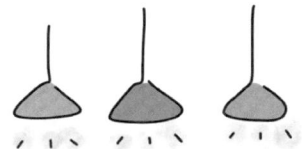

06 낙찰자가 미납한 이유?

 낙찰된 부동산 매각물건을 분석 후 최종적으로 배당표를 만들어 보겠습니다. 꽤 고가의 물건인데 권리분석 실수(?)인지 두 번의 미납과 그 과정에서 '매각결정허가취소'도 한 번 있었던 우여곡절 많은 물건입니다. 전세권이 설정된 물건으로 분석하기에 앞서 몇 가지 순서 필요하겠지요. 검색화면으로 개략적인 물건의 정보를 파악한 후 아래와 같은 순서로 분석에 들어갑니다. 물론 낙찰받을 부동산의 임장과 시세 분석은 필수로 해야겠지요.

① 등기부 갑구, 을구의 권리를 시간의 순서대로 배열한다.
　⇨ 등기사항증명서를 먼저 확인하는 습관을.

② 말소기준권리를 찾는다.
　⇨ 말소기준권리 : (근)저당, (가)압류, 담보가등기, 전세권(배당요구 또는 경매신청), 경매개시결정 등기 중 가장 선순위 권리.

③ 임차인이 대항력이 있는지 확인한다.

④ 배당요구 종기일 내에 배당요구를 신청했는지, 확정일자는 있는지 확인.

⑤ 배당요구한 임차인이 소액임차인이면 소액보증금 표 확인.

⑦ 경매 절차에서 전액 배당을 받는지?, 낙찰자 인수금액은 없는지 확인.

※ 전세권자이면서 동시에 임차인의 지위를 가졌다면 두 권리 모두를 행사할 수 있다.

2018 타경 2587　[수원지방법원 성남1계]

소 제 지	경기 성남시 분당구 정자동 180 미켈란쉐르빌 OO층 OOO호 [정자일로 100]				
물건용도	아파트	개 시 일	2018.03.12	감 정 가	2,800,000,000원
건물면적	244.7㎡ (74.02평)	소 유 자	이OO	감정일자	2018.03.24
대 지 권	44.2㎡ (13.37평)	채 무 자	이OO	배당종기	2018.05.21
매각대상	건물 및 토지전부	채 권 자	해진에셋대부	최 저 가	(24%) 672,280,000원
경매구분	임의경매	청 구 액	417,808,630원	보 증 금	(20%) 134,456,000원
기타사항	전세권자의 지위와 임차인의 지위 동시에 가지고 있음.				

입찰진행 내역

입찰기일	최저매각가격	결과
2018-10-15	2,800,000,000	유찰
2018-11-19	1,960,000,000	낙찰

낙찰 2,381,000,000원 (85%)
(응찰 : 1명 / 낙찰자 : 유OO)
매각결정일 : 2018.11.26 - 매각허가결정
대금지급기한 : 2018.12.24 / 미납

2019-01-28	1,960,000,000	유찰
2019-03-04	1,372,000,000	낙찰

낙찰 1,999,280,000원 (71%)
(응찰 : 13명 / 낙찰자 : 김OO)
매각결정일 : 2019.03.11 - 매각허가결정
매각결정허가취소

2019-05-13	2,800,000,000	유찰
2019-06-17	1,960,000,000	유찰
2019-07-22	1,372,000,000	낙찰

낙찰 1,373,000,000원 (49%)
(응찰 : 1명 / 낙찰자 : 최OO)
매각결정일 : 2019.07.29 - 매각허가결정
대금지급기한 : 2019.10.04 / 미납

2019-11-04	1,372,000,000	유찰
2019-12-09	960,400,000	유찰
2020-01-13	672,280,000	낙찰

낙찰 743,040,000원 (27%)
(응찰 : 2명 / 낙찰자 : 설OO)
매각결정일 : 2020.01.20 - 매각허가결정
대금지급기한 : 2020.03.02
대금납부 : 2020.03.02 / 배당종결

물건사진 및 위치도

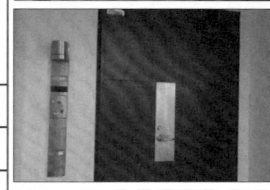

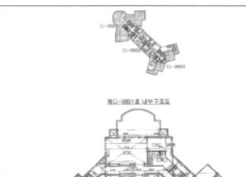

좌측 경매물건은 성남시 분당구 정자동 소재 아파트입니다. 입찰진행 내역을 보면 아주 복잡하지요. 미납된 것도 두 건이나 되고, '매각결정허가취소'된 것도 보이네요. 매각결정허가취소된 건은 그나마 보증금이라도 챙길텐데, 미납 건은 보증금이 몰수됩니다. 몰수된 보증금은 법원에서 쏙~ 챙기는 게 아니고 배당 시 배당금에 포함되어 채권자에게 나누어 줍니다. 게다가 미납된 재경매된 물건은 법원에 따라 20%~30%의 보증금이 추가되니 더 억울합니다. 남 좋은 일만 한 꼴이 됐네요. 아무튼 왜 이런일이 일어났는지 권리분석을 해보겠습니다. 가장 중요한 등기부를 가져옵니다.

3. (근)저당권 및 전세권 등 (을구)

순위번호	등기목적	접수정보	주요등기사항
21	전세권설정	2016년10월31일 제59537호	전세금 금1,500,000,000원 전세권자 유
23	근저당권설정	2016년10월31일 제59540호	채권최고액 금480,000,000원 근저당권자 하나캐피탈주식회사
23-1	근저당권이전	2018년11월22일 제56519호	근저당권자 해진에셋대부유한회사
24	근저당권설정	2016년11월7일 제61004호	채권최고액 금200,000,000원 근저당권자 광
24-1	근저당권이전	2018년11월13일 제54920호	근저당권자 이
25	근저당권설정	2017년7월3일 제30295호	채권최고액 금600,000,000원 근저당권자 황

→ 나는 순위번호~

지면 관계로 '주요 등기사항 요약본'을 가져왔습니다. 말소기준을 알기위해 순서를 정리하던 중 유OO의 '전세권'과 해진에셋대부(유)의 '근저당권'이 같은 날에 설정되어 있네요. 이럴 때는 어떤 권리가 선순위일까요? 제가 부동산을 한창 공부할 때 외웠던 '동순별접'이 생각나네요. 즉 동일 구는 순위번호, 다른 (별) 구와는 접수번호로 순위를 구별한다는 의미입니다.

위의 등기부 내용으로 보아 같은 '갑구'이므로 순위번호(21번)가 앞선 전세권이 최선순위 권리입니다.

임차인 현황

임차인	점유현황	전입/확정/배당	대항력	보증금/차임	예상배당액	비고
유OO	주거	전입 : 2016-12-07 확정 : 없음 배당 : 2018-04-23	없음	1,500,000,000원	0	전세권자

수원지방법원 성남지원

2018타경2587

매각물건명세서

사 건	2018타경2587 부동산임의경매		매각 물건번호	1	작성 일자	2019.12.20	담임법관 (사법보좌관)	
부동산 및 감정평가액 최저매각가격의 표시	별지기재와 같음		최선순위 설정		2016.10.31. 근저당권		배당요구종기	2018.05.21

부동산의 점유자와 점유의 권원, 점유할 수 있는 기간, 차임 또는 보증금에 관한 관계인의 진술 및 임차인이 있는 경우 배당요구 여부와 그 일자, 전입신고일자 또는 사업자등록신청일자와 확정일자의 유무와 그 일자

점유자 성 명	점유 부분	정보출처 구 분	점유의 권 원	임대차기간 (점유기간)	보증금	차 임	전입신고 일자. 사업자등록 신청일자	확정일자	배당 요구여부 (배당요구일자)
위	미상	현황조사	주거 임차인	미상		미상	미상	2016.12.07	미상
유	건물의 전부	등기사항 전부증명 서	주거 전세권자	2016.10.31.부 터 2018.10.31. 까지					
	전부	권리신고	주거 임차인	2016.10.31.부 터 2018.10.31.까 지	1,500,000,000		2016.12.07		2018.04.23

<비고>
위   :유   의 배우자임
유.   :임차인 유. 은 확정일자 없는 임차인임에 유의

※ 최선순위 설정일자보다 대항요건을 먼저 갖춘 주택·상가건물 임차인의 임차보증금은 매수인에게 인수되는 경우가 발생 할 수 있고, 대항력과 우선변제권이 있는 주택·상가건물 임차인이 배당요구를 하였으나 보증금 전액에 관하여 배당을 받지 아니한 경우에는 배당받지 못한 잔액이 매수인에게 인수되게 됨을 주의하시기 바랍니다.

등기된 부동산에 관한 권리 또는 가처분으로 매각으로 그 효력이 소멸되지 아니하는 것

을구 21번 2016.10.31. 접수 제59537호 전세권

매각에 따라 설정된 것으로 보는 지상권의 개요

비고란
유. 은 전세권자의 지위와 임차인의 지위를 동시에 가지고 있고 임차인으로서 권리신고 및 배당요구를 하였으나 확정일자 없는 임차인으로 우선변제권이 없고, 전세금은 매수인에게 인수됨에 유의. 특별매각조건 매수신청보증금 최저매각가격의 20%. 2019.12.19. 주식회사 삼정종합건축으로부터 금 99,517,000원의 유치권신고가 있으나 성립여부는 불분명함

유OO은 전세권자의 지위와 임차인의 지위를 동시에 가지고 있고 임차인으로서 권리신고 및 배당요구를 하였으나 확정일자 없는 임차인으로 우선변제권이 없고, 전세금은 매수인에게 인수됨에 유의. 특별매각조건 매수신청보증금 최저매각가격의 20%. 2019.12.19. 주식회사 삼정종합건축으로부터 금 99,517,000원의 유치권신고가 있으나 성립여부는 불분명함

임차인 현황과 매각물건명세서를 종합 요약해보면 다음과 같습니다.

- 점유자 중 위OO은 또 다른 점유자 유OO 씨의 배우자임.
- 전세보증금 15억 원의 권리신고를 마친 상태.
- 전입일이 2016년 12월 7일로 선순위 근저당보다 후순위로 대항력 없고, 확정일자도 없습니다. 다만 배당요구종기 내에 배당신청은 했네요.
- 유OO 씨는 전세권자의 지위와 임차인의 지위를 동시에 갖고 있음.
- 기타 유치권 신고내용과 보증금 20%라는 특별매각조건도 있네요.

이 자료들을 근거로 권리분석표를 만들어 보겠습니다. 그전에 낙찰자가 '왜 미납했는지?'를 추정해 봅니다. 억대에 달하는 입찰보증금을 포기할 만큼 함정이 있었는지 궁금해지네요.

전세권이 말소기준권리가 되는 기본적 요건은 배당요구했거나 경매를 신청한 때에만 말소기준권리가 되며, 경매 절차 종료 시 소멸한다는 원칙이 있습니다. 낙찰자들은 이 사실을 착각한 것 같습니다. 이 사건에서 임차인이 전세권자이며 배당요구를 했다는 사실만을 단순 해석하여 낙찰받았다고 추정됩니다.

전세권자로서 배당요구를 했다면 배당을 받든, 받지 못하든 소멸하는 것이 맞습니다. 하지만 현재 임차인 유OO 씨는 전세권자와 일반 임차인의 지위를 동시에 갖고 있다고 했습니다. 이는 두 가지 권리를 모두 사용할 수 있다는 의미입니다. 선택해서 사용할 수도 있고, 두 권리를 모두 사용할 수도 있는 논리입니다. 그러면 유OO 씨는 어떤 권리를 사용해서 배당요구를 했을까요? 법원의 문건/송달내역에 분명히 나와 있습니다.

문건처리내역

접수일	접수내역	결과
2018.03.15	등기소 분OOOO 등기필증 제출	
2018.03.23	집행관 성OOOOOO 현황조사보고서 제출	
2018.03.28	감정인 영OOOOOO 감정평가서 제출	
2018.04.03	교부권자 용OOOO 교부청구서 제출	
2018.04.23	채권자 하OOOO OOOO 야간송달 제출	
2018.04.23	임차인 유OO 권리신고 및 배당요구신청서(주택임대차) 제출	
2018.04.23	전세권자 유OO 채권계산서 제출	

임차인 유OO 권리신고 및 배당요구신청서(주택임대차) 제출

문건처리내역의 '임차인 유OO … 배당요구 신청서(주택임대차) 제출'로 보아 일반임차인의 지위로 배당요구한 것입니다. 아니라면 '(   )'에 '전세권'이라고 기재했겠지요. 아무튼 전세권 분석 실수로 추정됩니다.

말소기준권리를 찾기 위해 등기부의 모든 권리를 나열합니다.

[등기부현황]

구 분	접수번호	권리내역	권리자	채권금액	기 타	인수/소멸
1	2013.05.30 (34851)	소유권이전	이OO			
2	2016.10.31 (59537)	전세권	유OO	1,500,000,000	2016.10.31 ~2018.10.31	인수
3	2016.10.31 (59540)	근저당	해진에셋대부(유)	480,000,000	말소기준권리	소멸
4	2016.11.07 (61004)	근저당	이**	200,000,000		소멸
5	2017.07.03 (30295)	근저당	황**	600,000,000		소멸
6	2017.07.11 (31913)	가압류	하나캐피탈	975,233,673	서울중앙법원 2017카단39397	소멸
7	2017.11.08 (56672)	압류	성남시 분당구			소멸
8	2020.08.25	임의경매	해진에셋대부(유)	청구금액 417,808,630	2018타경2587	소멸

등기사항증명서 원본을 확인하여 '갑구'와 '을구'를 종합, 시간이 빠른 순서대로 배열했습니다. 전세권과 근저당은 같은 날 설정됐는데 순위번호가 빠른 전세권이 선순위입니다. 하지만 <u>전세권자는 이 전세권으로 배당요구를 하지 않고, 일반 임차인의 지위에서 배당요구를 한 상황입니다. 그러므로 전세권은 말소기준권리가 될 수 없고, 해진에셋대부의 근저당권이 말소기준권리입니다.</u>

그 뒤로 두 개의 근저당과 가압류, 압류가 설정됐으며 성남시 분당구의 압류는 당해세로 보입니다. 근저당권자 해진에셋대부(유)가 임의경매를 신청한 사건입니다. 특히 유의할 점은 유OO 씨의 전세권(전세금액 15억 원)은 낙찰자 인수로 투입금액에 포함해 계산해야 합니다. 앞의 낙찰자가 미납한 사정이 이해됩니다.

결국, 이 물건은 두 번의 미납과 한 번의 매각허가결정취소 끝에 낙찰가 743,040,000원(27%)에 낙찰되었고, 2020월 04월 23일에 배당까지 끝났습니다. 그러면 낙찰가를 기준으로 배당표를 작성해보겠습니다. 근저당 실제채권 금액, 세금 등은 정확한 내용을 알 수 없기 때문에 예상되는 배당표입니다.

예상 배당표
- 낙찰금액 : 금 743,000,000원
- 몰수된 전 경매 보증금 : 금 470,400,000원
- 경매비용 : 약 7,838,000원
- 실제배당금액 : 금 1,205,562,000원(매각대금 + 전경매 보증금) + 낙찰금액

배당순위	권리자	권리 내용	청구금액	배당금	잔여액
1	성남시분당구	당해세	체납상당액	교부신청액?	?
2	해진에셋대부(유)	근저당(신청자)	480,000,000	480,000,000	725,562,000
3	이**	근저당	200,000,000	200,000,000	525,562,000
4	황**	근저당	600,000,000	525,562,000	0
5	하나캐피탈	가압류	975,233,673	0	0
	유OO 전세권 전액인수	전세권		낙찰자 인수금액 : 금 1,500,000,000원	

전경매 절차에서 미납한 사람의 보증금은 몰수, 배당금액에 합쳐져 위와 같이 배당됩니다. 하나캐피탈은 한 푼도 못 받습니다. 유OO 씨의 전세권은 낙찰자가 인수하며 총 인수비용은 '낙찰액 + 전세권 금액'이 되겠네요.

글을 마치면서 ....

경매권리분석 실패 사례를 장황하게 표현했습니다. 부정적인 측면만 강조, 혹여 경매의 두려움만 가중한 게 아닌가 하는 생각도 듭니다. 그동안 학습효과를 위해 주로 경매 실수 물건을 주로 분석했지만, 경매는 안전한 물건이 더 많습니다. 함정만 있는 것은 아니니 긍정적으로 생각해 주시기 바랍니다.

우리는 부동산 경매를 파악하기 위해 그간 많은 법률 지식과 씨름했고, 좀 더 안전한 경매 투자를 위한 권리분석, 임차인분석, 경매절차 그리고 지금 배당에까지 접근하고 있습니다. 사실 이런 과정을 생략해도 경매는 얼마든지 할 수 있습니다. 유료경매 업체의 홈페이지에는 권리분석에서 배당까지 모든 자료들이 일목요연하게 정리되어 있어 주변 지식 없는 초보자도 쉽게 다가갈 수 있습니다.

전자 또는 후자가 모두 같은 결론에 도달하게 되는데요. 다만 한 가지 분명한 것은 사설경매업체의 정보 오류는 업체가 전적으로 보장해 주지 않는다는 점입니다. 즉 유료경매사이트의 내용을 믿고 경매에 참여, 그 내용의 잘못으로 낙찰자가 손해를 본 경우라도 업체는 절대 책임지지 않습니다.

우리는 유료경매사이트의 자료를 도구로 삼고, 이 내용을 점검 및 검증할 수 있는 '어느 정도의 지식'이라는 자신만의 무기를 하나쯤 장만하는 것은 꼭 필요하지 않을까요. 투자에 대한 실수는 본인 외에 아무도 책임지지 않습니다!

Part
09
낙찰받은 부동산 명도하기

01 명도에 대하여....
02 명도에 도움 주는 내용증명 작성 요령 및 사례
03 명도확인서 작성 및 유의 사항
04 인도명령을 통한 강제집행 이야기

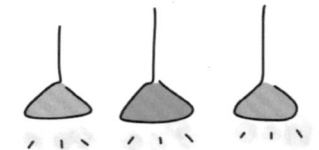

01 명도에 대하여....

'명도'란 부동산 경매의 마지막 단계인 열매를 수확하는 과정입니다. 부동산을 완전한 내 소유로 만드는 일이지요. 경매 투자에서 가장 힘든 순간이라고 말씀하시는 분도 있고, 역설적으로 재미있다고 표현하시는 분도 있습니다. 이런 결과의 차이는 개개인의 성향에서 기인합니다.

전자든, 후자든 '명도'는 사람과 사람이 만나서 민감한 문제를 해결해야만 하는 과정이라 무척 까다로울 수도 있습니다. 게다가 만나야 하는 사람이 벼랑 끝에 몰린 절박한 사람일 수 있으니 낙찰자의 시선에서 이런 분들을 만나는 일을 처음 접하면 두렵기도 합니다.

명도의 강직도를 판단하기 위해 우리는 먼저 '배당'이라는 과정을 이해했습니다. 예컨대 임차인이 점유한 부동산의 경우 대항력 유무에 따라 보증금 회수라는 향방이 정해지는 등 명도 저항성을 알아봤는데요. 명도를 유연하게 대처하려면 먼저 현재 점유자에게서 힌트를 찾아야 합니다. 그리고 만나서 협의하는 중간에 정답이 맞춰지겠지요. 그러면 현재의 점유자가 현재 어떤 유형인지 나열해 봅니다.

- 소유자가 직접 점유
- 보증금 전액을 배당받는 임차인
- 보증금 일부를 배당받는 임차인
- 한 푼도 배당 못 받는 임차인
- 폐문부재 연락이 안 되는 사례

현재 점유자의 유형을 알아봤습니다. 어떤 경우든 낙찰받았다면 찾아가서 만나봐야 합니다.

첫 번째 만남에서 점유자의 성향과 앞으로의 계획, 협상 가능성 등을 1차로 타진해야 합니다. 뜻밖에 첫 만남부터 쉽게 풀릴 수도 있습니다. 보증금 전부를 돌려받는 임차인과 일부라도 배당받는 임차인은 배당 시 낙찰자의 '명도확인서'가 반드시 필요하니 큰 문제는 되지 않습니다. 다만 소유자와 미배당 임차인은 이사비 외에 다른 비용도 요구할 수 있기 때문에 잔금 납부와 동시에 '인도명령'의 신청과 퇴거를 압박할 수 있는 내용증명 등의 발송은 필요합니다. 무엇보다 합의로 문제를 해결하는 것이 서로에게 좋습니다. 현 상황을 모두 받아들여 이사비 정도의 협상을 바라는 점유자도 의외로 많습니다.

두 번째 만남에서는 정확한 결론을 도출하는 방향성으로 진행하며, 합의된 모든 내용은 문서로 작성합니다. 특히 이사비는 낙찰자가 당연히 점유자에게 지급하는 것이 아니라는 사실을 알리고, 법(인도명령)으로 간단히 해결할 수 있지만, 그전에 원만한 협의를 원한다는 내용을 강조합니다.

물론 민사집행법에서는 낙찰자를 위한 '인도명령'제도가 있습니다. 이 절차를 무조건 진행하기보다는 처음에는 이런 법적 조항을 합의를 위한 도구 정도로 사용하시기 바라며 원만한 협상에도 불구, 점유자가 협의를 거부하거나, 무리한 요구를 한다면 인도명령을 집행해야겠지요.

먼저 시작한 선배들의 명도에 관한 경험담이 인터넷에 넘쳐납니다. 이는 모든 경매 부동산에는 각각 다른 사연을 가지고 있기 때문에 명도에 대한 이야기 또한 모두 다를 수밖에 없습니다. 명도는 현장에서 점유자와 부딪치며 문제를 해결해야 하는 철저한 개인 영역임을 기억하십시오.

02 명도에 효과적인 내용증명 작성 요령

　내용증명이란 어떤 내용의 문서를 상대방에게 발송했다는 사실을 우체국에서 공적으로 증명하는 우편제도입니다. 우체국은 '발송 사실'만을 증명해줄 뿐 이 사실만으로 법적 효력은 발생하지 않습니다. 다만 상대방에게 심리적 압박을 주어 원만한 합의를 도출하는 데는 효과적인 도구입니다.

내용증명의 작성법
내용증명을 작성하는데 특별한 원칙은 없습니다. 통지할 내용이 정확히 상대방에게 전달될 수 있도록 육하원칙에 의거 명확하게 작성합니다.
　이렇다 할 작성 원칙이 없는 내용증명은 일종의 편지라고 봐도 무방합니다. 지인에게 편지 쓰듯이 써도 되겠지요. 다만 전달하고자 하는 내용이 모두 들어가야 발송인의 의도가 온전히 전달되어야 효과를 발휘합니다. 상대방의 성격에 따라 심리적 압박감을 주는 문체로 작성해야 효율적이지만, 사실과 무관한 내용을 장황하게 언급하거나, 감정적으로 절제되지 않은 표현은 삼가는 것이 좋습니다.
　내용증명의 제목은 보내는 목적이 잘 나타나도록 정합니다. 또한 정해진 서식이 없음으로 개인별로 문서를 만들면 되고, 문서가 여러 장이면 중간에 간인합니다. 편지지 겉봉의 주소와 내용증명 서류의 수신인 주소는 건물의 명칭까지 일치해야 합니다.

명도 관련 내용증명에 사용되는 효과적인 문구(참고용)
내용증명에 사용하는 일반적인 문구를 나열합니다. 현재 점유자의 상황이 모두 다르겠지요. 예컨대 현재 점유자가 임차인일 수도, 전 소유자일 수도 있습니다. 현장 상황에 맞는 문구를 선별하여 사용하시고, 이외의 내용은 직접 만

들어 작성하시기 바랍니다. 제가 작성한 샘플보다 직접 명도에 참여하는 분들이 현장 상황을 더 잘 알 수 있으니 더욱 효과가 있겠지요. 본 사례는 참고용 자료로만 활용하세요.

▪ 본인은 법적으로 문제를 해결하기보다는 당사자 해결을 우선시합니다.

▪ 본 내용증명을 발송하는 것은 서로 간의 의사 표현을 서면으로 하는 것이 현명할 것으로 판단되어 발송하는 것이니 부디 너그러운 마음으로 이해 바랍니다.

▪ 향후 별도의 통지 없이 법적인 절차를 취할 목적으로 내용증명을 발송하오니 이 점 양지해 주시기 바랍니다.

▪ 20 . . .까지 해당 부동산에서 퇴거, 명도해 줄 것을 요구합니다.

▪ 본인은 귀하와 원만한 협의가 이루어지길 진심으로 바랍니다. 본 내용증명 수신 후 (   )일 내에 연락을 주시기 바라며, 만일 이 기간 내에 의사표시를 하지 않으면 본인과 협의할 의사가 전혀 없는 것으로 보고, 즉시 법원에 인도명령을 신청하겠습니다.

▪ 만약 귀하가 본 내용증명 수취 후 (   )일까지 연락이 없으면 본인과 협의할 의사 자체가 없는 것으로 간주, 그 즉시 법원에 '인도명령'을 신청하여 1주 내 강제집행을 할 것입니다. 법원 집행관을 대동한 강제집행은 말 그대로 강제로 짐을 외부로 빼는 절차로 본인이나 귀하에게 뼈아픈 기억으로 남을 것입니다. 본인은 모쪼록 이런 절차보다는 명도에 대한 시기와 내용 등의 협의를 우선시한다는 점을 알아주셨으면 합니다.

▪ 현재 귀하가 점유하고 있는 부동산은 경매 절차상의 무단점유(대항력 없는 임차인 등) 입니다. 정당한 권원 없이 부동산 인도를 거부한다면 형법 제315조(경매, 입찰방해)에 해당, 형사적인 문제로 확대될 수 있습니다.

> **형법 제315조(경매, 입찰의 방해)**
>
> 위계 또는 위력 기타 방법으로 경매 또는 입찰의 공정을 해한 자는 2년 이하의 징역 또는 700만원 이하의 벌금에 처한다. <개정 1995. 12. 29.>

▪ 본 우편 수령 후 2025년 월 일까지 본 부동산을 명도해주시기 바랍니다. 만일 이때까지도 본인(또는 당사)과 어떤 협의나 명도를 지체한다면 무상거주에 대한 부당이득금 (매월   원정)과 법정이자 부분까지도 청구소송할 예정입니다. 부당이득금과 소송 시 소요되는 막대한 비용은 귀하의 책임이며 월급, 동산, 자동차 등의 압류를 통해 회수할 예정입니다.

▪ 본인은 본 부동산을 대출을 통해 매입하여 지금, 이 순간에도 대출이자 등의 비용이 지출되고 있습니다. 귀하의 퇴거가 지연된 만큼 관리비, 대출비용, 이자, 집행 비용, 각종 소송비용 등은 모두 귀하에게 전가될 것이며 이 또한 본인의 법률 대리인이 가압류 및 소송으로 진행할 것입니다.

▪ 귀하가 본사의 명도를 방해하는 행위를 한다면, 즉시 형법 제315조에 의한 형사고소를 진행할 것이며 이후에는 어떤 협상도 없을 것입니다.

▪ 모든 절차는 법률대리인(변호사, 법무법인)을 통해 신속히 진행 예정입니다.

▪ 본 서면에 기재된 모든 절차는 귀하와의 원만한 협의가 이루어지지 않을 경우를 상정한 것입니다. 만일 내용증명 수신 후 귀하와 어떤 합의가 이루어진다면 모든 소송 등을 취하, 원만한 해결점을 찾겠습니다.

▪ 본 내용증명을 보낸 것에 대해 유감스럽게 생각하며, 부디 잘 판단하시어 원만한 인도 과정이 되기를 바랍니다.

　　내용증명에 효과적인 내용에 대해 단순하게 나열했습니다. 모든 매각 물건마다 상황이 다르겠지요. 단순히 복사하여 보내기보다 현재 명도 상황에 맞는 문체로 스스로 작성해 보시기를 권합니다.
　　보내는 글의 내용이나 점유자를 직접 만나는 경우에도 법적 절차를 모두 낙찰자 본인이 한다는 느낌을 상대에게 주기보다는 법률대리인이나 변호사가 대행, 전문적으로 처리한다는 인상을 주어야 더 효율적입니다.

　　다음의 내용은 위에 언급된 내용을 토대로 작성한 내용증명사례입니다. 참고하세요.

내용증명

수신인 : ○○○
주   소 : 서울시 ○○○ ○○○ -○○

발신 : ○○○
주소 : 경기도 파주시 ○○길 ○○-○○(○○ 동, ○○ 3층)
연락처 : 031 - 949 - 1234

제목 : 부동산 인도 요청 및 강제집행 예정 통고
부동산의 표시 :

  발신인 ○○○는 위 부동산의 표시에 기재된 ○○○○ 지방법원, 사건번호 20타경1234를 낙찰을 받은 최고가매수인이며, 현재 법률사무소(법률대리인, 법무법인, 변호사 등)를 통해 소유권 이전을 준비하고 있습니다. 수신인인 귀하는 대항력없는 임차인(기타 점유자의 상황 표기)이며, 정당한 권원 없이 본 부동산을 점유하고 있습니다.

  발신인 본인은 상기 표시된 부동산에 대한 명도 절차를 다음과 같이 진행하고자 본 서면을 통보합니다. 본 내용증명을 발송하는 것은 서로 간의 의사 표현을 서면으로 하는 것이 현명할 것으로 판단되어 발송하는 것이니 부디 너그러운 마음으로 이해 바랍니다.

- 다   음 -

1. 20 . . .까지 해당 부동산에서 퇴거, 명도해 줄 것을 요구합니다.

2. 만약 귀하가 본 내용증명 수취 후 ( )일까지 연락이 없으면 본인과 협의할 의사 자체가 없는 것으로 간주, 그 즉시 법원에 '인도명령'을 신청하여 1주 내 강제집행을 할 것입니다. 법원 집행관을 대동한 강제집행은 말 그대로 강제로 짐을 외부로 빼는 절차로 본인이나 귀하에게 뼈아픈 기억으로 남을 것입니다. 본인은 모쪼록 이런 절차보다는 명도에 대한 시기와 내용 등의 협의를 우선시한다는 점을 알아주셨으면 합니다.

3. 현재 귀하가 점유하고 있는 부동산은 경매 절차상의 무단점유(대항력 없는 임차인 등) 입니다. 정당한 권원 없이 부동산 인도를 거부한다면 형법 제315조(경매, 입찰방해)에 해당, 형사적인 문제로 확대될 수 있습니다.

> **형법 제315조(경매, 입찰의 방해)**
> 위계 또는 위력 기타 방법으로 경매 또는 입찰의 공정을 해한 자는 2년 이하의 징역 또는 700만원 이하의 벌금에 처한다. <개정 1995. 12. 29.>

4. 본인(또는 당사)과 어떤 협의나 명도를 지체한다면 무상거주에 대한 부당이득금 (매월   원정)과 법정이자 부분까지도 청구 소송할 예정이며, 부당이득금과 소송 시 소요되는 막대한 비용은 귀하의 책임으로 월급, 동산, 자동차 등의 압류를 통해 회수할 예정입니다.

5. 본인은 본 부동산을 대출을 통해 매입하여 지금 이 순간에도 대출이자 등의 비용이 지출되고 있습니다. 귀하의 퇴거가 지연된 만큼 관리비, 대출비용, 이자, 집행 비용, 각종 소송비용 등은 모두 귀하에게 전가될 것이며 이 또한 법률대리인이 가압류 및 소송으로 진행할 것입니다.

6. 귀하가 본사의 명도를 방해하는 행위를 한다면, 즉시 형법 제315조에 의한 형사고소를 진행할 것이며 이후에는 어떤 협상도 없을 것입니다.

7. 모든 절차는 법률대리인(변호사, 법무법인)을 통해 신속히 진행 예정입니다.

본 서면에 기재된 모든 절차는 귀하와의 원만한 협의가 이루어지지 않을 경우를 상정한 것입니다. 만일 내용증명 수신 후 귀하와 어떤 합의가 이루어진다면 모든 소송 등을 취하, 원만한 해결점을 찾겠습니다. 본 내용증명을 보낸 것에 대해 잘 판단하시어 부디 원만한 인도 과정이 되기를 바랍니다.

20 년 월 일

발신인 : OOO

내용증명 발송하기

작성된 내용증명은 3부 작성하여 우체국에 제출합니다. 우체국에서는 이를 접수, 확정 도장을 찍은 후 1부는 수신인에 발송, 1부는 발송인 본인에게 내주며 나머지 1부는 우체국에서 자체 보관합니다. 물론 인터넷으로 작성하는 방법도 있습니다.

내용증명 발송에 대한 결론

내용증명의 발송은 어떤 사실에 대한 증거자료 등 몇몇 법률효과를 제외하고는 그 자체가 강제적 법률 효력은 없습니다. 그러나 받아보는 상대방은 심적 부담을 크게 느끼겠죠.

명도는 일반적으로 상대방 대면 또는 간단한 전화 통화로도 해결되는 사례가 많습니다. 경매를 당하는 입장이라면 미리 각오하고 있기 때문이지요. 그러나 내용증명까지 보냈는데도 해결될 기미가 없는 독한(?) 점유자라면 하루라도 빨리 강제집행 등의 방법을 진행해야 합니다.

03 명도확인서 작성 및 유의사항

　명도확인서는 현 점유자의 퇴거를 확인한 후 낙찰자가 작성해주는 문서입니다. 즉 점유자의 이삿짐이 전부 나가는 것을 낙찰자가 최종 확인 후 전달해주는 것이 원칙입니다. 매각부동산의 배당 대상자인 점유자가 배당금을 수령하기 위해서는 매수자의 인감증명서와 인감이 날인된 '명도확인서'가 꼭 필요합니다. 낙찰자가 명도확인서를 임차인에게 건네주면 임차인은 이 문서를 법원에 제출하여 배당금을 받을 수 있습니다.

　점유자가 임차인이라면 이사 나가기 전 명도확인서를 받기를 원합니다. 대부분의 임차인은 배당되는 보증금이 전재산일 수도 있습니다. 이런 경우 나가고 싶어도 돈이 없어 집을 구할 수 없겠지요. 임차인 입장이라면 전적으로 동감합니다. 하지만 명도확인서를 임차인에게 미리 주고 약속한 날에 나가지 않으면 큰 문제가 발생합니다. 다시 원점으로 되어 집행 절차를 진행해야 하는 시간적 손실과 기타 곤란한 상황도 생깁니다.

　원칙만을 고집하면 명도확인서는 퇴거 확인 후 전달해주는 게 맞습니다. 하지만 돈이 없어 집을 못 구해 나가지 못하면 다시 인도명령으로 가야 하는 딜레마에 빠집니다. 실무에서는 이런 문제를 해결하기 위해 명도확인서와 함께 각서(인감증명 포함)를 받는 차선책을 주로 씁니다. 각서의 내용으로는 '언제까지 이사하겠다.'라는 내용과 아울러 '만일 이사가지 않으면 그날부터 (　)%의 이자 및 기타 손해에 대한 비용을 청구하겠다.'라는 손해배상 예정조항을 넣으면 좋겠지요. 참고로 제 경험상 먼저 명도확인서를 전달했어도 문제가 발생한 적은 한 번도 없었습니다.

　명도확인서를 작성, 인감증명 용도 확인, 매수인 이름과 인감도장을 날인 후 임차인에게 전달하면 됩니다. 다음 쪽에 명도확인서 서식을 수록했습니다.

명 도 확 인 서

사건번호 : 20 타경1235
이 름 : ○ ○ ○
주 소 :

　위 사건에서 위 임차인은 임차보증금에 따른 배당금을 받기 위해 매수인에게 목적부동산을 명도하였음을 확인합니다.

첨부서류 : 매수인 명도확인용 인감증명서 1통

 20 년 월 일

<u>매 수 인 ○ ○ ○　　　　(인)</u>　⇐ **인감도장 날인**
연락처(☎)

　　　　　　　　　　지방법원　　　　　귀중

☞유의사항
1) 주소는 경매기록에 기재된 주소와 같아야 하며, 이는 주민등록상 주소이어야 합니다.
2) 임차인이 배당금을 찾기전에 이사를 하기 어려운 실정이므로, 매수인과 임차인간에 이사날짜를 미리 정하고 이를 신뢰할 수 있다면 임차인이 이사하기 전에 매수인은 명도확인서를 해줄 수도 있습니다.

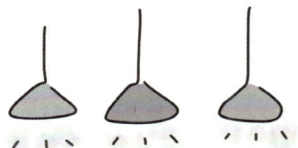

04 인도명령을 통한 강제집행 이야기

'인도명령'이란 법원경매를 통해 낙찰 및 대금을 납부한 매수인이 점유자(정당한 권리 없는)에게 부동산 인도를 요구했으나, 이를 거부하는 경우에 할 수 있는 부동산 경매에서만 인정되는 절차입니다. 이는 명도소송이라는 정식절차가 긴 시간과 복잡함이 요구되는 단점을 보완하기 위한 제도입니다. 즉 인도명령은 단기간에 해당 부동산을 명도받을 수 있는 장점이 있습니다. 다음은 관련 법 조항입니다.

> **민사집행법 제136조(부동산의 인도명령 등)**
>
> ① 법원은 매수인이 대금을 낸 뒤 6월 이내에 신청하면 채무자·소유자 또는 부동산 점유자에 대하여 부동산을 매수인에게 인도하도록 명할 수 있다. 다만, 점유자가 매수인에게 대항할 수 있는 권원에 의하여 점유하고 있는 것으로 인정되는 경우에는 그러하지 아니하다.

인도명령 대상자

인도명령의 대상자는 채무자·소유자 또는 정당한 권리가 없는 부동산 점유자를 말합니다. 그러면 반대로 정당한 권리가 있는 점유자는 누구일까요? 정당한 권원을 가진 점유자란 말소기준권리 보다 앞선 용익권자, 대항력있는 임차인, 유치권자 등의 점유자를 말합니다. 이러한 권원 없이 점유한 모든 사람은 인도명령의 대상이 되겠지요.

인도명령 신청, 언제 해야 하는가?

경매가 진행된 매물의 점유자는 경제적 어려움에 직면한 경우가 많으며, 합법적 권리관계와 상관없이 부동산의 인도를 거부하는 사례가 많은데요. 이사비 등의 합의로 해결되지 않으면 강제퇴거 방법인 인도명령을 신청해야 합니다. 참고로 명도소송은 많게는 몇 년이 걸리기도 하는 지루한 과정입니다. 그러나 인도명령을 신청하면 1주 또는 2주 이내에 인도명령에 관한 결정이 완료되는 큰 장점이 있습니다.

본 제도는 낙찰대금 완납 후 6개월 내에 신청해야 하며, 이 기간이 지나면 명도소송을 진행해야 합니다. 점유자와의 명도 협의 과정에서 시간이 도과할 수 있으니 미리 준비해야 하는데요. 실무에서는 협의와 관계없이 대금납부와 동시에 신청합니다. 이는 합의를 촉진할 수 있는 효율적인 도구로 사용함과 아울러 만일의 상황을 고려, 사전에 신청하고 있습니다.

인도명령 절차가 진행되는 사이에 현재의 점유자가 다른 점유자로 바뀌면 판결문 또는 인도명령 결정의 효력이 미치지 않음으로 점유이전금지 가처분을 같이 신청하는 사례도 있습니다. 하지만 점유이전금지 가처분은 낙찰자가 집행관과 동행, 현장에 나가 가처분 집행을 함께 해야 하기 때문에 번거로울 수 있습니다. 현장의 상황과 실익에 따라 가처분의 결정은 심사숙고해야겠지요. 명도 저항이 심한 경우 가처분 절차도 합의를 이끌어내는 데 유용할 수도 있습니다.

저는 그동안 이사비 등의 합의로 대부분 명도를 처리했는데요. 딱 두 번 정도 강제집행까지 가본 경험이 있습니다. 특히 보살님(점집?)이 점유한 집을 강제집행할 때 좀 어려움이 있었습니다.

사다리차, 짐차, 집행관, 열쇠 여는 사람, 건장한 인부들 그리고 참관인으로 2명(증인 : 친구 1명, 직원 1명 부름). 온 동네가 시끌시끌했던 그 날이 아직도 생생하네요. 사실 이런 경우는 거의 없고, 대부분 대화로 해결하는 사례가 훨씬 많습니다. 원만한 합의를 이루시기 바랍니다.

가보지 않은 길을 말로만 설명해대니 받아들이기 어렵지요? ^^; 인도명령 신청에서 강제집행 절차까지 이해를 위해 절차도를 그려봤습니다.

▶ 인도명령과 강제집행 절차도

인도명령 신청 ····· 매각대금 납부와 동시 신청.

↓

인도명령 심리 및 심문 ····· 서면심리, 심문, 변론.

↓

인도명령 결정 ····· 신청 후 2주 이내.

↓

인도명령 결정문 송달 ····· 특별송달, 공시송달 등을 통한 송달.

↓

집행문 부여 및 송달증명원 수령

↓

강제집행 신청(집행관 사무소) ····· 송달증명원, 인도결정문 첨부, 인도집행 사건번호 부여.

↓

현황조사 실시 ····· 1주 ~ 2주 소요.

↓

집행비용 예납 ····· 집행 1주일 전 집행비용 예납 통보. 법원에 따라 납부방법 다를 수 있음.

↓

강제집행 계고 ····· 점유자 일치여부 확인 및 계고장 부착.

↓

강제집행 실시 ····· - 참석자 : 집행관, 열쇠전문가, 노무자, 매수인의 참관인 2인, 필요에 따라 경찰관 도움 요청.
- 사다리 차량, 트럭 등.

절차도를 봤는데요. 인도명령 절차에서 시간이 많이 소요되는 과정이 송달입니다. 살고 있는 점유자가 고의로 송달된 결정문을 받지 않거나 사람이 없는 경우는 특별송달, 발송송달 또는 공시송달 과정을 거쳐야 합니다. 결국 시간이 문제겠지요. 인도명령을 미리 신청하는 이유입니다. 다음은 송달 방법을 나열합니다.

송달의 종류 및 방법
- 일반송달 : 등기우편에 의한 일반 송달

- 주소보정 : 수취인의 주소가 틀리거나 이사가 원인인 경우 주소를 수정 송달하는 방법

- 재송달 : 송달 불능 사유인 경우 법원에 다시 송달해달라고 하는 방법.

- 특별송달 : 채무자가 일반송달(집배원)에서 송달문 수령을 거부 또는 주소지가 불분명할 때 집행관이 동행하여 직접 전달하는 송달로 주간, 야간, 휴일 특별송달이 있습니다.

- 공시송달 : 특별송달로도 불가능할 때 판사의 직권 또는 당사자의 신청으로 송달 사유를 법원 게시판에 2주 동안 공시 및 게재하면 송달로 간주.

강제집행 시 점유자의 짐(유체동산의 처리)은?
집행관의 지시로 노무자들이 점유자의 모든 짐을 밖으로 내놓았다면 원칙적으로 강제집행이 완료됐다고 보는데요. 그러면 점유자의 짐(동산)은 어떻게 처리할까요?

점유자가 아예 없거나 유체동산의 수령을 거부하면 집행관은 동산목록 작성 후 비용은 매수인이 우선 부담하여 창고(대부분 컨테이너)에 보관합니다. 만일 유체동산의 소유자가 이 동산을 찾으려면 매수인이 대납한 보관 비용을

변제해야 합니다. 그러나 보관물 대부분은 방치된 경우가 많습니다.

　새로운 소유자는 보관 비용을 회수하기 위해 1개월 이상 보관 후 동산매각으로 보관비용을 충당하고, 만일 남은 금액이 있으면 공탁함으로써 모든 절차가 마무리됩니다. 참고로 동산매각을 하기 위해서는 '점유자'나 '채무자'를 상대로 유체동산을 회수할 것을 최고한 후 담당 집행관에게 유체동산 경매신청을 하면 됩니다. 이로써 모든 강제 집행절차가 마무리되었습니다. 진짜 끝.

찾아보기(Index)

가

가등기 58, 114
가등기 권리자의 경매 신청 118
가등기담보에 관한 법률 61
가등기를 하는 이유 59
가등기 설정의 예 58
가등기의 대상 60
가등기의 종류 60
가압류 42, 134
가압류와 가처분의 개념 137
가처분 136
감정평가 215
강제경매 17
강제집행 311
건물철거 및 토지인도 가처분 138
경매개시결정에 대한 이의 신청 217
경매 배당순위표 275
경매 배당 원칙 266
경매에서 대항력 '대항력 없음'의 기준 152
경매에서 '대항력 있음'의 기준 152
경매와 공매는 차이점 22
경매와 공매 비교표 23
경매 절차 208
경매 절차도 209, 210
경매절차에서 이해관계인의 지위 220
경매 절차의 이해관계인이란? 219
경매 절차 전체 흐름도 239
경매 참여용 전입세대 열람 발급 169
경매 취소 218
경매 취하 218
공유자 우선매수권 243
공유자 우선매수신고 사례 223
공유자 우선매수신고 언제까지 해야 되는가? 246
공유자 우선매수청구권 제한 사례 246
공증된 금전채권문서 17
관습법상의 법정지상권? 52
구분지상권 131

국민주택채권 매입 또는 할인 매도 260
권리신고 및 배당요구 신청(임차인) 223
근저당권 40, 90
근저당권과 지상권이 같은 날에 설정되었다? 107
근저당권이 말소기준권리가 된 사례 83
기일입찰표 235

나
낙찰받은 부동산 소유권 이전하기 257
남을 가망이 없을 경우의 경매취소 224
내용증명의 작성법 302
내용증명 작성 사례 305

다
담보가등기 61
담보가등기의 구분 114
담보권 강화를 위한 지상권 사례 107
담보물 강화 목적의 지상권 53
당해세 272
대금납부 절차 258
대리인 입찰서류 233
대법원 경매 정보 사이트 25
대위변제 176
대위변제는 언제까지 할 수 있을까? 178
대위변제 발생 후 낙찰자의 대처 방법 178
대지권 등기가 되지 않은 등기부 사례 124
대지권 미등기 120
대지권 미등기 상태의 경매 123
대지권 없음 120
대지권의 목적인 토지의 표시 80
대지권의 표시 80
대항력 148
대항력(상가) 172
대항력은 있으나 확정일자가 없다? 183
대항력의 기준시점은? 150
대항력의 생성요건 150
대항력이 인정되는 사례 151
대항력이 인정되지 않는 사례 151
등기사항전부증명서 76
등기사항증명서 보는 법 76
등기원인일 58

다~마

말소기준 권리 81
말소기준권리에 따른 인수와 소멸 86
매각기일 216
매각대금납부의 효력 257
매각대금완납증명원 작성 및 발급 258
매각물건명세서 215
매각불허가신청 248
매각허가결정취소 신청 248
매각허가결정취소 신청서 작성 사례 254
매각허가에 대한 이의 248
매각허가에 대한 이의신청사유 249
매각허가에 대한 이의신청서 252
매각허가에 대한 이의신청서 작성 사례 252
매각허부 결정에 대한 즉시항고 250
명도 300
명도 내용증명 작성 사례 305
명도에 효과적인 내용증명 작성 요령 302
명도확인서 309
명도확인서 작성 사례 310
무상거주확인서 204
무잉여경매 221, 224
무잉여경매와 채권자 매수신청 225
물건번호 213
물권과 채권의 차이점 36
물권의 사례 38
물권이란 무엇인가? 36
물상보증인 31
미등기 부동산 230
미등기 부동산 경매신청 절차 231
미등기 부동산, 무허가건물 경매절차 가능할까? 230

바

배당 264
배당사례 - 순위에 따른 물권 배당과 채권의 안분배당 268
배당사례 - 순위에 따른 배당 267
배당사례 - 안분과 흡수배당 269
배당 순서 271
배당순위표 275
배당요구를 했으나 배당요구종기 내에 배당요구를 철회한 경우? 194
배당요구 종기 216

배당요구종기를 지나 배당요구를 했다? 195
배당요구 철회서 제출 194
배당 원칙 266
법원 경매 절차도 210
법원경매정보와 유료경매사이트의 차이점 25
법원에 도착하면 무엇을 해야 할까? 233
법인 대리인이 참여한다면 입찰서류 233
법인 직원의 주거 지원을 위해 임차한 경우의 대항력 149
법정기일 기준 273
법정지상권 51
별도등기 있음 126
보증금봉투 236
본등기 58
부동산 이중 매매사례 59
부동산 가압류 42
부동산경매에서의 대항력 기준 151
부동산 경매에서 입찰 자격 29
부동산경매의 분류(종류) 16
부동산 경매 절차 전체 흐름도 239
부동산 공동소유란? 243
부동산과 관련된 권리의 종류 34
부동산 명도 299
부동산 소유권 이전 257
부동산 처분금지 가처분 138
부부공동명의 사례 243

사

사건번호 213
사해행위 143
사해행위 취소로 인한 가처분 138, 143
상가건물임대차보호법 170
상가건물 임대차보호법 금액 적용표 174
상가임대차보호법의 대항력 172
상가임대차의 우선변제권 173
상가임대차 최우선변제권은? 173
상속된 사례 244
선순위 가처분권자의 강제경매 사례 141
선순위 가처분도 소멸될 수 있다 140
선순위임차인, 배당요구 무효 195
선순위 임차인이 있으나 정체불명(미상)의 경우 203
소액보증금 적용표 163, 283, 287

소액 임차인 배당사례 281, 285
소액임차인 최우선변제 162
소유권가등기와 담보가등기의 구분 114
소유권 가등기의 종류 60
소유권이전담보 가등기 63
소유권이전등기말소청구 가처분 138
소유권이전등기 절차 258
소유권이전등기 촉탁 시 제출서류 261
소유권이전청구권 가등기 59
소유권 이전하기 257
송달의 종류 및 방법 314
순위에 따른 배당 267
승역지 56

아

안분과 흡수배당 269
안분배당 268
안분배당 공식 268
압류등기가 말소기준권리인 사례 84
요역지 56
우선변제권 159
우선변제권 요건의 유지 기간 160
우선변제권의 효력 발생 시점 160
유료경매사이트 27
유료경매정보 사이트의 장단점 27
유익비 276
유찰 217
유체동산의 처리 314
유치권 64
유치권 성립요건 66
을구 41, 76
이해관계인 219
이해관계인이 될 수 없는 자 220
인도명령 311
인도명령과 강제집행 절차도 313
인도명령 대상자 311
인도명령 신청, 언제 해야 하는가? 311
일반송달 314
임의경매란 17
임차권등기 161, 166
임차권등기명령 166

임차권등기 설정의 사례 168
임차인 권리분석 실전 사례 180
임차인의 대항력이란? 150
임차인의 우선매수권 228
임차인이 우선매수권을 행사할 수 있나? 228
입찰금액을 잘못 기재한 사례 242
입찰 무효 사례 240
입찰봉투 236
입찰 실수 240
입찰에 참여할 수 없는 자 30
입찰표 등의 작성 원칙 234
입찰할 때 어떤 서류가 필요할까? 233
입찰할 때 준비물, 확인 사항 그리고 입찰 과정 233

자

재경매 (재매각) 217
저당권 40, 90
전세권 46, 94
전세권 권리 분석 94
전세권설정의 사례 47
전세권의 법적 성질 95
전세권이 소멸(말소)되는 경우는? 96
전세권이 인수되는 경우는? 100
전 소유자권자의 가압류 134
전유부분의 건물의 표시 78
전입 및 확정일자가 말소기준권리 보다 늦은 후순위 임차인의 배당요구 202
전입세대 확인서 169
점유개정 대항력 취득 시기 157
점유자의 짐(유체동산의 처리) 314
주택임대차보호법 148
주택임대차보호법 소액보증금 적용표 163, 283, 287
중복 경매사건 197
즉시항고 248
'지급명령' 제도는 무엇인가? 44
지분경매 243
지분경매와 공유자 우선매수권 243
지상권 48, 105
지상권 말소동의서 제출 사례 112
지역권 55
집합건물의 등기사항전부증명서 78
집행권원(채무명의) 17

차
차순위매수신고 255
차순위매수신고 예제 256
차순위 매수신고인 217
채권신고 사례 (근저당권자) 222
채권신고의 최고와 통지 221
채권의 사례 37
채권이란? 36
채권자매수신고 227
채권최고액 41
최우선변제 162
최우선변제권과 관련된 사례 165
취득세 및 등록면허세 납부 258
'토지별도등기'가 있는 부동산의 유형별 사례 127
토지별도등기란? 126
'토지 별도등기 있음' 사례 128

파~하
표제부 76
필요비 276
필요비 및 유익비 관련 판례 278
필요비와 유익비 276
필요비와 유익비는 언제 청구할 수 있으며 임대인이 이를 거부한다면? 278
한국자산관리공사 공매 정보 온비드 25
항고장 작성사례 253
현황조사 215확정일자가 기준권리보다 앞선 선순위 임차인이 배당요구한 사례 192
확정일자가 없는 선순위 임차인이 배당요구를 했다면? (소액임차인) 180
확정일자가 있는 선순위 임차인이 배당요구를 했다 202
확정일자를 받은 임차인의 우선변제권 159
확정일자 있는 선순위 임차인이 배당요구를 하지 않았다 202
확정일자 있는 선순위 임차인이 배당요구종기 내에 배당요구 철회했다 203
확정일자 있는 선순위 임차인이 배당요구 종기일을 지나 배당요구를 했다 203
환매특약 70
환매특약 등기 70
환매특약부 매매 70
환산보증금 171
환산보증금 이내 임차인 175
후순위 가처분, 인수될 수도 있다 142
후순위 임차인이 확정일자가 말소기준권리 보다 앞서있다 202
후순위 지상권 인수되는 경우 108